JN076486

北米日系移民の社会史

キリスト教・社会福祉・二世の活動

坂口満宏

六花出版

from the 42 Story L. C. Smith Building showing the two union station

six transcontinental lines. Most of the property shown was built dur

北米西海岸主要地名略地図

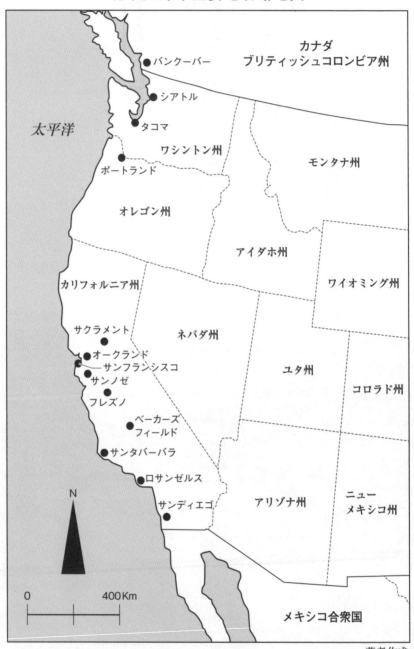

著者作成

目　次

序章

史料の力を借りて
移民の歴史を
再構成するために

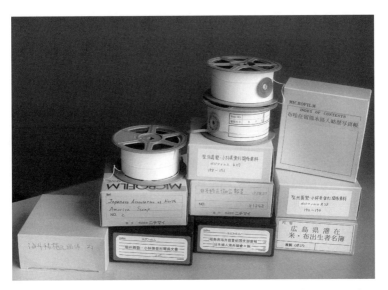

各種日本人移民関係史料のマイクロフィルム。こうした史料のデジタル化が進む
ことでデータの結合や横断的な事項検索が可能になることだろう（著者撮影）

はじめに

　本書は、アメリカ・カナダに渡った日本人移民が残してきた多くの未公刊史料と日本の外務省記録、それに各種海外邦字新聞（日本語新聞）を根本史料とし、1900年代初頭から1960年代末にいたる日本人移民社会の諸相について、(1) 日本人移民とキリスト教、(2) 日本人移民と社会事業、(3) 二世団体の形成とその活動という三つのテーマから考察した論考を集めたものである。

　ここ20年余りの日本における移民史研究における問題関心を振り返ってみると、国境を越えて移動した人々の歴史を捉えるにあたり、移住先で経験した事例を「一国史」的な「排斥」「統合」「多元化」という捉え方、位置づけ方にとどめることなく、人びとの移動の実態に即して複数地域を横断的にとらえ、その事実を歴史的に評価しようとする「越境史」論（Transnational History）が注目されるようになってきた。そしてその議論はさまざまなかたちで国境を越えた日本人たちを、異質化、特殊化することなく、移動する彼／彼女らの主体性に注目しようとするものである。そうした観点にたった成果の一つに、

　　米山裕／河原典史編著『日系人の経験と国際移動──在外日本人・移民の近
　　　現代史』（人文書院、2007年）

　　米山裕／河原典史編著『日本人の国際移動と太平洋世界──日系移民の近現
　　　代史』（文理閣、2015年）

などがあり、筆者もそうした共同研究に参画し、新たな研究動向を把握してきた一人である。同様に近代日本の海外渡航史・移植民史を捉えるにあたり、各地域の個別的実態に迫ると同時に複数地域を横断的・越境史的に把握することを目指した

　　根川幸男／井上章一編著『越境と連動の日系移民教育史　複数文化体験の視
　　　座』（ミネルヴァ書房、2016年）

もこの流れに加えることができるだろう。

　またグローバルな帝国の連鎖を浮かび上がらせるということにおいては、「入植者植民地主義（セトラー・コロニアリズム）」の概念を用いて、北米や南米に向かった移民たちの活動と日本帝国内を移動する植民活動との間に本質的な

差異はなく、むしろ北米での日本人移民による「フロンティア」体験が母国の植民地も含めた世界各地における定住地建設のモデルとなっていたことを論じた東栄一郎の著作も注目を集めている。

　　東栄一郎／飯島真里子・今野裕子・佐原彩子・佃陽子訳『帝国のフロンティ
　　　アをもとめて──日本人の環太平洋移動と入植者植民地主義』（名古屋大学
　　　出版会、2022年）

　他方で、本書の主要テーマの一つである「日本人移民とキリスト教」においては、アメリカにおいて排斥を体験した日本人移民キリスト者たちがとった言説を詳細に考察してきた吉田亮が「人種化」「人種創成」という観点を強く打ち出し、日本人移民キリスト者はアメリカにおいて先に排斥の対象となっていた中国人との違いを強調することで、日本人はアメリカ市民となる資質を持つ「同化可能」な「例外的な人種」であることを説くものであったことを論じている。

　　吉田亮『アメリカ日本人移民キリスト教と人種主義　サンフランシスコ湾岸
　　　日本人プロテスタントと多元主義・越境主義、1877〜1950年を中心に』（教
　　　文館、2022年）

　このように近年の研究動向を振り返るに、複数地域を横断的・越境史的に移動した人びとの事例や日本人移民が他の人種や民族と出会ったことでさらなる「人種化」がはかられるとして「人種」を切り口とした議論に関心が高まりつつあるといえる。

　本書は、主として著者が1990年代に調査収集した史料に基づき発表してきたアメリカ・カナダに渡った日本人移民の社会史に関する論考を集めたものである。そしてその論点の多くは日本からアメリカ・カナダに渡った日本人移民が、それぞれの移住地で直面した差別とそれに如何に対処し、生き延びていこうとしたのかという視点のもと、その定住にむけた戦略の歴史を跡付けるもので、言うならば「移民による定住に向けた奮闘記」に類するものである。その意味では、一世代前の「一国史」的な移民排斥・統合論に近いものであり、何をいまさら……、という誹りを免れないだろう。

　それでもここにいささか時代遅れの移民史を上梓しようと思ったのは、わずかな移民社会エリートによる横断的・越境史的な事例を強調するよりも、たと

え一つの移民地における事例であったとしても、これまで十分に解明されてこなかった事例について、当時の人びとが書き残してきた記録、とりわけ未公刊の根本史料をしっかり読み込み、史実の確定をはかることで、その史実がもつ歴史的意義を明らかにしておきたいと考えたからである。史料そのものが持つ力を借りて、移民の歴史を再構成し叙述すること——ここに本書の目的がある。

　そこで以下の前半において近年の移民関係資料の復刊・公開状況を振り返り、移民史研究に関する未公刊史料の更なる活用の必要性を述べ、後半では本書の構成とそれぞれの論考の成り立ちに触れ、あわせて各論考が用いている史料について言及したい。

1　移民関係資料の復刻・公開

出版各社による各種日系移民資料集の復刻と刊行　1990年代に移民史研究が活発化した要因のひとつに、移民史研究に不可欠な史料があいついで復刻されたことがあげられる[1]。その先駆けは、日本人移民史の代名詞的存在となっていた『在米日本人史』の復刻（日本人海外発展史叢書、PMC出版、1984年）がなされたことである。1940年に刊行された同書は、アメリカにおける日本人移民史を網羅的に叙述した大著であり、当該分野の研究を志すものにとっては最も簡便な手引書であり、史料の宝庫であった。しかし原著の所在は極めて少数の図書館や研究機関に限られていたため、容易に閲覧できるものではなかった。もとより史料としては批判的な読み込みが必要な文献ではあるが、そうした移民史研究に不可欠な史料が復刻され、手軽に入手できるようになったのである。この他にもPMC出版による日本人海外発展史叢書には、1921年に刊行された紐育日本人会編『紐育日本人発展史』全2巻、伊藤一男による『北米百年桜』正・続全4巻と『明治海外ニッポン人』が収録された。

　こうした日本人移民史に関する文献の復刻が呼び水になったのだろう、その後90年代になると出版各社から日本人移民、日系移民（北米・南米への移民）に関する資料集があいついで復刻・刊行されるようになり、研究の裾野拡大に寄

与した。その主なものを列挙すれば以下のようになる。

〈日本図書センター〉

　『日系移民資料集』第1期北米編全18巻、同第2期南米編全30巻

　『日系移民資料集』第3期『日米年鑑』全12巻、同第4期『ハワイ年鑑』全
　　14巻

〈不二出版〉

　『カナダ移民史資料』I 全5巻、同II全6巻

　『日系アメリカ文学雑誌集成』全22巻

〈文生書院〉

　『初期在北米日本人の記録』シリーズ

　なかでも『初期在北米日本人の記録』シリーズはシカゴ大学図書館奥泉栄三
郎の監修によるもので、上記日本図書センターの『日系移民資料集』と重複す
るものもあるが、その数は北米編162点、ハワイ編45点および、北米の日
本人移民に関する文献資料の集成版としては群を抜いている。そこには本書で
も用いた年会準備委員編纂『在米日本人長老教会史』（サンフランシスコ、1911年）、
南加日本人基督教教会聯盟著『在米日本人基督教五十年史』（ロサンゼルス、
1932年）、藤賀與一編『北加基督教会便覧』（北加基督教会同盟、1936年）などとい
った入手が難しくなっていた在米日本人とキリスト教に関係する稀覯書も含ま
れている。

　また日本人移民社会における日本語学校、日本語教科書に関する研究の進展
に応じて各種日本語教科書の復刻が進んだこともこの間の大きな成果である。

『ハワイ日本語学校教科書集成【編集復刻版】』全10巻 (不二出版)

『日本語讀本：シアトル版』(初期在北米日本人の記録、第4期 別輯、文生書院)

『日本語讀本：米國加州教育局検定』(文生書院)

『戦前期ブラジル移民日本語読本【編集復刻版】』全1巻 (不二出版)

　さらに移民社会とキリスト教の研究に比して後れをとっていた仏教に関して
は、中西直樹によって仏教諸派による海外開教史に関する文献が集められ、「仏
教海外開教史資料集成」として復刻された。

『【編集復刻版】仏教海外開教史資料集成』〔北米編〕全6巻 (不二出版)

『【編集復刻版】仏教海外開教史資料集成』〔ハワイ編〕全6巻 (不二出版)

『【編集復刻版】仏教海外開教史資料集成』〔南米編〕全3巻 (不二出版)

　こうした各種日系移民資料集は、文字通り紙媒体の書籍として提供されたものだが、今後オンデマンド方式によるデジタル版の配信が進むようになれば活用の幅はさらに広がることだろう。

移民資料の
デジタル化と公開　　　日本国内における移民資料のデジタル化と公開という点においては、国立国会図書館が配信する「国立国会図書館デジタルコレクション」がその先頭を切っている。仮に「移民」というキーワードを入力した場合、30万件以上のタイトルがヒットするほどである。そのすべてがログインせずとも閲覧できるものではないが、なかには武居熱血の『ホノルヽ繁昌記』(本重眞寿堂、1911年) のようにフルカラーで閲覧・入手できる稀覯書もある。

　同様に国立公文書館アジア歴史資料センターも国内外の公文書館、研究機関と連携して各種資料のデジタル配信を行っているが、個別移民に関する資料については個人情報の保護という観点から閲覧に制限がかけられているものが多いのが現状である。

　そうしたなかで近年急速に移民資料のデジタル化と公開が進んだものが海外邦字新聞 (日本語新聞) の分野である。とりわけスタンフォード大学のフーヴァー研究所に設置された「邦字新聞デジタル・コレクション」は、「アメリカ大陸、アジアにおける海外在住の日本人や日系人が発行した海外日系新聞を集めた世界最大規模のオンライン、オープンアクセス、全ページ画像を提供するコレクション」[2] とするもので、『羅府新報』や『ハワイ報知』などいくつかの新聞に関しては権利の関係で閲覧に制限が設けられているものもあるが、邦字新聞資料の宝庫であることにかわりはなく、きわめて有用である。日本国内では国際日本文化研究センターが「海外邦字新聞データベース」を構築し、サンフランシスコの『日米新聞』に加えて『伯剌西爾時報』『聖州新報』『亜爾然丁時報』など南米で発行されていた邦字新聞のデジタル化と公開に力を入れている[3]。いずれの機関においても今後はアメリカのシアトルで発行されていた『大北日報』やカナダのバンクーバーで発行されていた『大陸日報』など、主要移民地域で長きにわたって発行されていた新聞が加えられることで、より一層そのタイトルが充実していくことを期待したい。

アメリカ、カナダの研究機関による
日系移民未公刊史料の収集と整理・公開　　アメリカ、カナダの研究機関によ
る日系移民資料の収集と整理・公開
が進んだことも 1990 年代以降の移民史研究を活発化させた重要な要因である。

　1970 年代のアジア系アメリカ人運動の拠点でもあったカリフォルニア大学
ロサンゼルス校では、ユウジ・イチオカ、阪田安雄を中心に日系アメリカ人関
係資料（The Japanese American Research Project Collection、いわゆる JARP コ
レクション）の収集と整理が進められ、その成果は Yuji Ichioka, Yasuo Sakata,
Nobuya Tsuchida, Eri Yasuhara, *A Buried Past: An Annotated Bibliogra-*
phy of the Japanese American Research Project Collection (Berkeley: Univer-
sity of California Press, 1974) , Yasuo Sakata, *Fading Footsteps of the Issei: An*
Annotated Check List of the Manuscript Holding of the Japanese American
Research Project Collection (Los Angeles: Asian American Studies Center,
Center for Japanese Studies, University of California at Los Angeles: Japanese
American National Museum, 1992) として公刊されている。

　このように収集・整理された JARP コレクションの原本はカリフォルニア大
学ロサンゼルス校図書館特別コレクション部に厳重に保管されているためその
閲覧は容易ではないが、その中の「赤堀家文書」「安孫子家文書」「カール・ヨ
ネダ文書」など主要な文書については、国立国会図書館が「2001 年度から 2003
年度にかけてカリフォルニア大学ロサンゼルス校特別コレクション部にマイク
ロフィルムへの撮影を依頼して収集」してきたおかげで、日本にいながら容易
に閲覧・複写できる環境にある[4]。同様に日系アメリカ人市民連盟が 1960 年に
「一世歴史プロジェクト」として開始した資料収集の成果である「日系アメリカ
人研究プロジェクト　米国における日本人に関する資料コレクション」につい
ても国立国会図書館がマイクロフィルムへの撮影をはかっており、マイクロフ
ィルム 40 巻にまとめられている。その中には「羅府日本人会」「アイダホ中央
日本人会」「タコマ日本人会記録」など第二次世界大戦前のアメリカ各地の日本
人会と日本人社会文化団体、日本人経済団体の資料が含まれており、まさに資
料の宝庫となっている。その詳しい内容については国立国会図書館が配信する
「日系移民関係資料検索ガイド　日系移民関係資料（憲政資料室）」に整理され
ており、参考になる[5]。

　アメリカ西北部に関しては、「北米日本人会史料」(Japanese Association of North America Record) がワシントン大学図書館特別コレクション部に保管されており、そのほとんどがマイクロフィルムに収録されていることから十分に活用できる状態にある。国立国会図書館のガイドによれば「北米日本人会史料」には、(1) 1969年にワシントン大学が北米日本人会の後身であるシアトル日本人地域奉仕会 (Seattle Japanese Community Service) から借用した資料を撮影したマイクロフィルムと、(2) 広島県立文書館が収集のために同館の安藤福平氏が選択した資料にもとづき、ワシントン大学が撮影したマイクロフィルムの2種類があるとのことで、国立国会図書館では1998年度にワシントン大学図書館のマニュスクリプト及び同大学文書館に複写を依頼して収集したものとしている[6]。その内容は『新聞切抜き帳』(1921-1939) 1巻と米国西北部連絡日本人会(ママ)、北米日本人会、北米日本人会商業会議所の1916-1941年の文書を収録したマイクロフィルム10巻からなり、合計11巻となっている。

　私の前著『日本人アメリカ移民史』(不二出版、2001年) は、北米日本人会と米国西北部聯絡日本人会の史料をベースに置き、そこに邦字新聞である『大北日報』の記事と日本の外務省記録を織り交ぜることで国語学校における日本語教科書の編纂事情や外国人土地法との闘いの実態を明らかにしたものだが、その際使用した「北米日本人会史料」は1990年の夏にワシントン大学にて入手したマイクロフィルムであった。上記ガイドに従えば1969年に撮影されたものとなる。マイクロフィルムに収録されている史料の詳細（内容目録）についてはワシントン大学のホームページから入手できるようになっている[7]。史料の多くは**図序-1**に見るように、日本人会の用箋にびっしりと書き込まれた手書きの議事録類で、決して読みやすいものではないだろう。しかしそれこそがまさに世界に一つしかない一次史料なのである。本書第4章はシアトル小児園の設立過程を跡づけたものだが、そこで提示した史実は、こうした一次史料を根拠に確定したものである。

　カナダに関しては、ブリティッシュ・コロンビア大学に「日系カナダ人史研究資料」(Japanese Canadian Research Collection) が収蔵されている。国立国会図書館のガイドによれば、「この資料は、元バンクーバー日本学校校長　佐藤伝の要請に応えて、社会学者の新保満氏とブリティッシュ・コロンビア大学図

図序-1　シアトル小児園維持会の発足に関する史料の一コマ

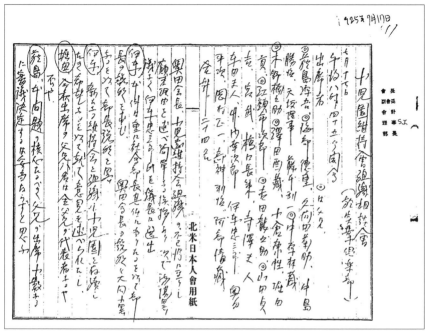

〔典拠〕ワシントン大学図書館所蔵「北米日本人会史料」（Japanese Association of North America Record）マイクロフィルム Reel③-603 コマ。ただし、右上欄外の「1925年7月17日」および史料内の氏名を囲った○は、史料読解に際して坂口が付したものである。その内容については本書第4章を参照。

書館が、『大陸時報』と『ニュー・カナディアン』の両日系新聞社の協力を得て、1971年夏からカナダの日系一世から収集したもの」とあり、国立国会図書館が1996年度にブリティッシュ・コロンビア大学図書館にマイクロフィルムへの撮影を依頼し収集した」とある[8]。「日系カナダ人史研究資料」の所蔵目録とその収集過程については、権並恒治による解説「日系カナダ人史料コレクション──ブリティッシュ・コロンビア大学中央図書館特殊資料室所蔵」[9]とこの資料の収集に尽力してきた新保満による回顧「補遺　日系史資料の蒐集と本書成立の背景について」[10]に詳しく記されている。**図序-2**は「日系カナダ人史研究資料」に収録されている新保満の取材ノートの一節を示したものである。本書では第5章で「日系カナダ人史研究資料」に収録されている「山家安太郎文書」

図序-2　日系カナダ人医師・内田又三郎に対する新保満のインタビューメモ

Pr 内田
573 W 26th Ave Vanc 9
879-4940

カナダよい

母が1889年に8才で来　父はリーミルでギョエンしていた。
内田氏は1900年生れ。
小学校は公立に行き　4:00 P.M.まで公立学校で
行った。コスゲをと飯田・田中（村長）酒井荻原
坂井　井上　並河　田代（この時佐藤ととなえる）
写に習った。中学まで行った。日本院み長と土井る。
学校へ行くと石をなげられ十傷をこうむりした。
先生はしよかった。Jayとなるわれん。

でほういんをおえたんだが

1907年　中国人町 日本人町 がおそわれた。
若の日　父が鉄道工夫に いたのでダイナマイトを用意し
ていればしばらりに止められ怪我〇との時騒動は起らず
中国人が4000人程に C.N. C.P.R で利ケ
中国人のある部分は帰された。ハつくるつのそんなーをる
若は中国人に対し不正排斥の方が強かった。

1926年　U.B.C. 2年 U of A 2年 ～ Toront 卒
卒業後　医者として病院に入れてくれないので日本に
1年帰り帰つきと思う
初めと帰った時　自分の口に手れと思った日本の口に帰らん
と思れ、いずれ日本に永住したいと思ったが母が
カナダが好きで　日本に帰りたくないとされたので
日本で外科の医者から一緒に開業しようとされ
自分もやりにくいんでカナダに帰ってきた。

〔典拠〕ブリティッシュ・コロンビア大学所蔵「日系カナダ人史研究資料」（Japanese Canadian Research Collection）

マイクロフィルムReel 6、XXXVIII Mitsuru Shimpo Collection所収 XXXVIII.B.1「General、q.Uchida、Dr.、1900-」。その内容については本書第5章を参照。

Yamaga Yasutaro Papers と「宮崎政次郎文書」Dr. Masajiro Miyazaki Collection を用いているが、このうち「山家安太郎文書」については1990年の調査において複写した同文書の影印版を、「宮崎政次郎文書」については国立

国会図書館が撮影依頼したマイクロフィルムを利用した。

　こうしたアメリカ・カナダの主要大学図書館に所蔵されている日本人移民関係史料の多くは手書き文書で、これまで公刊されたことのない、文字通りの一次史料である。文書によって筆跡は異なり、くせのあるくずし字やかすれたタイプ印刷の文字を判読することは容易ではない。そのため閲覧してみたものの、その読みにくさ、分かりにくさに面喰い二の足を踏んでしまうこともあるだろう。

　たしかにかつて公刊された移民関係文献が数多く復刻されてきた。しかしそれらはあくまでも二次史料である。いま求められていることは、かつて公刊された文献の復刻資料に依拠するのではなく、復刻資料の典拠ともいうべき各種団体の諸記録や個人の手記といった一次史料、新聞史料に立ち返り、それらをもとに史実を検証し、史的事実の確定と意味づけを行うことである。しかし存外、こうした一次史料を活用した研究成果はそれほど多くはない[11]。

　各大学のスペシャルコレクションが所蔵する日本人移民関係史料は未踏査一次史料の宝庫である。積極的な活用と解読が求められる所以である。

2　本書の構成

**3部構成と
各論考の〈初出一覧〉**

　本書は3部構成からなっている。第1部は「日本人移民とキリスト教」である。ここではアメリカやイギリスからキリスト教を受容した日本人キリスト者が、それぞれの教派への自己同一化を目指すというよりは、むしろ「武士道」や「民族的特性」の保持といったナショナリズムの心情を背景とし、ミッションからの「独立自給」と教派を越えての教会合同や協同伝道の道を選びとっていった事例を収めた。その第1章がアメリカの太平洋沿岸地域での日本人キリスト教団体の成立とその変遷および排日対策での主張を考察した論考で、第2章が日本独自の救世軍の形成を目指した山室軍平による万国本営への旅とそこでの主張を掘り下げたものである。

　第2部は「日本人移民と社会事業」をテーマにしたものである。そこでは主

として1920年代から30年代におけるアメリカとカナダの日本人移民社会を対象とし、当該期の日本人移民が直面していた3つの社会問題——移民一世の老い、第二世の誕生とその養護、そして感染症への対応という諸問題——にどのように対処し、如何にホスト社会との共存をはかろうとしたのかという事例を取り上げた。第3章ではカリフォルニア州のサンフランシスコに拠点をおいたアメリカ救世軍日本人部による社会事業館での取り組み、第4章ではワシントン州シアトルにおける事例として小児園の設立問題を取り上げ、それぞれの設立を支えた日本人移民社会の特質を考察した。第5章ではカナダの事例としてバンクーバーにあって日系人のために結核予防や救済活動に従事した日本人健康相談所の取り組みに焦点を当てた。

　第3部は「二世団体の形成とその活動」と題したもので、ハワイ、アメリカ本土、カナダ各地で成長してきた日系二世たちが、彼／彼女らをとりまく国家の政策やイデオロギーに如何に対処し、自らの主張や連帯を図ってきたのかという点を考察した論考を集めた。第6章ではハワイにおける日系アメリカ人（二世）による日本の国籍法を改正する運動の経緯を追い、第7章に1930年代のシアトルを活動の場とした帰米二世の思想と行動を分析した論考を収めた。そして第8章で戦中・戦後の日系カナダ人団体による事例を取り上げ、各地の市民権擁護運動から全国レベルの日系カナダ市民協会が発足するまでの過程を考察した。

　以下は本書に収録した各章の題目と各論考の〈初出一覧〉である。

〈初出一覧〉

序章　　書き下ろし

第1部　日本人移民とキリスト教

　第1章　排日問題とアメリカ合衆国太平洋沿岸日本人キリスト教団

　　　　「排日問題と太平洋沿岸日本人キリスト教団」同志社大学人文科学研究所編『北米日本人キリスト教運動史』（PMC出版、1991年）

　第2章　山室軍平——万国本営への旅

　　　　「山室軍平——万国本営への旅」同志社大学人文科学研究所編『山室軍平の研究』（同朋舎出版、1991年）

第2部　日本人移民と社会事業

第3章　アメリカ救世軍日本人部の活動と社会事業館

「日本人移民と社会事業——アメリカ救世軍日本人部の活動を中心に」
（『渋沢研究』6号、1993年）ならびに「日本人移民の「ユートピア」——ア
メリカ救世軍日本人部の社会事業館」（『立命館言語文化研究』33巻3号、
2022年）

第4章　シアトル小児園の設立と日本人移民社会

「一九二〇年代後半のシアトル日本人社会——シアトル小児園をめぐる
考察」（『社会科学』55号、1995年）

第5章　バンクーバーの日本人健康相談所とその結核治療・撲滅活動

「The Japanese Clinic in ancouver, 1932-1942」（『キリスト教社会問題研
究』41号、1992年）ならびに「バンクーバーの日本人健康相談所——その
結核予防への取り組み（1932〜1942）」（『立命館言語文化研究』34巻1号、
2022年）

第3部　二世団体の形成とその活動

第6章　二重国籍問題とハワイの日系アメリカ人

『ハワイにおける日系人社会とキリスト教会の変遷』（サントリー文化財団
1989年度助成研究成果報告書、1991年5月）、「二重国籍問題とハワイの日
系アメリカ人」（『新しい歴史学のために』207号、1992年）

第7章　帰米二世をめぐる断章——シアトル帰米日系市民協会の組織と活
動を中心に

「帰米二世をめぐる断章——シアトル帰米日系市民協会の組織と活動を
中心に」（『移民研究年報』7号、2001年）

第8章　*The New Canadian* に見る戦中・戦後の日系カナダ人団体——
1942〜1967

「*The New Canadian* に見る戦中・戦後の日系カナダ人団体——1942〜
1967」立命館大学日系文化研究会編『戦後日系カナダ人の社会と文化』
（不二出版、2003年）

各章の論考の成り立ちと使用した史料について　最後に、いささか懐旧の情にそそられた文面となるが、各章の土台となった論考の成り立ちと歴史分析に際して用いた主な史料について説明しておきたい。

　第1章「排日問題とアメリカ合衆国太平洋沿岸日本人キリスト教団」は、同志社大学人文科学研究所の第1研究会「キリスト教社会問題研究会」（略称CS研究会）内に1983年に発足した「海外移民ならびに海外伝道に関する研究」班による共同研究の成果論集『北米日本人キリスト教運動史』（1991年）に収められた論考に加筆修正したもので、1906〜24年のアメリカ合衆国太平洋沿岸地域における日本人キリスト教団体の成立とその変遷および排日対策の主張を実証的に明らかにしたものである。主な史料は基督教伝道団が発行していた機関誌『新天地』で、その他には『護教』や『新人』『基督教世界』など日本国内で発行されていたキリスト教関係の新聞雑誌にみる日本人移民関係記事を用いた。

　第2章「山室軍平──万国本営への旅」は、同じく1983年のCS研究会内に設置された「山室軍平の研究」班による成果論集『山室軍平の研究』（1991年）に収録されたもので、序盤で山室軍平の海外活動の全般を概観し、ついで日本救世軍の自給問題の持つ意味を提示し、最後に万国本営への旅によって得られた彼の決意の内実について実証的に考察した。史料としては日本救世軍の機関紙『ときのこゑ』をベースにおき、そこに『救世軍万国大会筆記録』（1904年）、『欧州旅行記』（1904年）、『欧州見学録』（1909年）など山室軍平の自筆史料を織り交ぜることで、『ときのこゑ』など刊行された文献史料ではみいだすことの出来ない山室の素顔を明らかにすることとした。

　なお、本章は山室によるイギリスへの旅の内実を明らかにすることを目的とした論考であることから、厳密にいえば本書が対象とする日本人移民史の事例から逸脱するものであるが、ここにあえて収録することとしたのは、本章が第1章と第3章において言及される日本人移民社会における山室軍平の伝道活動の意義を浮き彫りにする前提となるものであると考えたからである。

　第3章「アメリカ救世軍日本人部の活動と社会事業館」は、1920年代以降、在米日本人が定住外国人としてアメリカ社会に根付いていく過程で直面したさまざまな問題に取り組みをみせたアメリカ救世軍日本人部による社会事業とその歴史的意義を明らかにしたものである。本章ではその冒頭で当該期におけるアメリカ、カナダにおける日本人移民と社会事業全般のかかわりについて概観し、第4章と第5章の位置づけを示した。そのうえで日本人救世軍を創設した小林政助の思想と行動、アメリカ救世軍日本人部の組織と社会事業の実態を述

べ、最後にその歴史的意義を示した。なお、本章の後半部分は、立命館大学国際言語文化研究所の「重点プロジェクトA1-3」の一つに位置づけられた「在外日本人・日系人の生活と生業「移民の衣・食・住」」の一環として発表した論考を用いたものである。

　主な一次史料は外務省記録（I-5-0-0-3）『在外本邦人社会事業関係雑件』に収録されたアメリカ救世軍日本人部による社会事業関係記事で、その他に山室軍平記念救世軍資料館が所蔵する『切抜帖アルバム（在米日本人部）』（アメリカ救世軍日本人部発行『ときのこゑ』）所収記事、さらにサンフランシスコで発行されていた邦字新聞『新世界朝日』と『日米新聞』の関係記事である。これらを総合的に用いることで一つの事案を立体的に考察することとした。

　第4章「シアトル小児園の設立と日本人移民社会」は、事例としてシアトル小児園の設立問題をとりあげ、これまで十分にとりあげられてこなかった移民社会と〈子ども〉の存在・成長に視点を置き考察したものである。まずは諸統計を通じて日本人移民社会における日系二世と保育事業の概要を捉え、ついでシアトル小児園の発足経緯とその保育事業、小児園を支えた日本人社会の特質について言及した。主な史料は、外務省外交史料館所蔵（I-5-0-0-3）『在外本邦人社会事業関係雑件』に収録されたシアトル小児園関係史料とワシントン大学図書館が所蔵する「北米日本人会史料」（Japanese Association of North America Records）に収められた「シアトル小児園維持会」関係史料、それに『大北日報』の関係記事である。

　論文の中では具体的に論及してはいないが、この時期に小児園というテーマを掘り起こそうと思ったのは、自らの子どもたちが幼稚園に通う年頃になり保育事業に興味を持つようになったからであるが、その一方でその当時、なかなか大学に職を得ることができずにいたこともあって、ふとかつて「日曜歴史家」と揶揄されていたフィリップ・アリエスのことを思い出し、その著作『〈子供〉の誕生』（みすず書房、1980年）を拾い読みしたことであった。

　第5章「バンクーバーの日本人健康相談所とその結核治療・撲滅活動」のもととなった論考は、1990年の夏に調査チームを組んでブリティシュ・コロンビア大学をはじめ、カナダ各地に残る日本人移民に関する資料を調査した際の経過報告書『Progress Report of The Research Project : The Japanese

Canadian Community and their Christian churches — Their History and Present Condition —』に収録された英語論文である。この論文は加筆・修正のうえ最終報告書「特集　カナダ日系社会とキリスト教会──その歴史と現状　1989年度日加研究賞授賞報告」(『キリスト教社会問題研究』41号、1992年) に収録された。

　1989年度日加研究賞とは竹中正夫を代表とする研究グループが受賞したカナダ政府機関による研究支援のことで、幸運なことに私もその一員に加えてもらい、1990年の夏、メンバーとともにカナダに渡り、その序盤はバンクーバーとビクトリアで、後半はアメリカのシアトルに移動して資料収集にあたる機会を得た。私にとってはこれが初めての海外調査であった。

　その後この論考については振り返ることもなく長らく放置していたが、コロナ禍にあった2021年秋に立命館大学国際言語文化研究所が「"病"との接触──災禍を記憶する」と題した連続講座を企画することとなり、その第2回講座において河原典史とともに「カナダの日本人移民社会における「病」──スペイン風邪・結核との戦い」という題目のもと、事例研究を報告することとなった。そしてそれを機に、一念発起していくつかの未公刊史料を加え、日本語で書き下ろしたものである。

　その内容は世界恐慌の影響下にあった1932年に発足し、1942年のカナダ政府による総移動政策によって閉鎖を余儀なくされるまでの11年間、バンクーバーにあって日系人のための結核予防、各種医療活動に従事した日本人健康相談所の歴史を概観したもので、主な史料はブリティッシュ・コロンビア大学が所蔵する「日系カナダ人史研究資料」(Japanese Canadian Research Collection) に収録されている「宮崎政次郎文書」と「山家安太郎文書」、それに邦字新聞の『大陸日報』である。

　第6章「二重国籍問題とハワイの日系アメリカ人」は、1990年夏に実施されたハワイでの資料調査に関する報告書『ハワイにおける日系人社会とキリスト教会の変遷』(1991年5月) に収録された同名論文で、その後加筆・修正をほどこし『新しい歴史学のために』207号に投稿したものである。

　1990年夏のハワイでの資料調査とは飯田耕二郎を代表とした1989年度のサントリー文化財団の助成によるもので、その一員に加えてもらっていた私は同

年夏のカナダ調査から帰国する途中でハワイに立ち寄り、参加したものである。主としてホノルルにあるマキキ聖城キリスト教会が所蔵する資料の整理と写真撮影に当たった。

本章では日系移民による権利獲得運動という視点にたちながら日系アメリカ人（二世）による日本の国籍法を改正する運動の経緯をあとづけ、従来の外交史研究の枠を越えるべく、日系移民の眼の高さに立った「日米移民関係史」の方法を提示した。主な史料は外務省外交史料館所蔵の『帝国々籍関係雑件』（3-8-7-28）と渋沢史料館が所蔵する『布哇知人往復』（246-14）に収録された未公刊史料で、それらに『日布時事』の記事を加えた。

第7章「帰米二世をめぐる断章」は、日本移民学会の『移民研究年報』第7号の特集企画「国境、国籍、アイデンティティ」の求めに応じて寄稿したもので、1930年代の帰米二世の思想と行動を分析するに当たり、これまで十分に検討されてこなかった「シアトル帰米日系市民協会」の実態解明に焦点を絞り、その組織と活動を明らかにしたものである。主な史料は邦字新聞の『大北日報』と『日系アメリカ文学雑誌集成』に収録された文芸雑誌である。

第8章「*The New Canadian* に見る戦中・戦後の日系カナダ人団体――1942～1967」は、*The New Canadian* を根拠史料として、これまで概説的にしか解明されてこなかった戦中・戦後の日系カナダ人団体の動向について、1942から1967年までの時代状況と各地に点在する諸団体の活動状況を交差させながら明らかにしたもので、トロントのデモクラシー委員会の発足経緯と各地日系団体とのつながり、カナダ政府による日系人追放政策への対処、カナダ各地で高まりをみせた市民権擁護運動、そしてそこから全国日系カナダ市民協会（NJCCA）が発足するまでの過程を跡づけた。

主な史料は *The New Canadian* で、そのマイクロフィルムから30年分の誌面をすべて印刷し、そこからデモクラシー委員会とそれに連携するカナダ各地の団体に関する記事をしらみつぶしに拾い上げることとした。集めた記事については時系列に配列し、地域別・団体別・活動内容ごとに項目を設け、項目別に抽出と並べ替えができるデータベースを作成した。

こうした論考が、まだまだ手付かずの一次史料、未公刊史料を駆使した、さ

らなる日本人移民史研究の踏み台になれば幸いである。

● 註

1 「ハワイ・北米における日本人移民および日系人に関する資料について」は、2007年までに刊行された文献資料の書誌情報を網羅的に整理した神繁司『移民ビブリオグラフィー——書誌でみる北米移民研究』（クロスカルチャー出版、2011年）がきわめて有用である。

2 スタンフォード大学「邦字新聞デジタルコレクション」
https://hojishinbun.hoover.org/?l=ja

3 国際日本文化研究センター「海外邦字新聞データベース」
https://rakusai.nichibun.ac.jp/hoji/

4 たとえば「赤堀家文書」に収録されている文書を知るには国立国会図書館移民関係資料（憲政資料室）「赤堀家文書」https://rnavi.ndl.go.jp/emigration/jp/VE611-3.html を参照されたい。その他の文書については「日系移民関係資料 国別索引」の中から「アメリカ（ハワイを除く）」を検索されたい。

5 国立国会図書館移民関係資料（憲政資料室）「日系アメリカ人研究プロジェクト 米国における日本人に関する資料コレクション」
https://rnavi.ndl.go.jp/emigration/jp/VE611-1.html

6 国立国会図書館日系移民関係資料（憲政資料室）「北米日本人会文書」
https://rnavi.ndl.go.jp/emigration/jp/i6-d2.html

7 Japanese Association of North America records
Accession No. 1235-002: Japanese Association of North America records, 1918-1935
https://www.lib.washington.edu/static/public/specialcollections/findingaids/1235-002.pdf

8 国立国会図書館日系移民関係資料（憲政資料室）「日系カナダ人史研究資料」
https://rnavi.ndl.go.jp/emigration/jp/i5-d1.html

9 権並恒治「日系カナダ人史料コレクション——ブリティシュ・コロンビア大学中央図書館特殊資料室所蔵」（『移住研究』No.28、国際協力事業団、1991年）

10 新保満『石をもて追わるるごとく——日系カナダ人社会史』（御茶の水書房、1996年）329-340頁

11 数少ない事例として鈴木麻倫子の研究を挙げておこう。鈴木はカリフォルニア大学ロサンゼルス校図書館のスペシャルコレクション所蔵「安孫子家文書」に収録されている安孫子余奈子の日記と書簡を解読し、安孫子久太郎と余奈子の出会いから結婚に至るまでの経緯をそれぞれの直筆史料にもとづいて描いている（鈴木麻倫子「史料紹介：安孫子家文書から見る安孫子久太郎と須藤余奈子の出会い」『京都女子大学大学院文学研究科 研究紀要 史学編』第15号、2016年）。同じく「安孫子家文書から見る桑港日本人YWCAの設立過程」（『京都女子大学大学院文学研究科 研究紀要 史学編』第16号、2017年）も参照されたい。

第1部

日本人移民と
キリスト教

〔典拠〕同志社大学人文科学研究所所蔵、基督教伝道団機関誌『新天地』の合
本表紙ならびに救世軍日本本営の広報誌『ときのこゑ』のタイトル

第1章

排日問題と
アメリカ合衆国太平洋沿岸
日本人キリスト教団

〔典拠〕同志社大学人文科学研究所所蔵、基督教伝道団による新年の
挨拶と構成員の氏名一覧（『新天地』第3巻第1号、1912年1月
20日）

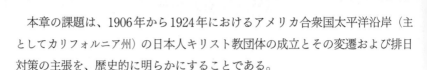

はじめに

　本章の課題は、1906年から1924年におけるアメリカ合衆国太平洋沿岸（主としてカリフォルニア州）の日本人キリスト教団体の成立とその変遷および排日対策の主張を、歴史的に明らかにすることである。

　在米日本人史、とりわけ日本人キリスト教団体とのかかわりにおいて、1906年から24年という時期は、三つの点で重要な画期をなしていた。

　第1は、この時期にアメリカにおける日本人移民が農業をはじめ、多くの分野で着実な発展を示したことである。1890年以降、中国人に代わってアジア系移民労働者として登場した日本人は、当初、果樹園での季節労働や鉄道工事人夫などに従事していたが、この間、彼／彼女らはわずかな賃金を貯え、太平洋沿岸部にふさわしい農業技術の修得をはかりながら、十数年間で本格的な農業経営に着手するに至った。1905年から13年の間だけでも現金借地で約5倍、所有地面積は約10倍にも増大していた。

　第2は、それだけに白人社会との間に利害対立が生まれ、人種差別に基づく日本人排斥運動がアメリカで初めて本格化し、この時期に排日規定を含む外国人土地法（いわゆる「排日土地法」）や1924年の移民法が制定されたことである。排日土地法や移民法の制定は日本本国にすれば国家を侮辱する「体面」問題とされたが、現地の日本人移民にとっては死活にかかわる人権問題であった。この時期、日本人移民は初めて「新天地」アメリカで民主主義の理念をふみにじる人種差別を体験し、同時に故国日本に恃むことができないことを知るのである。

　第3は、この時期に太平洋沿岸部において日本人キリスト教会が量的にも地域的にももっとも拡大し発展したことである。それは教会が日本人移民の地方発展に即応して、積極的な地方伝道を展開したことと、故国を離れ孤独な日々を過ごしていた彼らが精神的なよりどころを求めていたことの二つが結びついた結果であった。

　アメリカ合衆国太平洋沿岸部の日本人キリスト教団体とは、こうした日本人移民とキリスト教界をとりまく状況下にあって、数教派が連合して福音を伝え、排日を防止するため日本人移民にその生活習慣の改善と海外発展の使命を啓発

するために結成された組織を指している。

　キリスト教団体をとりあげたのは主に次の二つの理由からである。その1は、従来のキリスト教団体を扱った歴史書には体系的に組織の編成過程や実態を明らかにしたものがなく、排日問題での主張や行動が明確にされていないこと[1]。その2は、第1点と関連して、これまで排日問題とキリスト教会とのかかわりという課題に対しては、特定の地域や教派、個人の動向に限定されて検討され、必ずしもアメリカにおける日本人キリスト教会史のなかでの位置づけがなされていないからである[2]。こうした研究状況は、排日問題と日本人キリスト教会の対応という課題にアプローチするうえで、一教派や個人の動向分析では一定の限界があることを示すものであるが、もとよりかかる研究に問題があるのではなく、個別研究を相互に結びつけうる総括的な論点や事実の確定が不十分なためである。

　こうした視角にたって、本章ではまず現在にいたる日系人キリスト教会史のなかで当該時期がどのような歴史的意味をもっていたのかをいくつかの統計によって位置づける。ついで1913年のカリフォルニア州排日土地法の成立過程とそれをめぐる各界の動向を概観し、そのうえで日本人キリスト教諸団体の成立とその活動の論理を根本史料にそくして検討する。そして最後に1920年代の排日問題と日本人キリスト教界の動向およびキリスト者の主張を検討し、彼らの移民に期待した使命感を明らかにしたいと思う。排日対策のために組織された各地のキリスト教団体の成立事情や活動の実態、主張が明らかにされることによって、そこに集結した各教派や各教会、教役者、信徒の歴史的な位置も明らかにされるだろう。

1 統計に見る日本人キリスト教界

(1) 日本人移民による農業経営の発展とキリスト教の伝道

**日本人移民による
農業経営の発展**　　1890年頃から中国人労働者に代わって徐々にその数を増してきた日本人移民は、太平洋沿岸各地で農業経営を発

展させた[3]。まず、1890年代には北カリフォルニア州バカビル、サンノゼ、ア
ラメダ、スタクトン、フレズノ地方でいちご、ぶどう、花の栽培が、1900年
頃にはワッソンビル、サリナス、サクラメント地方で果実栽培が軌道にのり、
1910年になるとこうした地域を結ぶ幹線上に新しい日本人農園がつぎつぎと
建設された。カリフォルニア州南部では1906年のサンフランシスコ地震の後、
人口が急増し、ロサンゼルス市郊外を中心に野菜業が進展し、モンテベロ、シ
ャーマン、ハリウッド、イーグルロック地域に広がっていった。アメリカ西北
部のワシントン州方面でも、同じ頃、シアトル、タコマ間の平野部で小規模な
疏菜耕作が営まれるようになっていた[4]。こうした農業経営は長期間にわたる
定住作業を伴うものであるから、農業発展地域には多くの日本人移民が集住す
るようになり、しだいに日本人社会が形づくられていった[5]。

　初期の日本人移民社会は、日本からの定期船が発着するサンフランシスコや
シアトルに生まれた。この日本人移民社会は、果実の収穫時期を待つ季節農業
労働者や移民請負業者によって手配された山中部の鉄道工事現場に出向く人夫
たち、夢と希望をいだいて渡米したものの学費に乏しく、「スクールボーイ」
という住込みの家内労働者として働きながら教会の英語夜学校に通う学生や書
生たち、それに日本での政治活動に挫折し再起をはかるため渡米してきた壮士
たちのたむろする社会であった[6]。

　その後、日本人移民による本格的な借地農業とともに主要都市近郊の平原地
帯への移住がはじまり、サンフランシスコ地震以後はロサンゼルス市方面へも
伸展し、1910年頃にはサンフランシスコとロサンゼルスを結ぶ主要地域に日
本人移民が4万人あまりも点在するようになった[7]。日本人移民へのキリスト
教伝道と教会建設は、こうした日本人農業の発展と社会の形成と密着して伸展
していった。

日本人移民へのキリスト教伝道　　初期の教会は、サンフランシスコやオーク
と教会の設立　　　　　　　　　ランド周辺、それにシアトルなどの都市に集
まる青年・学生たちの組織（福音会・基督教青年会・英語夜学校など）が母体であ
った[8]。そこではアメリカ人教役者たちの指導による聖書研究が行われ、しだ
いに宗教的な環境の整備が進むと各教派の伝道組織からミッションとしての承
認と経済的援助がなされ、教会が形成された。やがて熱狂的なリバイバルすな

わち宗教運動が起こり（桑港日本人美以教会では1889年）、霊的感化をうけた学生
たちが各地の日本人キャンプや農園へと伝道にでかけ、そこに福音の種をまき、
芽を育てはじめた[9]。また日本の教会からも伝道組織を通じて教役者たちが増派
され、各伝道地の講義所や教会に派遣され、牧会活動が行われた。こうして日
本人移民へのキリスト教伝道は都市からその周辺部、そして郡部へと伸展した。
ここでは、その一例をフレズノにおける日本人美以教会の設立にみてみよう。

　フレズノはカリフォルニア州のほぼ中央部に位置し、ぶどう栽培の盛んな土
地である。この土地での日本人伝道は1894年頃からメソジスト派（美以派）の
ハリス総理の指導をうけたサンフランシスコ教会の広田善朗によって手掛けら
れ、鶴田源七、六重部伊三、長崎勝三郎の諸牧師がそのあとをうけて牧会活動
を続け、1906年8月29日には日本人フレズノ美以教会の教会堂献堂式が行わ
れるに至った。その間の事情を長崎牧師は次のように報告している。

　　当地は八月二七八日頃より葡萄摘取相始まり我が同胞凡そ四千人程之に従
　　事致し居候。桑港附近にありては頻りに日本人及び韓人の排斥運動有之候
　　も、当地及び附近は寧ろ歓迎の姿にて為めに二週間丈けの葡萄摘取業に同
　　胞の歓迎せらるゝのみならず近年処々に土地を小作し又は買取り優に白人
　　間にも仰がるゝも漸次出来致居候。同胞の当サンオキンヴァレーに発展す
　　るの度実に非常に御座候。当地及び一七哩間の地には年中二千人定住致居
　　候。さらば我が太平洋沿岸宣教年会も大に見る所あり不少力を之に注ぎ居
　　候結果、当年四月二九日は当教会伝道地セルュに新教会堂献堂の式あり、
　　小生毎日曜日巡回致居候。其後百哩を距るビーカスフールドに教会設立の
　　必要起こり、一人の白人夜学校教師を聘し毎月一回小生出張巡回伝道致居
　　候。一五、六人の生徒あり又鉄道に従事する同胞間に伝道致居候[10]。

　表1-1「初期太平洋沿岸日本人キリスト教会の創立と教役者一覧表」は、こ
うして各地にできた日本人教会を概観するため、太平洋沿岸部を（a）中・北カ
リフォルニア、（b）南カリフォルニア、（c）太平洋沿岸西北部の三地域に区分
して、所在地を示し、主要教会を教派別に創立年順に配列し、あわせて創立時
から1925年までの教役者名を一覧したものである。この表によって、上述し
た日本人移民社会の発展経路と日本人教会の設立時期ならびに主要教派、教役
者の異動が明らかになろう。

表1-1　初期太平洋沿岸日本人キリスト教会の創立と教役者一覧表（1886～1925）

(a) 中・北カリフォルニア

教会所在地	教派	創立年		1892	1893	1894	1895	1896	1897
サンフランシスコ	美以	1886	ハリス			石坂亀治			三谷雅之助
オークランド	美以	1887	土井操吉	▶	▶	中村徳太郎	▶	▶	工藤陽太郎
サクラメント	美以	1892		木原外七	藤原俊雄	平野浅之助	▶	森本得三郎	▶
フレズノ	美以	1893			広田善朗				
サンノゼ	美以	1895					吉田森蔵	▶	宇都宮JO
ヴァカビル	美以	1895					時政英作		
ベーカーズフィールド	美以	1904							
パロアルト	美以	1909							
ルーミス	美以	1911							
バークレー	美以	1912							
フローリン	美以	1913							
サンフランシスコ	長老	1885	服部綾雄	ストージ	▶	▶	▶	▶	▶
サリナス	長老	1898							
ワッソンビル	長老	1901							
ハンフォード	長老	1908							
スタクトン	長老	1910							
サクラメント	長老	1912							
モントレー	長老	1912							
サクラメント	リフォームド	1910							
サンフランシスコ	組合								
オークランド	組合	1904							
フレズノ	組合	1907							
アラメダ	南美以	1903							
オークランド	南美以	1904							
ウォールナッツグローブ	南美以	1912							
サンフランシスコ	聖公会	1895					田井正一	三上熊蔵	▶
サクラメント	聖公会	1906							

教会所在地	教派	1908	1909	1910	1911	1912	1913	1914	1915
サンフランシスコ	美以	広田善朗	▶	▶	小室篤次	▶	▶	小室篤次	
オークランド	美以	倉永巍	川島末之進	▶	広田善朗	▶	吉村末吉	吉村末吉	今井三郎
サクラメント	美以	吉田盛蔵	▶	▶	▶	▶	山鹿譲	山鹿譲	宗音重
フレズノ	美以	北沢鉄治			▶	山鹿譲	吉田森蔵	吉田森蔵	
サンノゼ	美以	吉岡賢秀	村形貞吉	宗音重	広田善朗	松岡宏一	▶	松岡宏一	
ヴァカビル	美以	田中久彦		川島末之進	木庭愛二	▶	?		木庭愛二
ベーカーズフィールド	美以	フレズノから	北沢鉄治		?	フレズノから	フレズノから		原谷岩吉
パロアルト	美以	?	?	宗音重	サンフランシスコから	▶	▶	サンフランシスコから	
ルーミス	美以				サンフランシスコから	▶	内藤勇吉	内藤勇吉	▶
バークレー	美以				サクラメントから	▶	吉岡賢秀	吉岡賢秀	▶
フローリン	美以		倉永巍	▶	広田善朗	▶	津田弥三郎	津田弥三郎	▶
サンフランシスコ	長老	寺沢久吉	▶	▶	宮崎小八郎	▶	▶	※	宮崎小八郎
サリナス	長老	鈴木忠誠	宮崎小八郎	小林政助		馬場久成			
ワッソンビル	長老	宮崎小八郎	吉村末吉	宮崎小八郎	吉村末吉		佐藤新五郎	佐藤新五郎	
ハンフォード	長老	三浦宗三郎			汲川賢也	新井正平	成田長太郎		
スタクトン	長老		小林誠	▶	▶			佐々木謙三	元木勝久
サクラメント	長老					小林恭平	中村順三		
モントレー	長老								秋元勝次
サクラメント	リフォームド			森淳吉	▶	▶	▶	森淳吉	
サンフランシスコ	組合	末広眞次郎			福島熊蔵	▶	▶	※	
オークランド	組合	大久保富次郎	▶	▶	小平国雄	▶	▶	小平国雄	額賀鹿之助
フレズノ	組合	福島熊蔵	▶	▶	熊坂登三郎	辻密太郎	▶	辻密太郎	
アラメダ	南美以	柳原直人	▶	太田義三郎	▶	▶	▶	太田義三郎	藤井
オークランド	南美以				太田義三郎	▶			
ウォールナッツグローブ	南美以								
サンフランシスコ	聖公会	青木長次郎	前川真二郎	▶	▶	▶	村上秀久	村上秀久	
サクラメント	聖公会				梶塚敬之助	▶	▶		

※1914年、桑港日本人長老教会と組合教会、合同して桑港日本人基督教会となる。

1898	1899	1900	1901	1902	1903	1904	1905	1906	1907
川島末之進	小畑久五郎	▶	▶	小畑久五郎	広田善朗	▶	▶	▶	▶
左近義弼	川瀬小太郎	▶	▶	川瀬小太郎		相原英賢	▶		倉永巍
	川澄明敏	工藤陽太郎	吉田森蔵	吉田森蔵		▶	▶	鶴田源七	▶
鶴田源七	鶴田源七	赤澤元造	市橋友之	六重部伊三	三浦金吉	長崎勝三郎	▶	那須生平	相原英賢
森本得三郎	鶴田源七	赤澤元造	市橋友之	市橋友之		小室篤次	▶		
照井丙吉	森本得三郎	川瀬小太郎	六重部伊三	唐松		?	鶴田源七	益田嘉一郎	?
									フレズノから
									サンフランシスコから
									サンフランシスコから
				吉田森蔵					
児玉亮吉	児玉亮吉	本川源之助	坂部多三郎	坂部多三郎		▶	渡辺敢	谷津善次郎	▶
稲沢謙一	稲沢謙一	▶	平塚勇之介	三鬼良吉	小林誠	▶		鈴木忠誠	▶
			稲沢謙一	小林誠		▶	宮崎小八郎		▶
					照井丙吉	佐々倉代七郎			斎木仙酔
						大久保眞次郎			福島熊蔵
					柳原浪夫	▶		及川勇五郎	▶
						太田義三郎			
▶	三上熊蔵	吉村大次郎	▶	齋藤重光					青木長次郎

1916	1917	1918	1919	1920	1921	1922	1923	1924	1925
▶	?	宮崎六郎	?	白石喜三郎		宇音重	津田弥三郎		
▶	今井三郎	▶	▶	▶	▶	齋藤末松	▶	有馬甫	▶
▶	宗音重	▶	▶	▶	▶	広田善朗	▶	宮崎六郎	
▶	吉田森蔵	真鍋頼一	▶	▶	▶	有馬純彦	▶	町田保	
▶	松岡宏一	▶	藤井茂雄	▶	▶	?	春山		
山鹿譲	内藤勇吉	津田弥三郎	▶	本間器八郎	津田弥三郎	▶	?	津田弥三郎	
▶	?	?	丹羽成一	▶	▶	▶	町田保	佐藤春吉	
藤井茂雄	藤井茂雄	田中亀之助	藤井茂雄	▶	▶	?	藤永		
	藤井茂雄	▶	馬場小三郎	▶	松岡宏一	高田頼一	▶	広田善朗	
	山鹿譲	▶	田中亀之助	▶	田頭	▶	▶		
真鍋頼一	真鍋頼一	高田頼一	▶	山鹿譲	津田弥三郎	▶			
小平国雄							秦庄吉		
秦庄吉	秦庄吉	▶	▶				高山豊三		
▶	佐藤新五郎	馬場久成	▶	藤木保己	▶	甲賀綵一			
	豊留秀信						鈴木吉助		
渡辺玉作	渡辺玉作	▶	▶	秦庄吉				門池義民	
				土方揆一					
		小北紋次郎					川守田英二		
▶	▶	▶	▶	▶					▶
▶	▶	▶	▶	▶	▶	石川清	清水久雄		▶
▶	白石多幸	福島熊蔵	▶	▶	▶				
	藤井	大石重治	▶	▶		水野たくせい	▶		藤井
	尾崎和夫								
	田島準一郎	▶	▶	▶	▶	▶	▶	▶	▶

(b) 南カリフォルニア

教会所在地	教派	創立年	1892	1893	1894	1895	1896	1897
ロサンゼルス	美以	1896					中村徳太郎	吉田森蔵
リバサイド	美以	1901						
オクスナード	美以	1904						
サンタバーバラ	美以							
パサデナ	美以							
インペリアルバレー	美以							
ロサンゼルス	長老	1905						
ウインタースバーグ	長老							
パサデナ	組合	1906						
ロサンゼルス	組合							
サンディエゴ	組合	1912						
リバサイド	組合	1907						
サンタバーバラ	組合	1913						
モンテベロ	組合	1913						
ロサンゼルス	聖公会	1907						
ロサンゼルス	キリスト	1909						

教会所在地	教派	1908	1909	1910	1911	1912	1913	1914	1915
ロサンゼルス	美以	小室篤次	▶	▶	川島末之進	▶	▶	川島末之進	▶
リバサイド	美以	藤井茂雄	及川勇五郎	▶	宗音重	▶	▶	宗音重	柳瀬
オクスナード	美以	及川勇五郎	馬場小三郎	▶		▶	川島末之進	馬場小三郎	▶
サンタバーバラ	美以	及川勇五郎		本間器七郎	馬場小三郎	▶			
パサデナ	美以	小室篤次	▶						
インペリアルバレー	美以						馬場小三郎	西村	▶
ロサンゼルス	長老	稲沢謙一	▶	▶	大野直周		大迫元繁		
ウインタースバーグ	長老	小林誠	中村順三	▶	稲沢謙一	及川勇五郎	▶		
パサデナ	組合		秦庄吉	▶	▶	▶	沢谷辰次郎	大林福三	出村剛
ロサンゼルス	組合	斎木仙酔			古谷孫次郎				
サンディエゴ	組合								
リバサイド	組合								
サンタバーバラ	組合					河田拳	▶	河田拳	▶
モンテベロ	組合						中舘與三郎	中舘與三郎	福島熊蔵
ロサンゼルス	聖公会	前川真二郎	▶	▶	近藤正孝	▶	山崎節	山崎節	▶
ロサンゼルス	キリスト		河合禎三	▶	▶	▶	▶	河合禎三	▶

※※組合と合同してリバサイド合同教会となる。

1898	1899	1900	1901	1902	1903	1904	1905	1906	1907
▶	吉田森蔵	▶	川崎升	西条寛雄	▶	鵜飼吉次郎	佐藤惣三郎	小室篤次	▶
			K.山崎	Y.浜本	N.川瀬		鵜飼吉次郎	藤井茂雄	▶
							内藤勇吉	村形貞吉	
								村形貞吉	
									小室篤次
				萩原信行	▶	稲沢謙一	▶	▶	
					寺沢久吉	▶	▶	▶	
									前川真二郎

1916	1917	1918	1919	1920	1921	1922	1923	1924	1925
▶	▶	▶	▶	▶	▶	▶	宗音重	齋藤末松	
田中	小室篤次	吉田森蔵	松岡宏一	※※	清水久雄	▶	丹羽成一	宗音重	
▶	有馬甫	▶	川島末之進			馬場小三郎	▶	▶	
				※※					
▶	高田輯一	川島末之進	有馬甫	▶	▶	▶	▶	▶	
		中村順三	西条了						
▶	鈴木吉助	古谷孫次郎	辻密太郎	▶	豊留秀信	田村清	▶		
▶	阪野峻		T.渡辺	白石多幸	▶	▶	▶		齋藤冽泉
▶	辻密太郎	▶	西条了	▶	門池義氏	▶			
▶	山崎節	▶	▶	▶	▶	▶	▶	▶	▶
▶	河合禎三	▶	▶	▶	▶	▶	鵜浦小三郎	▶	▶

(c) 太平洋沿岸西北部

教会所在地	教派	創立年	1891	1892	1893	1894	1895	1896	1897
ポートランド	美以	1893			川辺貞吉				
シアトル	美以	1904							
デンバー	美以	1907							
タコマ	美以	1907							
スポーケン	美以	1902							
シアトル	浸礼	1899							
シアトル	長老	1906							
シアトル	組合	1907							
シアトル	聖公会	1908							

教会所在地	教派	1908	1909	1910	1911	1912	1913	1914	1915
ポートランド	美以	▶	藤井茂雄	▶	有馬純清	▶	村田重次	金沢敬次郎	
シアトル	美以	▶	▶	▶	▶	▶	▶	大林宗嗣	▶
デンバー	美以		白戸八郎	▶	▶	▶	▶	白戸八郎	▶
タコマ	美以	境沢ふさお	▶	有馬純清	▶	栗原信一	渥美三郎	加藤秋真	▶
スポーケン	美以		吉岡賢秀		植村清管		加藤秋真	板谷	植村清次良
シアトル	浸礼	▶	▶	▶	▶	▶	▶	岡崎福松	▶
シアトル	長老	▶	▶	▶	▶	▶	▶	井上織夫	
シアトル	組合	井上良民	久布白直勝					速水藤助	
シアトル	聖公会	東海林源之助	▶	▶	▶	▶	▶	東海林源之助	

〔凡例〕▶は前年と同一人物であることを示している。
〔典拠〕『護教』、『福音新報』の通信記事、『在米日本人長老教会歴史』（伝道廿五年祝会委員、1911年）、『在米日本人基督教五十年史』（南加日本人基督教会聯盟、1932年）、『北加基督教会便覧』（藤賀與

　教派別では最大教派がメソジスト、ついで長老派、組合派、南メソジスト、聖公会、キリスト、バプテストの順であるが、この順位はアメリカのプロテスタント教会の組織勢力ならびに海外伝道に対する力の入れかた、日本での教勢の差をそのまま反映している。また教役者の異動の面で、メソジスト教会牧師の移り変わりが頻繁であるのは、伝道者は一地域の教会の牧師ではなく全体のそれであるというメソジストの「巡回伝道」方針によるためである。反対に、長期にわたって一地域で牧会活動を続けているのがサンフランシスコの森淳吉（リフォームド教会）、シアトルの岡崎福松（バプテスト）、東海林源之助（聖公会）ら小会派の教役者であった。地域的には、三大都市——サンフランシスコ、ロサンゼルス、シアトル——それにオークランドやサクラメント、フレズノなど比較的日本人移民が集中している地域に数教派が並存しているが、それ以外の地域

1898	1899	1900	1901	1902	1903	1904	1905	1906	1907
工藤陽太郎	►		関沢	杉原成義	►	吉岡誠明	北沢鉄治	►	相原英賢
				関沢		鶴田源七	吉岡誠明	►	►
									東田静一
				鶴田源七	►	►	►	吉岡誠明	村形貞吉
	岡崎福松	►	►	岡崎福松	►	►	►	►	►
								井上織夫	►
									沢谷辰次郎

1916	1917	1918	1919	1920	1921	1922	1923	1924	1925
吉岡賢秀	►		大石光二	植村清次郎	►	►	►	►	
►		小室篤次	►	►	山鹿譲	►	►	►	
加藤秋真	馬場・笹森	馬場・本間	吉岡賢秀	►	►	►	►	►	
大林宗嗣	原谷岩吉	►	►	►	►	►	井崎清二	►	
►	►	►	►	高田輯一	►	山鹿譲	►	井崎清二	
►	►	►	►	►	►	►	►	►	►
►	►	►	►	►	►	►	►	►	►
山田貞夫	安田忠吉	清水久雄	►	安部清蔵					
►									►

一編纂、1936年）、『羅府日本人美以教会四十年史』（羅府日本人美以教会、1937年）、『北米宣教八十五周年記念誌』（白石清編、1964年）、*A Centennial legacy: history of the Japanese Christian missions in North America, 1877-1977* (Sumio Koga、1977)。

では各教派が互いに競合することなく伝道地域を分けあっていた様子がうかがえる（いずれにせよ、ここに表示した各個教会の独自の創立過程や教会運営の実態については、教会資料の発掘、整理とともに今後とも究明されねばならぬ課題である）[11]。

　以下ではこうした特徴をふまえて、本章の対象時期に関するいくつかの統計に基づいてカリフォルニア州の日本人キリスト教界形成の特徴を検討し、あわせて日系人キリスト教会史に占める1910年代から20年代の史的位置を明らかにしていくこととする。

(2)　統計に見る日本人キリスト教界

日本人キリスト教界による教勢の拡大　表1-2「カリフォルニア州における日本人キリスト教界の教勢」は、1909年から15までの各地の教会数と信

表1-2　カリフォルニア州における日本人キリスト教界の教勢

地名	キリスト教会信者数（　）内は教会数				
	1909年	1910年	1911年	1912年	1913年
サンフランシスコ	590 (7)	555 (4)	640 (7)	472 (5)	640 (5)
オークランド	182 (3)	195 (3)	235 (6)	185 (3)	165 (3)
アラメダ	57 (1)	25 (1)		21 (1)	28 (1)
バークレー	115 (3)	83 (3)		66 (2)	67 (2)
パロアルト				25 (1)	20 (1)
サンノゼ	(1)	34 (1)	50 (2)	25 (1)	27 (1)
ワッソンビル	30 (1)	50 (1)	90 (1)	61 (1)	60 (1)
モントレー		3 (1)		13 (1)	20 (1)
サリナス	(1)	33 (1)		53 (1)	48 (1)
サクラメント	133 (3)	139 (3)	180 (3)	95 (2)	110 (3)
ルーミス				(1)	61 (1)
フローリン				(1)	(1)
ウォールナットグローブ				(1)	(1)
バカビル	37 (1)	16 (1)	20 (1)	42 (1)	24 (1)
サンタローザ					
スタクトン	31 (1)	25 (1)	40 (1)	29 (1)	54 (1)
リビングストン			20 (1)		
フレズノ	109 (2)	140 (2)	109 (2)	100 (2)	125 (2)
ハンフォード		20 (1)		48 (1)	57 (1)
バイセリア	6 (1)	10 (1)		11 (1)	10 (1)
ベーカースフィールド	22 (1)	20 (1)		23 (1)	25
ロサンゼルス	227 (5)	760 (7)	791 (8)	621 (6)	585 (6)
オクスナード		59 (1)		21 (1)	29 (1)
サンタバーバラ	(1)	47 (2)		12 (1)	(1)
パサデナ		113 (1)			35 (1)
ホイテヤ					16 (1)
モンテベロ					11 (1)
ロングビーチ					5 (1)
モネタ					
サンタアナ	20 (1)			35	34 (1)
オレンジ		74 (1)		(1)	
ウインターズバーグ				(1)	12 (1)
リバサイド	36 (2)	125 (2)		57 (2)	77 (2)
サンバナデノ					5 (1)
サンディエゴ		89 (1)		25 (1)	29 (1)
ブローレー					
南カリフォルニア各地			339 (10)		
キャダローブ					
合　計	1,595 (35)	2,615 (40)	2,514 (42)	2,040 (41)	2,379 (46)
カリフォルニア州の日本人口	55,901	54,980	56,760	58,555	59,755

〔典拠〕1909年から1913年のデータは『日米年鑑』1910年〜1914年の各年度版による（ただし、その数値
　　　は各年10月1日現在で、日米新聞社調査によるものである）。1914年の数値は未詳である。1915
　　　年の数値は、藤賀與一『日米関係在米国日本人発展史要』（1927年）208-211頁による。
　　　仏教勢における1914〜1915年のデータは渉猟しえていない。

(注1)　「教会数」には「講義所」を含む。

（単位：人）

	仏教信者数（　）内は会堂数				
1915年	1909年	1910年	1911年	1912年	1913年
423 (4)	395	270 (1)	310 (1)	350 (1)	380 (1)
202 (3)	290	384 (1)	250 (1)	600 (2)	650 (3)
45 (1)					
61 (2)					
14 (1)					
44 (1)	376 (2)	385 (2)	600 (2)	800 (2)	550 (2)
69 (1)	320 (1)	350 (1)	400 (1)	350 (1)	370 (1)
23 (1)					
50 (1)					
148 (2)	628	736 (1)	500 (1)	600 (2)	750 (3)
42 (1)					
13 (1)					
4 (1)					
9 (1)		198 (1)	235 (1)	235 (1)	200 (1)
(1)					
66 (1)	135	331 (1)	340 (1)	450 (2)	430 (1)
115 (2)	706	702 (1)	1,103 (4)	1,165 (4)	1,650 (4)
77 (1)					
12 (1)	79				
844 (6)	379	605 (1)	925 (2)	900 (3)	
50 (1)					
27 (1)					
70 (1)					
25 (1)					
34 (1)					
30 (1)					
6 (1)					
86 (2)					
14 (1)					
22 (1)					
143 (2)					
8 (1)					
25 (1)					
1 (1)					
					950 (3)
		130 (1)			
2,802 (49)	3,308	4,091 (11)	4,663 (14)	5,450 (18)	5,930 (19)
—					

（注2）「信者数」は男女合計数。

（注3）1911年の教会数および会員数は厳密には所在地と対応していない。典拠文献に「王府及付近」「華村及付近」「フレスノ付近」「サンノゼ付近」とあるものは、それぞれオークランド、ワッソンビル、フレスノ、サンノゼに記入し、「羅府以外南加各地」の数値は「南カリフォルニア」として別に表記した。

者数を掲げ、あわせて仏教界（本願寺派）の勢力と対比させたものである[12]。この表から次の二点を指摘しておく。

　その第1は、日本人のキリスト教会が短期間に、そして多くの地域に分布して設立されたことである。この調査によれば、1909年での教会数（講義所を含む）は35で、その多くが早くから日本人移民が蝟集（いしゅう）しはじめた地方都市であることがうかがえる。しかもサンフランシスコとロサンゼルスにある教会だけで全教会数の3分の1を上回り、ついでサンフランシスコ湾周辺部や州都サクラメント、フレズノなどの早くから日本人農業の盛んな地域に集中している（その理由はすでに概観したとおりである）。それが1911年になると、教会はロサンゼルス市域以外の南カリフォルニア地域に急増し、12年にはパロアルト、ルーミス、フローリン、ウォールナッツグローブなどカリフォルニア州中央部および沿岸部へと拡大している。この急速なキリスト教会の設立と地域拡張の様子は、仏教会の会堂設立と比較するなら、その差がいっそう明らかである[13]。

　この違いは、日本人移民が広大な平原に分散して、たとえ一地域の同胞人口が少なくても教派間の競合を避けながら、勢力的な伝道活動（巡回伝道・出張伝道）を通じて信者を獲得し、教会を建設したキリスト教界と、日本人集住地域に拠点を置き、人口の増加に応じて会堂数を増やしていく仏教界との伝道方法の差にあるといえる。仏教の場合は、移民たちの故国の宗教、「家」の宗教という性格を帯びているから、町に寺院があれば移民たちのほうから抵抗なく入会してくるが（このことは遅れて開教した仏教界が一挙に信者数を増加させている点に明らかである）、キリスト教の場合、日本ですでにキリスト者となっていて渡米してくる人はそれほど多くはなく、また渡米したらまず教会へ行けと紹介を受けてきた者もいるが、大部分が明治生まれの日本人移民にとってキリスト教は未知の宗教であるため、いきおい開拓伝道による信者獲得がなされねばならないからである。また、キリスト教そのものが伝道によって教勢を拡大しうる宗教であった。この表は、1910年代の日本人移民の地方発展に即応してキリスト教界が地方伝道を展開し、多くの地域に教会や伝道講義所を急速に設立していったことを如実に物語るものである。

**日本人移民に見る
キリスト教入信の動機**　　　第2は、カリフォルニア州における日本人移民人口に占める日本人キリスト教信者数の割合が約4％（1913

年）と相対的に高いことである。一見して、その人口比約4% は少ないように思われるかもしれない。しかし同時期の日本国内の総人口に占めるキリスト教信者比が0.233%（1916年）であったこと[14]、キリスト教は邪宗門という排耶意識の強い明治生まれの移民たちにとってキリスト教の教義・教理を理解し、異教の神祭祀をやめ、罪を悔い改めて回心することには重大な決意がともなうことなどから、アメリカにいる日本人移民のキリスト教信者の比率は相対的に高いといえる。他方、仏教徒の場合、その人口比は約10% でその差は歴然であるが、彼らの場合、故国の農村における宗教生活をそのまま継続し、宗教的な葛藤を生ずることなく仏教会に入ることができるのだから、むしろこの仏教徒の人口比は少ないくらいである。

　そこで問題となるのは、日本人移民のキリスト教入信の動機である。キリスト教入信の動機は、その人の宗教体験やキリスト教とのかかわり方の違いと関係し、実にさまざまである。それでも後年の回想に共通して多くみられることは、異郷の地で友もなく寂しい思いをしていたとき、熱心なクリスチャンが教会へ行こうと誘ってくれて、教会の人たちもあたたかく迎えてくれた経験をあげていることである[15]。姉夫婦の媒介で1911年に写真結婚で渡米した高橋たねの（オークランド・シカモア組合教会）の入信などはその典型例である。

　たねのの夫はすでにオークランドのシカモア組合教会で洗礼をうけていたことから、彼女もしばしば入信を勧められていた。しかし「祖父から頂いた仏教を変える事はできません」と拒み続けていた。4年後、夫が子どもをつれて母の病気見舞いに帰国したので彼女は一人で留守をまもっていた。だが——。

　　その晩から私の乳は一杯になり、子供が泣いているだろう、母をさがしているだろうと思うと寝ても寝られず、一睡もしない夜が幾夜も続きました。苦しい苦しい毎日でした。周囲には沢山の人がいましたが、誰一人慰めて呉れませんでした。そうした時に、教会の大久保未亡人〔大久保音羽〕と大久保清治郎〔清次か〕様の奥様とがお出で下され、心からなる愛のみ手で、さぞ苦しいでしよう、と言って慰めて下さいました。又時には家に連れて行ってクラッカとスープで御馳走して下さいました。真心からなる両姉妹の御親切は海山の珍味よりもお美味しく頂きました。そして遂に教会にも行き、説教を聞かせて頂くようになりました。永遠の生命の事を教えられ、

キリスト教を信ずるようになりました[16]。

異境での孤独な日々を慰めてくれたクリスチャンの人格的な感化という入信例である。この他に多い入信動機には、「排日問題が激しくなったときキリスト教会が日本人の味方となってくれたから」、「教会に英語を習いに行っているうちに」とか、女性の場合は「子供が教会の日曜学校に行くようになったから」、「婦人会を通じて教会との繋がりを深めキリスト教に関心をもつようになったから」などがある[17]。

こうした動機はキリスト教の教義・教理を理解したうえでの入信というよりも、身近なクリスチャンの人格的な影響やキリスト教の優位なアメリカ社会に身をおいた「郷に入れば郷に従う」式の改宗であった。アメリカでの生活を有利に確保するためキリスト教へ改宗したのである。こうしたしたたかな日本人移民の要求と、日本人移民に福音を伝えようという教役者の使命とが一致した結果、急速な教会設立を見るにいたったといえよう。

日本人移民社会の動向と　　さて、図1-1(a)、(b)は最大教派メソジスト教会
キリスト教会員数の変遷　　の教勢を年次別に示したものだが、この図からも日本人移民社会の動向と教会のそれとの密接な関係をみることができる。

第1は、教会も1924年制定の移民法の影響をはっきりと受けていることである。メソジスト派の場合、1901年以降、全教会員数は例外的に1906年、12年、15年での減少はあるものの着実にその数を増し、それに応じて教会数も増加している。しかし、それも1923年で頭打ちとなり、24年以降は急激な会員減となっている。このように毎年の教会受入者数や試み中の会員数、成人受洗者数や小児受洗者数が排日情勢下でも漸増してきたにもかかわらず、24年以降会員が減少しだし、不在会員が増えはじめたことは、移民法の衝撃を受けた教会員のなかにもアメリカでの生活に見切りをつけて帰国した者、反アメリカ意識から仏教へ改宗した者、その他の理由から教会を離れていった者が相当数いて、増加会員数を上回ってしまい、教会の側でもこうした教会員の動揺をおさえ、教勢を維持することがいかに困難であったかを意味している。

第2は、1913年を画期に日曜学校生徒数が急増しはじめ、それに応じて学校数も増加していることである。日本人移民社会の人口構成は、第一世代人口が1920年にそのピークをみるもののあとは減少しはじめ、逆に1910年代にアメ

図1-1（a）　太平洋沿岸メソジスト教会員数

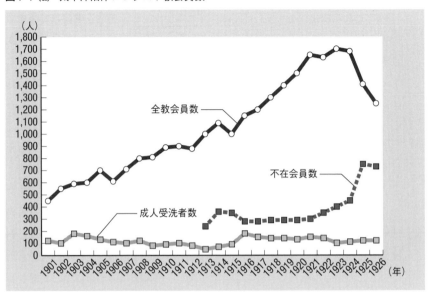

図1-1（b）　日曜学校数・生徒数

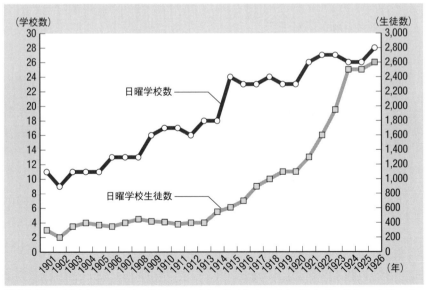

〔典拠〕図1-1（a）（b）はいずれも *Official Journal Pacific Mission of the Methodist Episcopal Church*、1901～1926年の数値を用いて作成。

リカで生まれた第二世代が急増し、1930年代には全日系人口の41％を占めるにいたった。教会でも1917年以降、小児洗礼者数と日曜学校生徒数が激増していることは、日系人構成の変化の大勢に準じて教会内でも第二世代が今後主要構成員となりつつあることを示すものである。

　では今日に至る日系人キリスト教会史（とくにカリフォルニア州におけるそれ）において、このような1910年代〜20年代はどのように位置づけることができるだろうか。

　表1-3は1960年代に至る日系人キリスト教会の創立年次の分布を示したものである。これによってその3分の2までが1900年から29年までに設立され、とくに1910年代に創立された教会がもっとも多いことが明らかである。すなわち数量的に見るなら、カリフォルニア州の日系人キリスト教会史における当該期は、日本人移民の地方分散と定着過程に対応して教会をもっとも量的に発展させた時期として、そしてその多くの教会が現在まで存続し、主要部を占めていることから、今日の教会の基幹部を築いた時期と位置づけることができる。

　また教会構成員の面から見るなら、この時期は移民一世を中心とする時代である。彼らは異境の地にあって、懐かしき同胞に逢うため、精神的なよりどころを求めるために教会を訪れ、キリスト者の人格的な影響を受けて信仰をもつ

表1-3　カリフォルニア州における日本人キリスト教会創立年分布

創立年	教会数		計
	北カリフォルニア	南カリフォルニア	
1889年以前	3	0	3
1890〜1899	4	1	5
1900〜1909	8	5	13
1910〜1919	7	10	17
1920〜1929	7	6	13
1930〜1939	0	9	9
1940〜1949	1	1	2
1950〜1959	3	2	5
1960〜	0	0	0
計	33	34	67

〔典拠〕南加基督教教会連盟出版部『北米宣教八十五周年記念誌』（1964年）「北米日系人キリスト教会現勢表」（82-86頁）より作成。

にいたった。そしてアメリカ社会で有利にはたらくという彼らのしたたかな要求と教役者の主張とが一致して、多くの教会が生まれた。

　しかし1920年代以降は二世が急増し、教会内でもしだいにその数の面で一世を上回るようになる。しかも1924年の排日移民法の制定によってあらたな日本人移民供給の道が閉ざされてしまってからはアメリカの市民権を持つものとして政治的、経済的な発言権を獲得して成長してきた二世が中心的会員となっていかざるをえない。1910年代ではまだ成人に達した第二世代の数は多くないが、やがて教会内でも両世代間の言語や日本文化に対する認識の差、国家観の違いにいかに対処するかという問題に直面することになる。それゆえ当該時期後半は、日本人キリスト教界における世代構成の移行期に相当しており、いわゆる「第二世問題」が急務の課題となることを示すものである[18]。

　1910年代から20年代はまた、日本人排斥が厳しさを増した最初の時期でもあった。各地の日本人教会は教派を越えて排日問題緩和運動のため連合し、積極的に巡回伝道を行った。次節以下では、以上にみた統計的概観をふまえて、主に日本人キリスト教諸団体の動向を歴史的に跡づけ、排日問題と日本人キリスト教界の対応策の実態を明らかにしていく。

2　1900年代後半の日本人キリスト教界

(1)　サンフランシスコ地震と日本人教会

多くの罹災者と家屋の損害を生んだサンフランシスコ地震　1906年4月18日午前4時30分、突如サンフランシスコ市周辺はマグニチュード7.8の大地震に見舞われた。市内二十余箇所に起こった火災は、市の重要区域（とくに下町地域）を焼き尽くし、家を失うもの30万人、日本人の罹災者1万人におよぶ大惨状となった。サンフランシスコ地震の突発である。

　激震直後発生した火はたちまち四方に広がり、日本領事館や勧業社、横浜正金銀行や三井物産などサンフランシスコにあった官庁や商社、それに多くの日

本人経営の商店をつぎつぎと呑みこみ、午後5時頃にはラーキン街を北上、じりじりと桑港日本人美以教会にも迫ってきた。広田善朗牧師は教会に集まった人びとを二手に分け、女性と子どもをラファイエット公園に避難させ、残りの人びとで教会を警護した。

　19日になっても火勢は衰えず、山手方面にも広がり、正午過ぎ、とうとう火は美以教会にも達し、衆人環視のなか、学生倶楽部、牧師館、寄宿舎、会堂がつぎつぎと焼失した。難を逃れた教会員たちはシーツを張っただけの仮テントや毛布のまま、ラファイエット公園で不安な一夜を明かすことになった。

　20日、美以教会は火災をまぬがれた婦人ホーム（パイン街2025）を仮教会とし、2階、3階を女性と子どもの収容所、1階を男子のそれにあて、早速罹災者の救助を開始した[19]。

　震災発生の翌日（19日）、広田牧師は倉永照三郎、安孫子久太郎、川崎巳之太郎らと上野季三郎領事の私宅（パイン街1730）で会合し、上野領事を加えた5名を発起人とする日本人救済会を組織した。20日には救済会の部局も決まり[20]、オークランドも活動範囲に含められ（相原英賢牧師が担当）、「当国布哇並に本国より集まり来りたる共済金額は目下四万弗に上り、同会は家族携帯者病患者其他事情の存する者に限り今も尚給養を継続し居れり」[21]として、文字通りの地震罹災者の救済活動がはじまった。

　このサンフランシスコ地震は多くの罹災者と家屋の損害を生んだが、その復旧作業を通じて日本人社会のなかに新たな活気と変化を生みだす、大きな転機ともなった。

　教会関係では、桑港美以教会の役員・会友は21日、①4カ月を期して2,000ドルを支出し、焼跡に仮小屋を建て伝道および学校の用に供すること、②2年半を期して2万ドルを集めて新会堂を建築するという方針を決め、希望を抱いて復旧作業に着手しはじめた。オークランドでも、

　　震災の為多少の損害を蒙り死者五名を出したけれど、桑港の如く火災起らざりし為数日にて旧に復したり、当地は桑港罹災者を以て満たされ、殊に我が日本人美以教会の如きは一時同胞の収容処となり、会員諸兄姉には救済の為め昼夜奔走の労を執られたり、而して其後各々信仰の熱度を増し諸集会とも活気を呈し来りたるは不幸中の幸いとして感謝せざるべからず[22]。

と報じられたように、罹災者を引き受け救済活動に励むことで活気が生まれた。

サンフランシスコ日本人社会の再建　災害復旧から生まれた新たな息吹は教会だけに限られるものではなく、サンフランシスコの日本人社会再建の息吹そのものであった。すなわち震災後、サンフランシスコの保険会社がただちに違約なく保険金の払い渡しを開始し、日本人移民にも約150万ドルが支払われることになったため、これが資本となり、各地で新築の槌音がひびくようになっていたのである。その様子を日本で発行されていたメソジスト派の機関誌『護教』の「桑港通信」は次のように報じている。

> 震火災前までは当市在留の邦人中にて土地を所有或いは永借し若しくは建物を所有せる者は殆んど皆無の有り様なりしが、変災後昨年に至りては土地を永借して建物の新築を企つること恰も一種の流行病の如く広く邦人間に蔓延し来れし、東洋波止場（メールドック）の周囲には移民に対する大旅館及宏壮なる貨物倉庫盛んに経営せられ、又ゲリー街の両側には美術店、骨董店、デューポン街及びスタクトン街の両側には旅館、雑貨店、レストラン類、孰れも邦人に由り軒並み計画せられつつあり、当市の建物会社は非常なる便宜を邦人に与え、月賦払ひの容易なる便宜を邦人に与え、月賦払ひの容易なる契約にて如何なる家屋をも邦人の為に喜んで建築することに取掛り居れり[23]。

こうした「流行病」のような建設ラッシュ、しだいに形作られていく日本人街を目のあたりにして、多くの日本人移民は誰しもが自らの苦労を思いだし、将来に思いを馳せたにちがいない。桑港美以教会員の島崎政太郎は、5月16日から7月27日までのあいだ、矢継ぎ早に7回にわたって日本の『護教』に、美以教会の罹災、日本人救済会の発足、日本人社会再建の様子を詳細に報告していたが、その頻度と動きの激しい日本人社会の的確な描写のなかにこそ、日本人移民にとってこのサンフランシスコ地震がいかに大きな転換期として受けとめられていたかが示されている。とりわけ島崎の最終報告は、日本人社会の発展を見つめてきた一移民としての気持ちを率直に伝えるとともに、しだいに激しくなってきた日本人排斥の様子をも記し、あわせて信仰をもつ者の感慨を表白するものであった。

> 二十余年鬱屈に齷齪を重ね居たる在留邦人は昨今漸く機を得て飛揚を試み

んとする場合にあれば、災変後に於ける彼等の勢力の発展は其勇ましきこ
と一見壮快に堪ず。北はカリフォルニア街南はエリス街東はヴァンネス街
西はフィルモーア街を境とし、四方略六丁目に亘り桑港焼残りの天地に於
て土地高燥、建物も亦宏壮なる最良の一区廓は殆ど大抵邦人の占有に帰し、
賑はしき日本人市邑（タウン）を形成するに至れり。其区廓内にある家屋
に対しては邦人異例なる高価を以て之を永借するに躊躇せざれば、白人は
漸次に邦人の為に其陣地を奪はれつつあり、邦人の勢力発展の鋭鋒に辟易
せる白人は近頃頻りに「日本人の跋扈を抑圧する為に」とて大集会（マス
ミーチング）を催し、又市庁に迫り法令の発布を促して家賃の暴騰を制止
せんと謀れり。然れども邦人にして果たして其会社より凡ての不良不潔分
子を一掃し去り風俗上衛生上の規定を遵守するに周致ならば、何者と雖も
其発展の前途を妨碍し得ざるべし。而して又対岸の王府にては之と全く相
反するの現象を呈し、支那人の陣地に来襲せるに由り邦人は歩々退却の難
境にあり、目下当地をさりて王府に移れり。由来加州のアンゼスと称せら
れし閑雅幽潔なる王府の近頃俄に俗化せしことよ[24]。

　日本人街復興の槌音が同時に排日運動の序曲でもあったことは皮肉である。
しかし、こうした状況下で1907年にサンフランシスコ市内の公立学校に通っ
ていた日本人学童を市のはずれにある東洋人学校に転校させるという日本人学
童隔離問題が起こったのである。

（2）カリフォルニア州議会と排日土地法

あいつぐ排日議案の提出　　学童隔離問題はルーズベルト大統領の説得（メキ
シコ、カナダおよびハワイからの転航禁止による日本人
移民の制限を代案としたこと）によって一応の解決をみた。しかし、連邦政府は
新移民法による日本人移民の制限に効果が認められなかったため、日本政府の
行政的な措置による移民制限を求め、林董外相とオブライエン大使との数度に
わたる交渉の結果、1908年に「日米紳士協約」が実施されることになった。「日
米紳士協約」では、①日本政府は再渡航者ならびにアメリカ本土在住者の両親
および妻子を除くほか、一切の労働者に対してアメリカ本土行き旅券を発給し
ない、②右の除外例として定住農夫に対しては旅券を発給する、③学生・商人・

旅行者については旅券発給前、厳重な審査を行い、渡米後労働に従事するおそれのある者には旅券を発給しないことを骨子とするものであった[25]。

だが、カリフォルニア州ではこうした両政府間の小手先による移民対策では解決しえないほど問題は深刻化していた。日本人移民の土地所有を法的に禁止する法制化の策動が進められていたのである。

まず1907年、カリフォルニア州議会の下院に日本人の土地所有禁止法案が提出された。これに対して在米日本人は連合協議会の安孫子久太郎らをサクラメントに派遣し、法案防遏運動を開始した。ルーズベルト大統領も州知事ジレットに対し、移民問題に関し日本政府と協議中との理由で議事の中止を申し入れたことから、上院に提出されず、廃案となった[26]。

1909年、再び排日的議案が17種提出されたが、このときもルーズベルト大統領の異議で法案は廃案となり、カリフォルニア州知事ジレットや下院議長スタントンらの提起で日本人移民の実情を調査することになった。

3度目の排日法案20余種は1911年のカリフォルニア州議会に提出された。各種の排日土地所有禁止法案は一括に修正され、州議会上院を通過したが、この年はサンフランシスコ市でパナマ運河開通を祝う大博覧会が行われる年であり、博覧会には日本も有力なメンバーとして参加することになっていたことから、対日感情を気づかうタフト大統領の努力や下院議員の政略的な活動もあって廃案となった。

しかし1913年3月、4度目の排日法案33種類がカリフォルニア州議会に提出された。今度の状況は厳しかった。すなわち1912年11月の大統領選、連邦議会議員選挙、州議会議員選挙ではいずれの候補者たちも排日案を公約に掲げ、とくにウィルソンを支持するカリフォルニア州の民主党は強く「帰化不能外国人」による土地所有権の禁止を主張し、同州のジョンソン知事はウィルソンに対抗する共和党の副大統領候補でもあったことから大統領の説得を聞きいれる可能性が期待できなかったからである[27]。

結局1913年5月2日、ウェッブ起草の排日土地法案は賛成35、反対2で上院を通過、翌日3対2で下院を通過し、19日ジョンソン知事の署名によって土地法は成立、8月10日より実施されることになった。この排日土地法は排日運動が法律化された最初のもので、これによって、①日本人または日本人の過半数

を以て組織された会社、組合、法人は、今後カリフォルニア州において全く土地を獲得し、所有し、利用し、これを日本人に移転・相続することができなくなり、②日本人に対しては3年を越えない期間において耕作地の借地を許す（農園借地耕作者は今後3年以上の契約をすることができない）こととなり、農業で生計を立てている日本人移民に対して経済的にも精神的にも大打撃となったのである。

排日土地法の制定に対する日本側の動き　では、こうしたアメリカにおける排日土地法の制定に対して、日本側ではどのような動きがあったのだろうか。その概要を示しておこう。

　日本では1913年に4度目の排日土地法案のカリフォルニア州議会提出の情報が伝わると各地で「対米問題演説会」が開催され、にわかに反米世論がたかまり、「日米戦争論」までが論じられた。法案の議会通過が報じられると、国民党は同法案が「啻に正義人道を無視し国際道徳に背戻するのみならず又実に日米条約の大精神を蹂躙し帝国の体面を不正に蹂辱し同胞の利益を不当に侵迫するの所為にして帝国は猛然之が排徹に努力せざるべからず」と「帝国の体面」論にもとづく対米批判「宣言」を行い、同時に政府の外交政策の失態を難じた。多くの日本国民にとってこの事態は一等国日米間の信義をやぶる、国家の体面にかかわる問題として受けとめられていたのである[28]。

　一方、渋沢栄一や阪谷芳郎ら国際協調主義者たちは、当初、排日土地法の成立に関して楽観的な観察をしていたが、情勢が厳しくなるに応じて日米同志会を組織し（4月15日）、内外人を通じて法案阻止の運動を開始した。だが法案通過が不可避となると、5月2日、全国商業会議所聯合会と協同して添田寿一、神谷忠雄を在米同胞慰問使としてアメリカに派遣し、在米日本人会と提携して啓発運動にあたることにした[29]。

　キリスト教界は各地で排日問題演説会、加州問題祈禱会を開催したが、その立場は大阪での決議に見るように比較的冷静な対応策を示した。

　もっとも活発な取り組みがなされた教派は組合教会であった。『基督教世界』では1913年4月以降、毎号にわたって排日問題に関する論説と報道がなされたが、その主張は次の三方面に向けられていた。第1は、日本国民に向けられたもので、この際はあくまで慎重穏和な態度で深く反省し、狭隘な国家的観念

を脱却し、世界的文明の大勢に順応して世界の至るところで歓迎される国民的
要素を養うことを警告すること。第2は、アメリカ人キリスト者に対するもので、
信仰を共にする宗教家として、キリスト教の人類同胞主義に基づき、あくまで
正義人道の立場より同国民の反省を促し、健全なる世論を喚起して、人種差別
的法案の議会通過阻止を要請すること。第3は、日本のキリスト者に向けられ
たもので、排日土地法のカリフォルニア州議会通過直後には今回の事件が日本
のキリスト教に大打撃を与えるという見解を否定し、逆に多くの契機において
キリスト教の前途に善良なる影響（教会の独立・自給の促進など）を及ぼすとい
うとらえ方を示すものであった[30]。

　このように1906年のサンフランシスコ地震以降、アメリカ国内で高まった
排日状況を見てきた。では、こうした排日状況に対してアメリカの日本人キリ
スト界はどのような対応をとったのだろうか。以下では日本人キリスト教諸団
体の動向を歴史的に跡づけ、排日問題と日本人キリスト教界の対応策の実態を
明らかにすることとする。

3 1910年代前半の日本人キリスト教界

(1) 日本人キリスト教諸団体の成立

人道協会・革新会　　1907年、最初の排日法案がカリフォルニア州議会に提
　　　　　　　　　　議されたとき、日本人教役者や信徒たちは創立時以来多く
の教会関係者が関与していた在米日本人連合協議会を拠点とし、各地へ巡回伝
道して排日法案に反対するという方法をとった。翌年連合協議会は組織強化の
ため解体され、在米日本人会が新たな連絡機関となったが、教会関係者からす
れば連合協議会は「純然たる政治団体」で「地方分権的」性格をもっていたとみ
なされたのに対して、在米日本人会は「実業的団体」で「中央集権的」であると
して批判的であった[31]。そのため2度目の排日法案が提出された1909年に日本
人教役者会（サンフランシスコ、オークランド、アラメダの諸教会）は独自に「人

道協会」を発足させ、地方出張伝道地を選定し、長老派教会の機関誌『独立』
を長老・南美以の二教派共同伝道機関誌とすることを協定するなど、その効果
的な伝道活動の体制整備を進めた。その後サンフランシスコに開かれた臨時教
役者会は、教役者のみならず一般信徒・有志者を会員とし風紀矯正運動に尽力
する「革新会」を組織した（**図1-2**参照）。そして11月初旬には第1回対時局演説
会を開催し、活動を始めた[32]。

加州基督教徒同盟会　　　　　　1910年1月、「加州基督教徒同盟会」が結成され、ア
ラメダ市南美以教会で第1回会合が開かれた。加州基督
教徒同盟会は「諸教会の教役者及び教会に属する信徒」（規則第3条）を会員とし、
「基督教徒の親睦を厚ふし、福音を宣伝し、社会道徳を進むるにあり」（同2条）
という目的をもつ組織で、当時しだいに激しくなってきた排日問題に対処する
ために組織された北カリフォルニア州日本人キリスト教界最初の本格的な連絡
団体である[33]。会長は大久保真次郎（オークランド独立組合教会）、幹事に川島末
之進（美以教会）をすえ、広田善朗（美以教会）、末広浅次郎（組合教会）、山口金
作（組合教会）、柳原直人（美以教会）、寺沢久吉（長老教会）を常置員とした。
1910年7月には機関誌『新天地』を発行した。

　1911年1月、会長の大久保真次郎は自教会にサンフランシスコ領事永井松三、
安孫子久太郎、野田音三郎、塚本松之助というサンフランシスコの名士4人を
招き、「社会は牧師に向かって何を要求しつつありや」というテーマを出して
忌憚なき意見を求めた。この会談の内容そのものは不明であるが、安孫子久太
郎が「現下の境遇に処する在留同胞の覚悟」と題する談話を行った際に「同胞
社会の根本的改革と宗教家の責任」として述べた次の発言はその内容に近いも
のである。

　　　今日日本人が曝露して居る欠点なるものは、根底深く日本人の伝襲的性質
　　　に原因して居るものであるからして、之を矯正するには精神を根本的に改
　　　めさせねばならぬ。夫れには何ふしても宗教家諸君の一大奮発に待たねば
　　　ならぬのである。勿論宗教家の活動と云うても、今日やって居る様に会堂
　　　でお定まりの説教をしたり、キャンプに時々出掛けて伝道する位の処では
　　　何の効果もないので、彼のキャソリックの僧侶が、今日欧州移民の間に働
　　　いて居る如く、又は英米宣教師が支那印度等に於て伝道して居る様に日本

図1-2　日本人キリスト教諸団体発展系統図

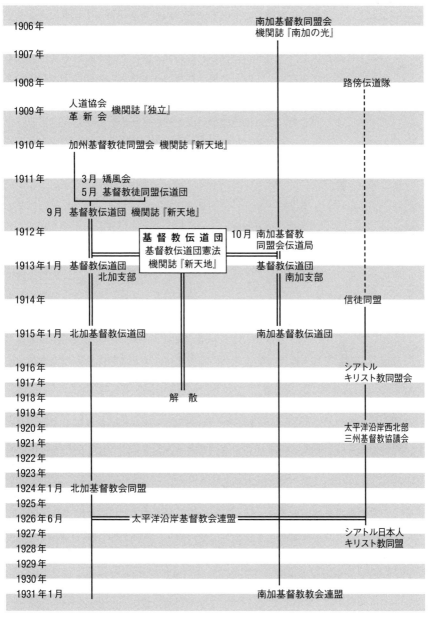

〔典拠〕基督教伝道団『新天地』ならびに前掲表1-1の典拠文献を用いて作成

人牧師伝道師等も在留日本人の運命休戚を以て自己の運命休戚となし、親しく其日常生活に交渉し、農業者の中に入っては、自ら手に鋤を握るといふ意気込みを以て実行の力から感化を与へて貰はねばならぬのである[34]。

日本人移民がアメリカ人から排斥されるのは、彼らがいかにもみすぼらしく非衛生的な飯場で寝起きし、汗して稼いだ金は「シナ人」の賭博場で財布の底を叩くまですってしまい、はては農場主との契約も平気でやぶり、ほかの農場へ行ってしまうからだ。これは同胞の出稼ぎ根性に起因している。排日を防止するにはこうした出稼ぎ根性による短所欠点を矯正改革し、日本国民の品位を発揮し日本人移民の真価を証明しなければならない──これが安孫子の主張であった。

この立場で安孫子は早くから日本人移民にアメリカ社会への永住を説いていたが、彼は日本の政府や財界著名人たちにその指導と援助を仰ごうとはしなかった。彼は常に日本人キリスト者に移民への啓発と精神的教化を期待した。日本人移民の真価を発揮し、アメリカ人から正当な評価を受けるべく移民社会の根本的な矯正に取り組むこと、これが当時の識者、キリスト者たちの共通問題となった。2月、フレズノ市組合教会に開かれた加州基督教徒同盟会第2回総会は、教会合同に関する決議、二世教育に関する方針の選択とともに、「我等は他に率先し若しくは他の同志と共同して其在住地並に関係地方の矯風運動に当たり其の成功を期す」[35]という矯風推進決議を採択したのである。

矯風会　加州基督教徒同盟会は日本人社会の矯正に着手するため、ただちに「矯風会規則草案」を作り、その組織に関する任務をサンフランシスコ湾付近の教役者会に付託した。教役者会は3月末、永井松三（領事）、藤平純三（横浜正金銀行支店長）、内田晃融（仏教会監督開教使）、その他新聞記者、実業家、日本人会参事員らと矯風会組織について協議をはじめた。しかし、その多くから矯風事業は宗教家に一任してその他の事業は必要に応じ助力しようという消極的な方向で協議がまとまったため、結局、広田善朗（美以教会）、前川真二郎（聖公会）、三浦宗三郎（長老教会）、福島熊蔵（組合教会）、太田義三郎（南美以教会）、森淳吉（リフォームド数会）が委員に選ばれ、「矯風会」を組織することになった[36]。

基督教徒同盟伝道団　　ところがその後、サンフランシスコに集まった教役者たちから「矯風会」という名称は消極的すぎてキリスト教徒の運動にとっては不適当である、「基督教徒同盟伝道団」とすべきだという意見が出された（4月18日）。そのため21日、桑港美以教会にて組織会が開かれ、新たに基督教徒同盟伝道団の発足が決まった。24日の評議会で委員を選出、5月13日、桑港美以教会において「基督教徒同盟伝道団」（サッター街1811）の発会式が挙行された。委員の顔ぶれと発会「趣意書」は以下のとおりである。

　　団長：広田善朗、副団長：宮崎小八郎、
　　幹事：末広浅次郎、会計：森下亀太郎
　　常置員：安孫子久太郎、大久保逸次、渡辺玉作
　　巡回伝道師：大久保真次郎

「基督教徒同盟伝道団」の発会「趣意書」

　米国に在留する我同胞の向上発展を図るに急を要する事尠（すくな）しとせず。散逸せる小資を収拾して有用の事業資金に充て、実業道徳を振興して信用を恢復し、社会の趨勢を改善して永住に便ならしめ、精神教育を奨励して善良なる市民有為の人物を起すが如き其例なり。就中（なかんずく）、目的を遠大にし堅忍不抜、千挫屈せざるの確信と勇気とを養成するは急務中の急務なり。

　実業、政治、国交等の問題に関しては別に其人あつて事に当り尽瘁する所あらん。然れど精神教育、信仰の鼓吹に至つては微力なりと雖も伝道団自ら任に当らんとす。人其身を修め、産を興し、高遠の理想に憧れながら卑近の実際に励み人生の意義を完（まっと）ふせんとす。必らずや患難も、困苦も、迫害、飢餓、刀剣も敢て之を奪ふこと能はざる堅き信仰なくんばあらず。斯る信仰は基督を崇めて我が主よ、我が神よと叫ぶものにあらずんば享有すること難し。是れ救主耶蘇の福音を宣伝せんが為め伝道団の起れる所以なり[37]。

　発足まもない基督教徒同盟伝道団（以下、同盟伝道団と略す）は5月下旬、オークランド、バークレー地方で10名の教役者および平信徒による集中伝道を挙行。続いて大久保真次郎巡回伝道師をサンノゼ（6月）、サリナス（7月）、ガ

ダローブ（8月）地方へ派遣し、布教活動を展開した[38]。

　ところがまもなく批判の声もあがってきた。これまで独自に日本人移民への布教を行ってきた各地の教会と平信徒を中心とする同盟伝道団の活動とに不一致が生じ、さらには内部からも、加州基督教徒同盟会が存在するのに別に同盟伝道団があるのは如何なるものかという意見が出されたのである。両者の意思疎通をはかる必要が生じてしまった。

　加州基督教徒同盟会は臨時総会を開き（9月4日〜7日、サンフランシスコ・ヘイト街青年会館）、同盟会と同盟伝道団の合同を決議し、ただちに同盟伝道団と交渉、合同に至った。こうして名実ともに北カリフォルニア地方の日本人キリスト教諸教会を連盟する組織である「基督教伝道団」が成立した。

基督教伝道団　基督教伝道団（北カリフォルニア地方を中心とするので、以下、北加伝道団と略す）は「広く福音を宣伝し社会の進善を促し個人の品性を高め風紀の振粛を図る」（基督教伝道団規約第2条）ことを目的とし、事務所をサンフランシスコのラグナ街1617に置いた。委員は同盟伝道団を引き継ぎ、団長：広田善朗、副団長：宮崎小八郎、会計：森下亀太郎、巡回伝道師：大久保真次郎とした。

　北加伝道団は加州基督教徒同盟会の機関誌だった『新天地』をその負債とともに譲りうけて同団の機関誌『新天地』とし、神学の議論よりも平凡な信仰の「実験談」をより多く掲載することを方針とした。大久保真次郎はその誌面変更について次のように述べている。

　　伝道団の重なる目的は、教会のない地方や、若しくは其の力の及び難い地方に、浅くとも広く福音を伝え、又基督教道徳に基づいて、一般社会の風紀を矯正するにあるが故に、伝道団の雑誌としては、将来はいざ知らず、目下の処は六ケ敷き（むつかし）神学問題や哲学問題を掲げて、少数者の思想界に貢献するよりも、寧ろ目前にある所の発心悔改談や、精進奮闘談、或いは解説聖化談等、所謂聖霊の種子が人の心田（しんでん）に落ちて育って、実を結ぶ所の信仰の事実を、大多数者に紹介するのが、今日の急務であると思う。要するに、将来の『新天地』は重に論より証拠を掲げて、信者、求道者諸君の参考に供したいのであります[39]。

　北加伝道団の財政は当初、会計係森下亀太郎の尽力でサンフランシスコやオ

ークランド在住の有力者たち（紳士諸君）の月掛け寄付と牧師の特別寄付（写真結婚謝儀）とで維持してきたが、森下の一時帰国、「紳士諸君」の寄付が減少したことなどの理由により、1912年2月から大久保の月給を支払えなくなったばかりか50、60ドルの負債さえも生じた。しかも『新天地』の広告料や購買料も数カ月間未徴収だったため、新旧の借金はあわせて300余ドルとなり、印刷も困難という事態に陥った。そのため2月の評議員会は専任幹事の設置を決め、3月2日、小林政助（サリナス長老教会仮牧師）が専任幹事に就任することとなった。これ以降、小林の働きで財政も徐々に立ち直り、正常な組織活動が保障され、大久保への給与の支払もなされるようになった[40]。

　伝道団の活動は、その「目的」が示すように、日本人社会の風紀矯正と福音伝道の二本柱であった。両者は表裏一体のものとして考えられており、風紀の矯正を進めるにはキリスト教の倫理に基づく禁酒の励行と賭博や売春など非人道的行為の廃絶が必要で、その実行には確固たる信仰が必要であるとみなされていた。風紀矯正の面でもっとも力を入れて取り組まれたものが賭博撲滅運動と日本からの渡米女性問題であった。

　1912年2月に開催された第2回評議委員会は、「本団では在米日本人会並に其聯絡団体が為さんとする賭博撲滅運動に対し充分なる応援をなし協力一致して其成功を期すると共に一面には在留同胞社会状態の改善を促し以て根本的解決を見んことを期す」という風紀矯正に関する決議可決。そして日本より渡米する女性たちの問題の適正解決にむけては桑港日本人基督教女子青年会の設立勧告を決めるなど社会的な運動を展開するとした[41]。

　ハワイからの転航者の多かった1900年代初頭、教会（とくにサンフランシスコ）は寄宿舎、夜学校、桂庵（働き口の斡旋）など多様な側面で渡航者たちのよりどころ——いわばコミュニティの拠点となっていた。ところが1910年頃になると、領事館、横浜正金銀行の支店その他多くの商店・旅館を含む日本人街が発展し、それらが日本人移民を受け入れるようになってきた。そして日本人移民の多くが借地農業を始め、農地を求めて急速に地方へ拡散しはじめた。その結果、1912年になると統計（**図1-1(a)**）に見たような教会員の一時的な減少が生じていた。移民社会の新たな動向に対処できない教会の姿、すなわち「諸教会の面喰らい時代」（大久保真次郎）に陥ったのである。

　　日本人会も領事館や正金銀行其他諸商店旅店なども皆大発展したのに独り
教会のみが却て逆退して居る。今より七ケ年計り以前はパインの美以教会
は日曜朝の集りは百二十人にも上ったが今は僅かに四五十位に過ぎぬ。当
時の長老教会も八十位はあったが今は四十位であろう。王府の美以教会も
六十位はあったが今は其半数位だらふと思ふ。或は之を牧師の罪に帰する
人があるが其れは大なる間違だ。今の牧師は大抵皆タイトルを持ってるも
のゝみで昔のスクールボーイ上りとは全く其撰を異にして居る。然らば何
故に教会のみ逆退したかと云ふに未だ今日に適したる伝道法を発見せぬの
と又其設備が出来ぬからである。さればとて俄かに旧法を改むる事も出来
まい。けれど根こそぎ教会を田舎に抱へて行く訳にも往くまい。今日臨機
の策として其大欠陥を補充するの道は伝道団の外はあるまい。是れ吾党が
同胞農村を基督教化し米国化し其真発展を遂げしむるの保姆を以て任ぜん
と欲する所である[42]。

　こうした「諸教会の面喰らい」状況を打破するために、従来からの主要都市
部での伝道と大久保巡回伝道師を中心とする地方への出張訪問説教が行われる
ことになったのである[43]。

　巡回伝道師としての大久保真次郎の活躍はきわめて精力的であった。1911
年11月にバレオ、サンタローザ、スースン、バカビル、ウィンタース地方を
巡回、12月にはワッソンビル地方、ユカヤ方面をかけまわり、翌年1月フロー
リン地方、2月サンフランシスコ市内の洗濯業者訪問伝道、3月には大和殖民地、
ルーミス、ニューキャッスル、オーブン諸地方を巡回している。

　大久保自身は「サンオーキンバレーを除くの外殆ど北加州全体を一巡した。
其結果として敢えて見るべきものにあらざれ共、到る所に同情者を得たるのみ
ならず、既に四〇〇名の団員と九四〇弗の団員の献金とは去る一年度の有形の
結果とも云ふを得んか」[44]と、最初の一年間の巡回伝道をふりかえっていたが、
具体的な数字を示しているところにその成果に対する自負を認めることができ
る。

　巡回伝道の目的は福音伝道と献金、団員募集とともに機関誌『新天地』の購
読を奨めることにあった。『新天地』も伝道にともなって中・北加州の重要な
地方に多数の読者を獲得し、1912年6月の発行部数2,200、購読者数1,793が、

4カ月後には購読者数2,163、このほか巡回伝道の際に配布するものをあわせれば2,500部に達すると観察されていた。それゆえにその確実な配達と集金のために、ワッソンビル、サクラメント、フレズノ、ハンフオード、サンノゼ、サリナス、そしてサンフランンスコ湾地方に地方委員、嘱託員を配し、事務の充実を期し、読者の定着に努めたのであった[45]。

南加州日本人基督教徒同盟会　一方、ロサンゼルスではすでに南カリフォルニア州8郡に伝道する日本人キリスト教会の団体として1905年12月29日にロサンゼルスのテンプル街テンペランス・ホールにて「南加州日本人基督教徒同盟会」（以下、南加同盟と略す）が組織されていた。初代会長は稲沢謙一（長老教会）、副会長小室篤次（美以教会）、機関誌は『南加の光』であった。

　南加同盟も、1911年8月10日、羅府（ロサンゼルス）日本人会、羅府実業組合等とともに「時局に鑑み社会の平和と一般同胞の福利増進とを希望する為」「内外婦人による醜業」や中国人街賭博場への出入りと賭博行為への警告を発していた[46]。そして、伝道活動においては1912年6月南加同盟の発起によるロサンゼルス市内集中伝道を行い、影響力を強めていた[47]。同年10月には南加基督教同盟会伝道局を組織していた（**図1-2**参照）[48]。

　南加同盟の1913年の年会（1月6、7日羅府美以教会）は、太平洋沿岸在留同胞の教化をいっそう効果的ならしめ、排日法案に対処するため、①北加伝道団と合同すること、②機関誌『新天地』と『南加の光』を統合してその一元化をはかることを協議し、両案を満場一致で可決。1月24日から開かれる第3回北加伝道団評議員会（伝道団年会）への派遣代表委員（川島末之進、秦庄吉）を選んで閉会した。

中央組織としての基督教伝道団　1913年1月、基督教伝道団第3回評議員会（1月24日～28日、浸礼教会、サンフランシスコ、ハミルトンスクエア）が開催された。そこでは北加伝道団と南加同盟との合同問題が協議され、合同案はいずれも満場一致で可決した。そして27日には新たに「基督教伝道団憲法」が制定され、従来の基督教伝道団（北加伝道団）と南加同盟はそれぞれが規約をもつ基督教伝道団北加支部、同南加支部へと組織変更された（各管轄区域はギャダルピおよびベーカーズフィールドの以北・以南とした）。ここに南北両加州を結ぶ

中央組織としての「基督教伝道団」(The Interdenominational Board of Mission)が成立したのである[49]。以下に長文となるが「基督教伝道団憲法」と「基督教伝道団北加支部規約」の全文を示しておく。

基督教伝道団憲法

第1条　名称　本団は之を基督教伝道団と称す

第2条　目的　本団は福音を宣伝し個人の品性を高め社会の進善を促し風紀の振粛を図るを以て目的とす

第3条　組織　本団は米国太平洋沿岸にある日本人基督教会伝道館教役者及第2条の目的を賛成し規定の義務を尽すものを以て組織す

第4条　本部　本団の本部を加州桑港に置く

第5条　支部　本団の支部を桑港及羅府に置く

　　　　支部は本憲法に抵触せざる範囲内に於て其規約を制定することを得

第6条　事業　本団は第2条の目的を遂行する為め巡廻伝道及特別伝道をなし機関雑誌を発行し其他時宜に適したる運動をなす

　　　　機関雑誌の発行及其経営は之を特別事務として取扱ふべし其経営に関し必要なる規則を制定する場合は本団常置委員会の承認を経べし

第7条　団員　本団の団員を分ちて特別団員維持団員及普通団員の三とす

　　　　特別団員は各教会伝道館の牧師又は主任者及年額一二弗以上を納むる者

　　　　維持団員は年額五弗以上を納むる者

　　　　普通団員は各教会伝道館及年額一弗以上を納むる者

第8条　役員　本団に次の役員を置く

　　　　団長　副団長　会計　幹事　各一名

　　　　巡廻伝道師若干名

　　　　団長副団長及会計は年会に於て選挙し、幹事及巡廻伝道師は、常置員会に於て選定す

第9条　役員の権限

　　　　団長は本団を総理す

　　　　副団長は団長を補佐し団長事故ある時之に代る　会計は本団財政の責に任じ出納を管掌す　幹事は庶務を司り必要に応じ地方に出張し

　　　　伝道の援助をなす　　巡廻伝道師は伝道事業の局に当るものとす

第10条　常置員　本団に左の常置員を置く

　　　　本部役員　機関雑誌代表者　支部代表者各一名及年会に於て選挙し
　　　　たる者

第11条　任期　本団役員の任期を一ケ年とす　但し再任することを得

第12条　集会　本団の集会を年会　常置員会　役員会の三とす

　　1　年会は常置員及各支部より選出せる代表者若干名を以て組織し
　　　　毎年一回之を開き本団の報告各支部の報告及機関雑誌の報告を調査
　　　　し次年度の会計予算案事業の方針等を議し且目的遂行上適当なりと
　　　　認むる要件を協定す　但し支部より選定すべき代表者の数は常置員
　　　　会に於て之を定む

　　2　常置員会は年二回之を開き役員会必要と認めたる場合は臨時之を
　　　　開く常置員会は毎回役員会及機関雑誌代表者より提出する前半年度
　　　　の諸報告を調査す　常置員会は在米同胞精神界の状態に鑑み必要と
　　　　認むる問題を調査研究し適当の方法を講ずべし

　　3　役員会は毎月一回之を開き巡廻伝道師会計及幹事の報告を調査す
　　　　常置員は何時たりとも役員会に出席し発言の自由を有す　特に役員
　　　　会より召されたる場合は採決の数に加はるべし

　　　　役員会は年会及常置員会に於て議決したる件々を執行するに必要な
　　　　る手続をなし且つ之に牴触せざる限り本団の目的を遂行するに適当
　　　　なる方法を講ずべし

第13条　会計　本団の会計は本部支部を通じて之を本部会計掌る

　　　　本団の経費は団費各教会及伝道館の献金並に一般寄附金を以て之に
　　　　充つ

第14条　顧問　本団は日本人伝道に関係深き米国諸教派の総理及其他の
　　　　名士を請ふて顧問とす

　　　　顧問の推薦は常置員会之をなす

第15条　補則　本憲法の修正及改正は年会出席者三分の二以上の同意を得
　　　　るにあらざれば効力を生ぜず[50]

基督教伝道団役員〔1913年1月27日基督教伝道団年会において決定〕

◎役員

　団長　広田善朗　　副団長　川島末之進

　会計　森下亀太郎　　幹事　小林政助

　巡廻伝道師　大久保真次郎

◎常置員

　宮崎小八郎　小室篤次　森淳吉　秦庄吉　小平国雄　河合禎三　前川真

　二郎　太田義三郎　安孫子久太郎　田島堅固　吉村末吉　梶塚敬二郎

　山鹿譲　南北両支部代表者各一名

　機関雑誌代表者

◎雑誌新天地役員

　主筆　秦庄吉

　発行人　大久保真次郎

　編輯局員　河合禎三　古屋孫次郎　宮崎小八郎　小平国雄　小林政助

◎顧問

　ストウジ博士　ジョンソン博士　ガイ博士　ヒンマン博士　アクトン博

　士

◎北加支部役員

　支部長　宮崎小八郎

　会計及幹事は本部の会計及幹事に嘱託す

◎委員

　憲法英訳委員

　　森淳吉　宮崎小八郎　小平国雄

　教会合同調査委員（北加）

　　小室篤次　宮崎小八郎　小平国雄　太田義三郎　前川真二郎　森淳吉

　　田島堅固　森下亀太郎　安孫子久太郎　南加各派よりの委員は南加支

　　部に一任

　博覧会に対する必要の準備委員

　　広田善朗　宮崎小八郎　安孫子久太郎

　移民大会に対する準備委員　同上

　児童教育問題委員

小室篤次　宮崎小八郎　森下亀太郎

基督教伝道団北加支部規約

第1条　名称　本部を基督教伝道団北加支部と称す

第2条　目的　基督教伝道団憲法の趣旨を貫徹するを以て目的とし各支部
　　　と相提携して行動す

第3条　組織　北加州にある伝道団々員を以て組織す

第4条　位置　当支部を桑港に置く

第5条　事業　巡廻伝道　特別伝道其他時宜に適したる運動をなす

第6条　部員　北加州にある伝道団々員を部員とす

第7条　役員　本部に左の役員を置く

　　　支部長一名　幹事一名　会計一名

　　　役員の任期を一年とし評議員会に於て之を選挙す

第8条　評議員　当支部に評議員若干名を置く

　　　評議員は各教会主任者代表者及支部評議員会に於て推薦したるもの
　　　を以て之に充つ

第9条　集会　当支部の集会を評議員会　役員会の二とす

　　　評議員会は毎年一回之を開き諸般の報告を調査し要務を討議す　且
　　　役員及伝道団年会に出席すべき代表者を選挙す

　　　役員会は適宜之を開きて要務を処理す

第10条　経費　当支部は伝道団よりの補助金及寄附金を以て之に充つ

第11条　補則　本規約の改正及修正は評議員会出席者三分の二以上の同意
　　　を得るにあらざれば之を行ふを得ず[51]

　この時期、カリフォルニア州の南北二つのキリスト教団体が合同したのはも
ちろん同州における排日問題にキリスト教界として適切に対処し、日本人移民
およびアメリカ人双方に対して啓発運動を推進するためであった。以下、基督
教伝道団の時局対策とその論理を検討することとする。

(2)　基督教伝道団の排日対策とその論理

基督教伝道団の排日対策　　基督教伝道団は、排日土地法が議会を通過するとただちに常置委員会で時局問題に関する討議を行い、以下の方針を決めた（1913年5月8日）。

一、時局問題に対し広く米人の同情に訴へ輿論を喚起すると同時に沿く日本人の実情を知らしむるの必要を認め本団は左の方法により米人基督教徒に向って極力運動することを決議す

（A）米国人間に広く宣言書を配布し問題の真相を知らしむること

（B）宗教機関雑誌に訴へ輿論を喚起すること

（C）宗教団体に委員を送りて其運動を喚起すること

二、時局問題の真相を日本人に知らしめ慰安奨励を与ふること

三、慰問使歓迎のこと

四、巡回伝道師招聘の件

五、教会合同の件

その他、大久保巡回伝道師帰国につき団の代表として日本において運動すること[52]。

これらの方針はすぐさま実践に移され、（A）については伝道団幹事小林政助が英文パンフレットを作成、（B）についてはすでに5月3日、在米日本人組合教会第4回総会において「加州に於ける日本人排斥は人道に戻り基督教的大精神に背反するものと確信し之が防遏に努力せんことを米国基督教徒に訴ふ」との決議がなされた。三については国民党服部綾雄、政友会江原素六、日米同志会から添田寿一、神谷忠雄らが「同胞慰問使」として渡米し、各地で演説を行うこととした。四の巡回伝道師とは大久保の帰国中の代理のことであるが、美以教会広田善朗に決まった。五については9月17、18日「米国日本人基督教会合同委員会」が開かれ、桑港日本人長老教会と組合教会との合同案がまとまり、「信仰の告白」と「米国日本人基督教会憲法」が編成された。これにより1914年10月4日に桑港日本人基督教会が発足した。また10月24日には美以教会の部会においても基督教会合同問題の実行をはかる決議がなされた[53]。

基督教伝道団による　　　　こうした排日対策においてもっとも重視されたものは、
時局巡回演説　　　　　　日本人移民に時局問題の真相を知らせ、精神的、経済的
な打撃をうけている同胞に対し慰安・啓発を行い、生活を改善して優秀な日本
人としてアメリカに永住することを奨励することであった（第二項）。

　そのため伝道団は**表1-4**のように、5月下旬から6月初めにかけてカリフォ
ルニア州の主要地域を巡回し、多くの地域で現地の日本人会と提携して精神的
な演説活動を展開した。巡回伝道の演説内容は明らかにしえないが、フィルモ
アでは（6月4日）、河合禎三が時局問題の経過ならびに伝道団の運動を説明し、
吉村末吉が時局対処の心得を説いていた。翌日の集会でも小林政助が時局経過
を説明し、河合が同化論を述べ、吉村がキリストの福音を説くという構成をと
っていた。おそらくその他の地域でもほぼ同様に〈時局問題の経過説明──「同
化」の必要性──キリスト教信仰〉という内容の演説が行われたものと考えら
れる。

　では基督教伝道団の時局に対する心得、「同化論」とはどのような内容のも
のだったのだろうか。

(3)　基督教伝道団の主張

「時局に際し在留同胞に寄す」　　　排日土地法が議会を通過した翌月、伝道団は
　　　　　　　　　　　　　　　ただちに「時局に際し在留同胞に寄す」を発表
した[54]。そこでは目下の事態を日本が海外に発展するための大いなる試練であ
ると位置づけ、在留同胞はこの試練をじっと耐え忍ばねばならぬとして、次の
ように述べている。

　　民族が海外大発展を試みやうとするに際しても矢張り一種の試練を通過せ
　　ねばならぬ、大和民族は既に予備的試練とも称すべき二つの点に於て成功
　　した、第一は人口繁殖で日本の面積に比し居住者の比例甚だ多く一平方哩（マイル）
　　に約二百五十人に達し加之毎年七十万人内外の増加を来しつゝある事、第
　　二は最近の二大戦役は日本が物質的文明の進歩のみならず学術上大なる進
　　歩を示して居る、此等の試練に依って大和民族は膨張繁殖力を有し且つ実
　　力に於ても外に劣らざるものがあると云ふ事は明瞭であるが更に試されね
　　ばならぬ一点がある、即ち忍耐力である、戦争に強きが如く、平和にも強

表1-4　1913年の排日問題と基督教伝道団の時局巡回演説

月日	地名	演説者・内容
〈北カリフォルニア〉		
5月31日	ワッソンビル	宮崎小八郎・小平国雄 内容不詳
6月1日	サリナス	宮崎小八郎・小平国雄 午後、同地の日本人街においてサリナス日本人会主催時局演説会 夜、長老教会において礼拝説教、来会者15名
6月2日	モントレー	宮崎小八郎・小平国雄 夜、長老教会において時局演説会 司会日本人会幹事広山高吉 日本人会会長をはじめ、市内の有力者約40名来会
6月3日	サンオン	宮崎小八郎・小平国雄 日本人会幹事村上実太郎、梶岡八蔵らの周旋によってサンオン商会に集会
6月5日	パロアルト	宮崎小八郎・小平国雄 午後、日本人会主催演説会
〈南カリフォルニア〉		
5月23日〜25日	ロサンゼルス	川島末之進・古谷孫次郎・田中義一 サンピトロ街・第1街角において路傍演説
5月27日	ハリウッド	古谷孫次郎・木村（長老教会幹事） 日本人キャンプにおいて時局演説会、来会者約20名
5月28日	パサディナ	及川勇五郎 日本人組合教会において演説、来会者約30名
5月30日	ロングビーチ サンバナディノ	及川勇五郎 時局に対する心得 川島末之進 社交倶楽部において時局演説会
5月31日	ホイテヤ	河合禎三 内容不詳
6月4日	フィルモア	田中義一・吉村末吉・馬場小三郎・河合禎三 二宮氏経営のキャンプにおいて演説会、来会者約40名
6月5日	サンタバーバラ	田中義一・吉村末吉・河田拳・小林政助・河合禎三 日本人会ホールにおいて演説会
6月8日	サンディエゴ	川島末之進・小林政助 日本人組合教会において説教、夜、時局演説会

〔典拠〕『新天地』第4巻第7号（1913年7月1日）「伝道団報」より作成。

き人種なるや如何と云ふ点が目下我等在留同胞が受けつゝある大なる試練
である。（中略）

　然らば在留同胞は心して特に今日の境遇に処すべきではないか、即ち終
に至るまで平和の精神を失はず気を安んじ、其業務に従ひ、苟且にも煽動
者の戦争説などに心を動かされ周章狼狽するやうな事なきやう慎み、商業
取引の如き内外人を問はず殊更注意し聊たりとも不信用を来すが如き事の
なきやうに務め社交上にも怠らず注意して毛頭不徳義の事なきのみならず
外に不快の感を与ふるが如き事を憚り、紳士の態度を失はぬやう朝夕省ね
ばならぬ[55]。

『新天地』誌上ではこの立場に基づいて、教役者たちが多くの時局策、心得
を論じた。ここではそのなかから、「日米戦争否定論」「武士道論」「外形的同化
論」について見ておこう。

日米戦争否定論　　　　これまでにも日米開戦説は、日露戦争後、中国国内の利権
　　　　　　　　　　をめぐり利害対立が深刻化しはじめたころからジャーナリ
ストによって喧伝されていたが、日本国内では今回の排日土地法案は日本の体
面を損なうものだとしてにわかに反米世論が高まり、同法案がカリフォルニア
州議会に提出されたときから法案反対の集会や決議がなされ「此差別的待遇と
此屈辱を甘受する能はず」「此際米国と開戦するも此屈辱を忍ぶべからず」[56]と
いう声が上がった。こうした空気はアメリカ西海岸にも伝わり、海軍関係者は
軍備の拡張を論じ、ハースト系新聞が日米戦争論を煽ったため、日本人移民の
あいだにもさまざまな憶説が流れ、不穏な情勢となっていた。このような事態
に際して基督教伝道団は次のような論法で日米開戦論を否定し、日本人移民の
動揺を押さえようとした。

　吾人が戦争を否とするのは、吾日本帝国が貧弱にして戦ひ得ざる為ではな
　い。（中略）

　　日清日露の役、武力を以て勝を天下に争ふた、吾大和民族は、今平和の
　戦ひを戦ひて、覇を世界に争ふ可き時期に到達した。満韓に非律賓に、布
　哇にカリホルニアに其実力を試すべき、時代に遭遇して居る。就中、太平
　洋沿岸に於ては、パナマ開通の暁には潮の如く入り来る、全世界の移民と
　其力を角すべき、場合に立到るので、此難関に処して、よく米人に融和し

て、其真発展を謀る、大責任を荷ふて居る以上は、此平和の戦争を戦ふべく戦勝の秘訣を、研究する必要がある[57]。

①日本の実力はすでに日清・日露の戦争で世界に示しているので、「一等国」たる日本の体面が汚されたとしてもその報復は武力によるべきではない。②それよりも今は海外発展をめぐり他の民族と「平和の戦争」を争う時代である。③太平洋沿岸で同胞が勝利するにはアメリカ人と融和し、海外発展をはかる秘訣を考えねばならない──。これが伝道団による日米開戦説批判の論理であった。

こうした日米戦争否定論は本質において絶対的な戦争否定論ではない。日本の浮田和民と同様に経済的、軍事的その他種々の理由から当面の開戦の不利益を示し、あわせて人道的立場からも戦争は避けるべきだという考え方である。それでも「日清日露の役、武力を以て勝を天下に争ふた、今平和の戦ひを戦ひて覇を世界に争ふ可き時期に到達した」という主張には同時代を歩んできた一世移民の自尊心に訴えるものがあり、動揺をおさえるには効果があったものと思われる。こうした民族意識を強く抱いた使命感は、邦人伝道のため異国に渡り、基督教伝道団に結集して同胞を教化せんとする教役者たちの使命、自尊心そのものであった。

国粋保存論＝武士道　『新天地』の編集者鴻陽こと秦庄吉は、この時代を「群雄割拠の時代は既に過去の事実となりて、唯歴史家の一材料たるに過ぎず。又自己中心的利我主義は、唯少数なる吝嗇家の唱道する所にして、現世紀は世界主義又は博愛主義の時代にてあるなり」ととらえ、「二十世紀に於ける国民は、自己の国利民福を謀るのみならずして、世界の文明と、人類の幸福とを増進せしむる為に努力せざる可からず。即ち各国民は自己の国民性とその特長とを以て世界の文明に貢献さざる可からざる使命を有するものなり」という理念を語り、目下の時局に鑑みて、日米両国それぞれが世界に貢献すべきものとして次のように述べた。

抑も米国が世界に貢献すべきものは何ぞや。物質的文明に非ずして建国の大精神たる自由、平等の鼓吹をするに非ずや。米国民の栄光は、彼等が自由の為に血を流し人民平等の為に戦ひたるにあり。而してワシントン及リンコルンの名は、世に自由の唱道せられ、人権の尊重せらるゝ限り記念せ

らる可きものなり。この大精神に悖る時は、米国が大使命を奪ひ去らるゝの秋たる事を忘る可からず。(中略)

　翻て、我等大和民族が世界の文明に貢献すべきものは何ぞや。即ち武士道に非ずや、然らば武士道とは何ぞや。或人は之を忠孝と云ふ日本在来の道徳となす。即ち死を賭して義を行ふと云ふにあり。換言すれば君主に対し、国家に対し、父母に対し、兄弟朋友に対し、職務に対し至誠を尽くすにあり。素行修まらざる忠君愛国は、世界に宣伝する価値なきのみならず、国家の恥辱、之に過ぐるものなし。公義に於て、私徳に於て、死を賭して至誠を尽くし、正義を行ふ武士道こそは、我大和民族が世界に貢献すべき最大の賜物にてあるなり。然るに我等は屢々敗〔背〕徳の民、淫奔の民として侮辱せらるゝは何ぞや。火のなき所烟なしと云ふ。今や吾人同胞の大に覚醒す可きの秋なり。造次にも顚沛にも、その使命を忘る可からず[58]。

　秦は20世紀を「世界主義」「博愛主義」の時代と見る大局的立場から日本人排斥問題を利害の対立ととらえ、日本の経済的・政治的・人権的対立を「時代思潮」にそむく自己中心的な「野蛮民族」の行為とみなした。そのうえで、アメリカ人に対しては、非人道的な土地法の制定を本来の(と秦が考える)アメリカ精神から逸脱した行為であり、世界の大勢を弁えない自己中心的行為だと批判し、日本人移民に対しては「大和民族」在来の道徳にそむく行為を平然と行っていることについて倫理的な反省を求めた。

　さらに秦は日本人移民の行動を「義」を弁えない素行、日本の品位をおとす「国家の恥辱」とみなし、それは国家・父母・兄弟朋友・職務に対する「至誠」が欠落しているためだとした。それゆえ秦は「至誠」を尽くすことを「日本在来の道徳」＝「武士道」と称して「国粋」とし、日本人移民にその保存と実行を訴えたのであった。

　同様に樵夫こと河田拳も「武士道の真価」を発揮し、日本人の品位を向上することが排日問題解決の「秘訣」であるとして、次のように述べている。

　　孫子は知彼知己百戦不殆と云ふ居る。吾人は、先づ米国人の短所と長所を、明かにする必要がある。黄金崇拝の如き、米国人の短所に、敬神愛人と云ふが如き米人の長所を知って、日本人排斥論の喧々たる加州の真中で、堂々と賛日論を称へ、正義人道の為め戦ふ人々のある事を知り、日本人自

　身としては武士道の真価を発揮し其独特の美点を示し、且博変飲酒の如き
悪風の同胞社会を害しつつある事を察し、内に顧みて、個人の品位を高め
んことを勉める事が肝要である。真に知彼知己事が出来たならば、所謂、
不戦屈人の兵事が出来るのである[59]。

　日本人移民に「武士道の真価を発揮し其独特の美点」の実践を求める彼らの
論理は、「同化」論において日本人の「民族的特性」の保持を求める「外形的同
化」論へと発展していた。

「外形的同化」論＝　　　伝道団によれば、「同化論」とは「郷に入りては郷に従
「米国化」論　　　　　　ふ」というものであって、それ以上の「同化」を論ずる
ことは帰化権を与えられていない日本人移民たちにとって時期尚早論とみなさ
れた。

　何となれば吾等日本人は、米国に帰化し得る権利を有するや否や未定の問
題の如くなれども、輿論の大勢は之を否認し居る場合、全然米国化せんこ
とを勧誘し、或は米国市民となる資格なしと制定しながら之に向て同化を
要求するが如きは不合理の甚だしきものと云はなければならぬ。吾等は同
化せざるが故に帰化権を賦与せずと云ふよりも同化の門なる市民権を与へ
ざるが故に、同化せずと云ふを至当と信ずるのである[60]。

　しかもアメリカと日本とでは国体が異なり、日本の「皇室は両親の如く、臣
民は子女の如しであるが故に」、すぐさまアメリカのような「共和的家庭」をま
ねるような同化ではやがて禍を「国体」に及ぼすことになるので、「帰化し得ざ
る同胞に米国魂を注入し、米国に同化を勧誘するは大に考ふべきことである。
故に根本的同化論は市民権獲得の後に考ふべき問題にて、今日の場合は唯外形
的同化を以て満足すべきものと信ずるのである」とのべ、この論説は次のよう
に締めくくられた。

　以上論ずるが如くなるを以て、此際吾等は同化論よりも、寧ろ大和民族が
享有せる美徳を発揮せしむる必要があると思ふ。誠に加州に於ける同胞間
の言語又は礼儀作法を看れば、実に寒心する所のものが多いのである。殆
んど故国に於ける貧民窟の如き状態である。若し強て米国式に平等を重ん
ぜんとせば、何故に下等社会を標準とせずして、善良なる社会に習はざる
のであるか。故に吾等は同化論に先立ちて風俗と人格との聖化論を主張す

る者である。若し東洋の君子国、礼儀の民と呼はるゝ名に背かず、その美
徳を発揚せば、自ら米人の尊敬を受くるに至るのである。そは道義心の取
りて表はるゝ形式は国と時代とに由りて異なりと雖も、真理に二つなきが
故に、形式を超絶せる点に於て一致するものなるが故である。然れば吾等
は日本的形式をその儘米国に輸出することを欲せず、否反つて有害無益と
信ずるが故に、米人に悪感を与へざる形式に於て大和民族の美徳を発揮せ
しむることの急務なるを勧告するものである[61]。

　ここにいう「外形的同化」とは、他の論者(洋生、小林政助か)によれば政治、
経済、社会、道徳、宗教といったあらゆる分野においてアメリカ人と「共に思
考し共に行動する」こと "to think and act together" を意味するものであって、
「混交」(Amalgamation)、すなわち「人種上の色彩を全く失い、其民族的特性
を悉く没却して互いに混和する」[62] ことではないとされていた。そこには米国
は「世界各国より移住する多数の異人種を包容するに因て、日々新しき国と成
りつゝある。故に米国人も亦之が為めに変遷しつゝある。(中略)されば米国に
来住せる吾人も亦新しき米国人を作り出す一要素であって自然米国人と共に思
考し行動せざるを得ない」[63] とする開かれたアメリカ観があったからである。
あくまでも日本人の「民族的特性」を堅持しつつアメリカ社会の構成員として
その社会の発展に貢献すること、これが基督教伝道団の説く「米国化」論であり、
帰化権をもたない日本人移民の当面とるべき方向=「外形的同化」論であった。

　以上の3点から、1913年の排日状況下で基督教伝道団が日本人移民に対して
説いた時局策・心得が、日本人移民のアメリカ社会への無原則的な同化論では
なく、日本人としての「民族的特性」を堅持しつつも、アメリカ社会への貢献
を説く「外形的同化」論であったことが明らかになったことと思う。それは、
第1に彼らがアメリカは多元的な異質文化、民族の独立的共存によって成り立
つ「新天地」であるというアメリカ観をいだき、第2に日清・日露戦争後の日
本の使命は、「平和の戦争」において進取の気性をもって世界の文明と政治に
参与することだとし、日本人移民を日本の海外発展の先駆けと位置づけるから
であった。それだけに排日土地法の制定による日本人排斥は、日本民族の海外
発展という使命に対する「試金石」とみなされたのである。

吾等同胞には今は試金石の時代なり。発展か自滅か、同胞の腸如何にあり。愛する同胞よ、此の苦境を忍べ、吾人は石に噛付きても此地を離るゝ勿れ、排斥されて泣顔に蜂の状態にて、豈母国人士にいかでか対面し得べき、吾人は骨を粉にしても踏み止まって、大和民族の殖民てふ花を開け、これ天命なり又地の声なり[64]。

こうした立場による啓発運動を通じて、日本人キリスト教界は、1913年、フローリン日本人美以教会、サンタバーバラ日本人組合教会、モンテベロ日本人組合教会の設立を含め、350名余りのキリスト教信者を獲得したのである。

(4) 基督教伝道団の組織変更と解消

基督教伝道団の組織変更　　1915年1月16日より5日間、桑港日本人基督教会において基督教伝道団北加支部年会が開催された。同年会ではこれまでの支部体制を改める規則改正がなされ、北加基督教伝道団・南加基督教伝道団・中央基督教伝道団という三団体制とすることが決まった[65]。

この時期、伝道団の組織を変更し、南北に独立した伝道組織を結成したのは、排日土地法も成立してしまい、排日運動が鎮静化してきたことがあげられるが、伝道団組織内部の要因としては次の2点が考えられる。

第1は、1914年5月10日、排日運動の拡大に対して、一貫してアメリカ人には排日の非を唱え、日本人に対しては米国で生活する真の使命を自覚させ、生活の改善を訴え続け、啓発運動を推進するキリスト者の組織作りを提唱してきた巡回伝道師、大久保真次郎が死去したことである。「天与の政治家的才能を有する人」「活動の人、祈禱の人、同情の人、国士的、預言者的の伝道者」[66]と称された大久保真次郎は、天性の組織力で、加州基督教徒同盟会を生み出し、自ら会長として日本人社会の有力者たちに「社会は牧師に向かって何を要求しつつありや」との問いを求め続け、基督教徒同盟伝道団・基督教伝道団の結成後は巡回伝道師として在米同胞への福音伝道に邁進し続けてきた。それだけに、彼の死は南北のキリスト教団体を統括し、積極的に時局問題に対応しようとする牽引者を失うことであった。

第2は、日本やアメリカで数年来主張されてきた合同論議が下火になるにつ

れ、中央伝道団内部でも諸教派連合による運動よりも各派による個別運動に重点をおき、それぞれの地域に密着した伝道形態をとるべきだという意見、すなわち中央団体不要論が唱えられだしたことである。

> 潑剌たる独立計〔経〕営の精神が北加団中に燃えつゝあるにも関らずなほ中央団の依託運動を可決し又是が再考動議に述附せしも遂に成立せざりしとは遺憾に存候。是には小生等新来者の知らざる理由有之候か、もしくは昨年変更せし組織法文が右の情況に至らしめしに非ずやと存ぜられ候。吾人は団体の複雑なる組織よりも、法文章にして実際の活動に敏ならん事を望む者にて、最高枢府の要を見ざるものに御座候[67]。

これは1916年の発言だが、15年の組織変更時においても、このように中央団体に委託した運動では小回りがきかないうえ、実際活動にとって望ましくなく、各派が伝道団に連合すべき運動と各派個別のそれによる伝道方法の調整を検討すべきだという意見が伝道団体内部にあらわれ、南北にそれぞれの伝道団を分割させる方向を支持したためと考えられる。

基督教伝道団の解散　1917年2月5、6両日に開催された基督教伝道団の理事会は役員の改選を行い、団長に小平国雄、副団長に川島末之進を選出、会計に森下亀太郎、幹事に小林政助を推し、『新天地』主筆を小林に代えて額賀鹿之助にするとした[68]。しかし同年8月2日の理事会が機関誌『新天地』については組合、長老、キリスト諸派に返上し、美以派に対して『護教』(『米国護教』)の再刊を自由とするとしたため、基督教伝道団の中央伝道団としての結束力はますますゆるむことになってしまった[69]。そして1918年になると、1913年1月以来排日問題に対処すべく結成された基督教伝道団はわずか6年あまりで解散を余儀なくされたのである[70]。

その後も北加、南加両基督教伝道団は存続したが、前者は1924年の排日問題に直面して伝道団の解散後再度統一機関の必要を認めて、同年1月北加教役者有志信徒会合を開き、北加基督教会同盟となった。後者は1931年1月に南加基督教教会連盟と改称していた(前掲、**図1-2**参照)。両団体は賀川豊彦を招いて霊化運動、神国運動を組織するなど相互に連携しながら伝道活動を推進していった。その後、日中全面戦争によって日米をめぐる情勢はしだいに悪化し、1941年の日米戦争を迎えることになるが、この間に北米から「満洲」に活動拠

点を移動させた日本人移民プロテスタントの動向ならびに日米戦争勃発後のそれについては、前掲吉田亮『アメリカ日本人移民キリスト教と人種主義』第6章、第7章を参照されたい。

(5) 日本人移民啓発運動

海老名弾正の啓発運動　これより先、1915、16、17年と連続して太平洋沿岸諸州において日本から著名なキリスト者を招いた日本人移民啓発運動が展開された。1913年8月、在米日本人会の時局委員会は、基督教伝道団および米国仏教会に依頼して日本人・アメリカ人の双方に対して啓発運動を行うことを決議していたが、1915年7月の海老名弾正・みや夫妻の渡米はその第一弾であった[71]。

　海老名の啓発運動は7月26日の着桑から10月2日の帰国までの2カ月にわたり、その間講演のために33カ所に出張し、日本人を対象とした講演および説教集会55回、アメリカ人に対するもの16回におよび、聴衆は日本人7,525名、アメリカ人6,150名に達したと報告されている（**表1-5**参照）[72]。

　海老名の啓発運動の主眼は、種々の困難に直面し、前途に迷っている日本人移民に対して永住思想を深く刻みつけ、日本民族大発展のために世界的精神を発揮しなければならないことを説くことであった。

> 米国の社会は前述の如き理想実現の競争場なれば優良なる新しき社会を造るに必要なる精神を堂々と発揮し公に尽す決心を以て進み、同時に米国民の尚ぶ自由共和の精神に学び彼より得て吾より亦貢献し、武士魂の異彩を農に於ても発揮し、日本民族の代表者たる自覚を以て事に当り、公徳を重んじ自ら治め人格の競争場裡に於て全身発達の勇を奮ひ民族の先鋒隊としての名誉を全うせらるべく、克く忍び克く耐へ君子の徳を以て勝つ事を心掛け、社会進歩の事業には日本人無くんば成し難と米国民に信頼せしむる要素たるべきを期し、面目廉恥を弁へて軈は祖国の精神界啓発の為め尽されたし、之不肖の熱心なる希望なり云々。（8月4日のワッソンビルでの講演要旨）[73]。

　「武士魂」を発揮して日本民族の先鋒としてアメリカ社会に永住せよ——というその主張は基督教伝道団のそれとまったく同じであった。

表1-5　海老名弾正による日本人会啓発運動行程一覧（1915年）

月日	巡回地	行動内容	会場	聴衆
7月10日		横浜発		
7月18日	ハワイ	ハワイ着、O.H. ギューリック、堀貞一らを訪問		
7月26日	サンフランシスコ	天洋丸にて着桑。在米日本人会啓発運動委員、今後の運動方針を説明（委員：内田晃融、広田善朗、中村正巳、二宮利作、千葉豊治）		
7月27日	サンフランシスコ	在米日本人会主催啓発運動第1回大演説会、海老名「我が渡米の感想」	リフォームド教会	約1,000人
7月28日	オークランド	王府日本人会主催第2回演説会	ハミルトンホール	約500人
7月29日	バークレー	麦嶺日本人会主催第3回演説会	米人美以教会	約300人
7月30日	アラメダ	アラメダ市日本人会主催第4回演説会	南美以教会	約130人
7月31日	サンフランシスコ	海老名夫人および浅野夫人歓迎会（桑港日本人基督教女子青年会）		
8月1日	サンフランシスコ	桑港各派日本人基督教会聯合説教会 海老名「沿岸基督教徒の使命」	リフォームド教会	
8月4日	ワッソンビル	華村日本人会主催啓発講演会		約300人
8月6日	サリナス	サリナス日本人会主催講演会 海老名夫人、女性のための啓発講演	日本人ホール 長老教会	約150人 約30人
8月7日	サンノゼ	サンノゼ日本人会主催講演会 海老名夫人、講演会	日本人ホール 美以教会	約250人
8月8日	ビートモンド	英語説教	プリモス組合教会	約2,000人
8月9日	オークランド	英語演説「日本に於ける米国宗教家の活動」	プリモス組合教会	
8月12日	バカビル	日本人会主催講演会	仏教会堂広間	
8月14日	アイルトン	日本人会主催講演会	日本人ホール	約80人
8月14日	ウォールナットグローブ	講演	河下ホール	約100人
8月15日	サクラメント	説教	長老教会	約50人
8月16日	コートランド	啓発運動		
8月16日	サクラメント	在留同胞啓発演説会	シエーラーホール	
8月17日	ルーミス	講演	白人ホール	約70人

表1-5 （続き）

月日	巡回地	行動内容	会場	聴衆
8月19日	サクラメント	サクラメント女子基督教青年会主催海老名夫人講話会	同青年会事務所	約20人
8月20日	ストクトン	講演	救世軍営	約200人
8月21日	ストクトン	啓発大演説会	白人美以教会	
8月22日	牛島農場	講演	ウェブ第16農園	約200人
9月5日	サンディエゴ	演説	シュジシアンホテル	約950人
9月5日	サンディエゴ	大演説会	第1バプテスト教会	白人約1,200人
9月8日	ロサンゼルス	基督教伝道団主催演説会海老名「万国主義と基督教」	ブランチャードホテル	約800人
9月9日	スメルザ	講話	タルバートホール	
9月10日	モネタ	南加日本人会主催大演説会海老名「日本民族の世界的発展」	エルクスホール	約1,000人
9月13日	ベーカースフィールド	大演説会	仏教会堂	
9月16日	フレズノ	フレズノ日本人会主催啓発運動講演会	仏教会大会堂	約100人
9月19日	リビングストン	講演	大和コロニー	約80人
9月19日	リビングストン	英語説教	美以教会堂	
9月22日	バークレー	バークレー太平洋神学校生徒のために講演海老名「神道の歴史的研究並に其批評」	バークレー太平洋神学校	
9月24日	サンフランシスコ	北部加州平和協会・加州基督教会同盟会・日米関係委員会聯合主催午餐会	ホテル・ベルビュー	
9月26日	オークランド	英語説教	第1組合教会	
9月27日	サンフランシスコ	英語講演（桑港付近米人組合派牧師会）		
9月28日	サンフランシスコ	英語講演海老名「日本及び米国に於いて要求せらるゝ民主主義の新意義」	加州大学カリフォルニア・ホール	
9月30日	サンフランシスコ	在米日本人会主催告別演説会	リフォームド教会	約700人
10月2日	サンフランシスコ	地洋丸にて帰国		

〔典拠〕「米国に於ける海老名主筆の消息」（『新人』16-9、10　1915年9月1日、10月1日）、「在米同胞啓発運動たより」（『新人』16-11　1915年11月1日）

金森通倫の特別協同伝道　　1915年9月6日、海老名の啓発活動に前後して、金森通倫がサンフランシスコに降り立った。同年1月の基督教伝道団年会決議では救世軍の山室軍平を招くことになっていたが、山室が伝道と社会事業で多忙なため、代わって日本救世軍心霊特務の金森通倫が渡米することになった。海老名の啓発運動が在米日本人会の主催であって、海老名自身「私は基督教の牧師であるが、今回の使命は在留同胞の海外発展に就て微力を添えたいが為に来たのである」[74]との立場であったのに対して、金森のそれは本来的にキリスト教伝道が目的の渡米・啓発運動であった。

　6カ月間におよぶ金森の協同伝道は、カリフォルニア州はもとより、ポートランド、シアトル、タコマ、スポーケンなどアメリカ西北部、さらにカナダのブリティッシュ・コロンビア州にもおよび、各地で熱狂的な歓迎を受け、多くの入信者・決心者、倍増運動誓約者を獲得することとなった（**表1-6**参照）[75]。

　金森に密着同行した伝道団幹事の小林政助はこの協同伝道を「単に救霊に成功せられしのみならず、伝道界の原動力をも著しく啓発せられた」と評価し、次のように述べていた。

　　金森先生の熱心努力相俟って、偉大なる力となったのは、各派教役者及び信徒の協力一致である。沿岸六十余の教会が、幾多の教派に分かるるに拘わらず、よく結合して統一的の運動を実行し得たのは、今回の効果を収め得たる原因の最大なるものの一つである。殊に桑港、羅府、沙都の如き大都会の諸教会が十数日の間全く一となりて運動したるは、内外に対する大なるデモンストレーションであり、また力であった。

　　之と同時に今回の運動が、過去に於ける伝道の価値を認識し得たることも亦一の賜物である。そは二千四百名の決心者は、殆ど皆これまで基督教の教を聴き、或は学べる者で、心田に福音の種既に生成し居れるを発見した事である[76]。

　金森通倫の特別伝道を通じて、とりわけシアトル、タコマ地方において多数のイエス・キリストを救い主と信じる決心者があらわれ、教会に新たな活力が生まれた。そしてこれを機にワシントン州のベーリングハムには基督教同志会が、シアトルには基督教同盟会が組織されたのであった（前掲、**図1-2**参照）。

表1-6　金森通倫による協同伝道 (1915年)

巡回地	決心者総数	受洗者数	求道中のもの
サンフランシスコ	102	52	14
オークランド	25	14	―
アラメダ	13	8	7
バークレー	6	6	5
スタクトン	8	4	―
サクラメント	18	7	8
ルーミス	―	―	―
フローリン	15	10	5
ウォールナットグローブ	1	―	1
パロアルト	―	―	―
サンノゼ	10	2	―
ワッソンビル	3	2	1
サリナス	10	1	2
モントレー	8	1	1
サンタバーバラ	24	16	8
オクスナード	80	23	―
ロサンゼルス	314	126	54
パサデナ	24	23	―
ロングビーチ	30	16	3
モンテベロ	32	9	6
モニタ	13	5	2
サンタアナ	8	5	3
リバサイド	37	13	―
サンバナディノ	14	5	6
ウインターズバーグ	4	―	―
サンディエゴ	24	3	3
ハンフォード	28	16	3
フレズノ	41	23	11
バカビル	7	6	1
ポートランド	68	2	―
シアトル	255	68	91
タコマ	151	9	22
スポーケン	45	5	15
バンクーバー	120	47	50
ウエストミンスター	73	25	40
カンバランド	17	3	5
ヴィクトリア	54	32	10
合　計	1,682	587	377

〔典拠〕山室武甫編著『在米同胞の先覚　小林政助伝』(「山室軍平選集」刊行会、1963年、75-77頁)
より作成。

シアトル基督教同盟会　定期船の発着地シアトルは早くから伝道活動がなされ、バプテスト教会、美以教会の設立を嚆矢として、長老派、組合派、聖公会の諸教会が組織されていた（**表1-1(c)**参照）。

　シアトル基督教同盟会の起源は1908年、日本人浸礼、美以、組合、聖公会の4教会およびキリスト教青年会が発足、14年には各派教役者および有志によって信徒同盟が組織され、15年には金森通倫を迎えて2カ月にわたる協同伝道を挙行し、上述したような多大な成果をあげていた。この結果、教会連合の必要性が感じられ、各教会の教役者と信徒代表2名ずつによるシアトル基督教同盟会が組織されたのである[77]。

　基督教同盟会は、牧師を理事とし、そのなかから毎年交代で理事長を選び、伝道、矯風、社会指導、そして排日運動対策にあたった。伝道においては随時、基督教同盟会主催各教派連合祈禱会を開催し、16年11月3日には浸礼教会で立太子祈禱会も挙行。17年には長老教会も加盟し、山室軍平を迎えた協同伝道ではさらに多くの求心者を得た。

山室軍平の協同伝道　1917年8月、基督教伝道団の再三の招聘に応えるため、山室軍平はロンドンの救世軍万国本営よりの帰国途次、サンフランシスコに渡った。伝道団は山室の渡米を機に大挙協同伝道を組織し、滞在中の15日間に17市村をめぐり、**表1-7**のような成果を生んでいた[78]。

(6)　啓発運動の展開とその意義

伝道団幹事・小林政助への感化　これら一連の啓発・協同伝道の意義は、いずれも故国の著名な教役者によって日本人移民に対して、アメリカ社会に定住し日本民族の海外発展の先鋒となることを説いたことにあるが（とくに海老名の場合）、在米日本人キリスト教会史上の意義としては次の二点をあげねばならない[79]。

　第1は伝道団の招聘した教役者がいずれも救世軍の要人であり、彼らに密着同行した伝道団幹事の小林政助に多大な感化を与え、それが契機となって小林自らが救世軍に身を投じ、アメリカ救世軍日本人部を創設し、「開戦」したことである（1919年8月）。別な見方をすれば、基督教伝道団の実質的な事務運営を一手に担当してきた小林が救世軍に入るため伝道団の脱退を申し出たことは

表1-7 山室軍平による協同伝道 (1917年)

巡回地	日本人人口概数	集会数	会衆累計	決心者数
サンフランシスコ	6,000	5	2,750	126
オークランド	2,000	6	2,100	74
バークレー	1,200	1	300	31
アラメダ	700	1	250	16
サンノゼ*	2,000	1	150	7
サリナス*	1,000	1	100	21
ワッソンビル*	1,200	1	400	22
サンタバーバラ	200	1	50	16
ロサンゼルス	11,000	5	3,100	191
フレズノ*	3,000	1	350	17
スタクトン*	3,000	2	230	17
フローリン*	1,000	1	120	0
サクラメント*	4,500	3	900	40
シアトル	5,000	5	2,400	121
バンクーバー	3,000	2	800	119
ポートランド	1,500	2	350	21
合　計	46,300	38	14,350	839

〔典拠〕同志社大学人文科学研究所所蔵『山室軍平資料』432「山室軍平の海外伝道地における邦人実状」、
山室武甫編著『在米同胞の先覚　小林政助伝』(「山室軍平選集」刊行会、1963年、85-86頁)より
作成。
＊印は付近の人口を含むことを示す。

　(1918年1月)、伝道団の組織維持にとって致命的な事態であり、上述した伝道
団の解消を決定づける契機となったからである。それゆえ金森と山室の協同伝
道は、伝道活動において低迷していた古い組織、基督教伝道団にピリオドを打
ち、まったく新たな組織、アメリカ救世軍日本人部を生む転機を形作ったと位
置づけることができる(この点については本書第3章を参照)。

西北部日本人基督教徒　　　第2はシアトル、タコマ、スポーケンなどアメリカ
日米親善同盟の結成　　　西北部やカナダのバンクーバー地域にも新たに多く
の信者を獲得したことで、諸教会の連合・同盟機関作りをいっそう促進したこ
とである。1920年には西北部各地でも排日運動が激しくなってきたが、シア
トル基督教同盟会はいちはやくその対策として効果的な伝道と米化運動を推進

し、キリスト教教育と青年会活動を援助するために太平洋沿岸西北部三州協議会を組織していた（5月12日、ワシントン州、オレゴン州、カナダBC州の各日本人教会が加入）[80]。さらにシアトルの各派日本人キリスト教会を連合した西北部日本人基督教徒日米親善同盟を結成し、英文印刷物の配布と講演による米化運動も展開した[81]。

　アメリカ西北部において、1920年以降の排日問題に的確に対処するために、キリスト教界の体制作りがなされたことは、すでに基督教伝道団を失ったカリフォルニアの同界とは対照的である。事実、1920年代の排日問題対応策は、西北部のキリスト者たちのイニシアティブ（とくに安部清蔵の「無抵抗主義精神同盟」）によって展開されるのである。

4　1920年代の日本人キリスト教界

(1)　排日移民法の制定

第一次世界大戦後の
排日運動の特徴

　第一次世界大戦後の排日運動は、大戦以前のそれとは次の二点で大きく異なっていた[82]。

　第1に、大戦中の日本の中国進出策がアメリカの利害を脅かし、脅威になるととらえられたことから、日本人排斥というよりは日本排斥となってきていた。第2に、排日運動が1920年代の選挙を念願においた、完全に政治的なものとなってきたからである。この点は排日運動の推進者がもはや労働組合ではなく、もとサンフランシスコ市長、現上院議員であり再選をねらうジェームス・D・フィーランであったことに象徴されていた。

　フィーランは1919年、カリフォルニア排日協会を結成し、①日本人の借地権を奪うこと、②写真花嫁の渡米を禁止すること、③「日米紳士協約」を撤廃し立法手段により日本移民を禁止すること、④日本人に永久に帰化権を与えないこと、⑤米国における日本人の出生者に市民権を与えないこと、という5つの達成目標を掲げ、まず第1項だけに目標をしぼりカリフォルニア州議会の開

催を要求することにした。1913年の外国人土地法で土地所有を禁止され、借地権が制限されたにもかかわらず、在米の日本人は米国生まれの子どもの名義で土地を所有したり、会社名義で土地を借りるなどして、どんどん農地を所有し賃借している、というのが彼らの主張であった。この主張をインマン議員が法案とし、州民の直接的投票によって決することにした。1920年11月2日の直接投票の結果、賛成66万6,483反対22万2,086、すなわち3対1の多数で法案は成立。ついに日本人は借地権も奪われることになった。この影響はアリゾナ、デラウエア、ルイジアナ、モンタナ、ネブラスカ、テキサス、ワシントン州にも広がり、つぎつぎと同様の土地法が制定され、排日運動は連邦レベルに拡大していった[83]。

　アメリカ連邦政府は、1921年、移民問題に関して「緊急割当法」（比例制限法）の採用を決め、1910年の国勢調査に基づいてアメリカに移住する外国生まれの人口を出身国に分類し、その出生国別人口の3％に当たる数を年間移民許可数として各国に割り当てることにした。しかしこれは時限立法であったため、排日派議員たちから恒久的な移民法制定が叫ばれていた。

日本人を「帰化不能外国人」とみなす移民法の成立　　1924年4月12日、下院は排日条項を含むジョンソン移民法案を322対71で可決。上院も16日、71対4で可決した。クーリッジ大統領は内政的考慮のすえ、5月21日移民法案に署名。ここに恒久的移民法が成立し、7月1日から実施されることとなった。

　1924年の移民法は日本人移民を絶対的に禁止したことから、日本国内では各地で各団体による反米・糾弾集会が開催され、にわかに反米世論がわきあがった。6月5日、東京・大阪の主要新聞社19社は連名で米国の反省を求めた共同宣言書を発表。法案が施行された7月1日にはアメリカ大使館に掲げられた星条旗を奪い去る事件が起こり、東京芝増上寺に開催された対米国民大会では、「国辱記念の国民章」が飛ぶように売れた。神田仏教会館での対米問題演説会では対米開戦を絶叫する者も現れ、「挙国反米の叫び」で騒然としていた。今回も日本政府の抗議が国家の体面、国辱意識からなされていたように、国民の反米世論、排米運動も、ことごとく国辱意識に支配されており、そこには在米日本人の人権や現状に関する顧慮などまったくなかった。

　日本国内のキリスト教界もアメリカの排日移民法に憤りを表し、各地で集

会・決議がなされたが、それは1913年のときとは比較にならないほど冷静さ
を欠いた、激しいものであった。

　各団体、集会の決議は一様にアメリカに対する失望感を述べ、今回の移民法
はアメリカの日本人に対する人種差別の宣告だと指弾するとともに、日本のキ
リスト教会に対してこの際に宿願の自給・独立を促進するよう呼びかけるもの
であった。組合教会や内村鑑三たちのように早くから欧米のミッションからの
自立を述べ、自給策を主張していた教派にとどまらず、厳格な監督主義・連絡
主義をとるメソジスト教会の支部からも教区の整理と自給促進の決議がなされ
ていた。いずれもこの排日問題がどれほど教会員たちに熱狂的なナショナリズ
ムを喚起させたのかを物語る事例であった[84]。

(2)　太平洋沿岸日本人キリスト教界の動向

1920年の排日対策　　しかし、アメリカ現地の日本人および日系二世の動向
は、日本とは対照的に、きわめて平穏なものであった。

　まず、1920年のカリフォルニア州第二次排日土地法の制定に対する日本人
キリスト教界の対応は、13年のときに比べても目立った動きがあったわけで
はなかった。オークランドではオークランド湾東平信徒同盟が、8月、沿岸お
よびロサンゼルスの各平信徒同盟に働きかけ、三同盟連合して加州日本人平信
徒同盟を名乗り、排日時局に対し米国人社会に決議文を発してその非を鳴らし、
反省を促そうという運動を始めた[85]。

　日本人移民の大部分が農業に従事していた南カリフォルニアでは、南加基督
教伝道団が南カリフォルニア28カ所の日本人教会牧師とアメリカ人牧師を集め、
日米親善に関する協議会を開催するとともに（9月23日）、10月12日排日防止
運動の方針を決める臨時総会を開催し、①各地に通じてさらに多くの日本人連
合集会を催し本部より親日米人を聘して日本人の真相を講演させるように尽力
すること、②19日ロサンゼルスに開かれる親日家米人有志大会になるべく多
くの有志家を出席させるよう努力すること、③排日防止の印刷物を各地の米人
教会員にことごとく配布すること、④30日の日曜日に時局の円満なる解決を
得るため神に祈禱することを米人各教会に請願し、同時に日本人の各教会でも
一斉に祈禱すること、という4項目の方針に取り組んだ[86]。アメリカ西北部で

は10月、安部清蔵がワシントン州組合教会州会に日本人問題に対するシアトル日本人組合教会の決議案を提出し、「我等は在留日本人基督教徒及び日本の信徒諸君に対し、両国間に実現せる、真正の基督教的デモクラシーが現在の衝突と疑惑を解決するに至るべきを信じて疑はざるを証言する」[87]という州会決議を導き、カリフォルニア州での排日運動防止の側面援助を行っていた。

　1920年のカリフォルニア州の第二次排日土地法制定時における日本人キリスト教界の運動がこの程度であったのは、第1に13年の排日土地法成立後もアメリカ生まれの二世を名義とした土地所有や会社経営で実績を築いていたので、第二次土地法が制定されても法の範囲内で必要な手続きを行うならこれまで通りの農業経営の継続が可能であるという見通しが日本人社会内にあり、キリスト教界もその見方をとっていたこと。第2にかつての基督教伝道団のような全カリフォルニア州をおおうキリスト教の中央団体が存在していないために大きな動きが見られなかったこと。第3に今回の法案がカリフォルニア州民の直接投票という形式によるものであったため、親日派アメリカ人の人道的立場、キリスト教的デモクラシーに基づく排日防止運動を期待することを方針としたためである。

　しかし、日本人キリスト者たちの訴えにもかかわらず、親日派やアメリカ人教役者たちから心強い回答は得られなかった。フレズノ日本人組合教会牧師の福島熊蔵は1920年の第二次排日土地法対策としてアメリカ人教役者に次の書簡を送り連帯の意思表示を期待していたが、アメリカ人教役者たちから返事はなかったという。

　　At the polls on November 2nd, you are going to vote on the Initiative Bill No.1 entitled Alien Land Law. The passage of this Bill is a great persecutor to the Japanese in California, who were legally admitted to this country, rather than solving the problems.

　　The measure now before you intends to:

1. Prohibit land ownership by Japanese
2. Prohibit the acquisition of real property by American born Japanese minors, who are American citizens under the guardianship of their parents

3. Prohibit leasing of farm land by Japanese
4. Deprive the Japanese parents of their natural right to be the guardian of their minor sons and daughters owning real property
5. Escheat real property to the state upon certain prima facie presumptions
6. Prohibit the Japanese from owning the shares of stock of corporations which deal with farm land

The measure is so harsh and severe that nothing will be left for the Japanese to live on. This is quite contrary to your high ideal which has been the inspiration for us during the past half century. While this measure persecutes the Japanese in California, it does not check immigration from Japan.

Since the time the first Alien Land Law was enacted in 1913, our Japanese churches of Christ have also suffered. It hindered us even to acquire a piece of land for the place of worship.

Do you think it is wise to solve the matter in this way? Can you not give them, who are already here, the opportunity to become American citizens, and do justice for them? We only desire fair treatment equal to others[88].

　日本人の願いもむなしく第二次排日土地法は大差で成立してしまった。その影響は太平洋沿岸諸州に及び、1924年の移民法の制定も政治日程にのぼってきたのである。

1924年の排日法阻止運動　いち早く24年の排日法制定阻止の運動を起こしたのは長老派と組合派であった。第25回長老・第15回組合両派合同日本人年会（ロサンゼルス合同教会で開催）は、一致協力して排日防止に努め、アメリカ人には日本人を知らしめ、日本人に対しては排日家に好餌を与えるような賭博飲酒を禁ずる決議をあげ、ハーディング大統領、タフト大審院長、カリフォルニア州知事リチャードソン、アメリカ各派同盟教会に対して、

　　米国に於ける排日運動は米国建国精神及基督教主義に反し且つ日米両国の

　　　　平和を害し日系米国民に悪影響を及ぼすものと認むるを以て本年会は特に
　　　　閣下に訴へて適当の考量を煩されんことを懇請す[89]。

という決議を送り、時局対策にのりだした（1923年6月2日）。南加基督教伝道
団も24年1月の年会で、伝道団内に国際交渉委員5名を置き、アメリカ人各教
派の団体と交渉し、時局緩和を図り、かつ日米親善の衝に当たらせること、ロ
サンゼルス及び南加一円にわたる時局復興大講演会を行うこと、という方針を
立てた[90]。参政権のない在米日本人にとって連邦議会に圧力をかけるには大統
領や国務長官、司法機関、親日派キリスト者の人道的・道義的行動を期待する
より方法がなかったからである。しかし、これもアメリカ国内の政治情勢や
1920年の例から見て、あまり期待できるものではなかった。そのためサクラ
メントでは救世軍日本人部が時局問題講演会を主催し（11月）、小林政助が「超
抵抗主義」を唱え、北加基督教会同盟は北カリフォルニア各地での時局講演会
（3月9日から31日まで）を計画、シアトルの安部清蔵は6カ月あまりに及ぶ「無
抵抗主義精神運動」を展開した。暴力に訴えることなく在米日本人の精神的努
力によって日本人の実力を認識させ、アメリカ人にその人種差別政策の非を悟
らせようという運動が進められたのである。

　小林政助は「相手の暴戻なる行動に対し、暴力を以て抵抗することなく、其
れかと云つて、それに屈従するものでもなく、一時は相手の暴戻に蹂躙せらる
るが如き状態に陥るも、相手をして遂にはその非を悟つて、その行為を改めし
むるに到るまで之を導く」とし、その「抵抗的使命」を「超抵抗主義」と呼んだ。
この考えには1920年の第二次土地法制定時のアメリカ人の対応に教訓があり、
アメリカ観の転回があった。すなわち、「彼等の道徳的、宗教的覚醒に待つこ
とが出来ない」のなら、最後の方法は、「我等自身の精神的生活によりて、彼
らを覚醒せしむるの外はない」「我等の精神的努力如何によりては、米国民を
して反省せしむることは、不可能ではあるまい」と、在米日本人の忍耐と精神
的修養と実力で逆境を乗り越え、アメリカ人の反省を求めようとするものであ
った[91]。

安部清蔵による　　　　　　安部清蔵の「無抵抗主義精神運動」とはシアトル日
「無抵抗主義精神運動」　　本人組合教会創立15周年を記念した巡回伝道のことで、
1924年3月3日のヤキマ、スポーケン、モンタナ地方の巡回に始まり、4月に

はシアトルを中心に地方農村のキャンプを巡り、5月初旬には日本の木村清松とともに講演会を開き、ついで声楽家沢哲次を伴いオレゴン州のポートランドから南下しはじめ、5、6月にはカリフォルニア全州での講演、7、8月にはハワイを巡回して9、10月からシアトル組合教会の15周年記念運動にあたるというものであった（カリフォルニア州の巡回行程については**表1-8**を参照）。

　この運動にあたって安部は『無抵抗主義精神同盟』と題した小冊子を1万部

表1-8　安部清蔵牧師によるカリフォルニア巡回講演行程の一部（1924年）

月日	巡回地	行動内容	典拠
5月21日	スタクトン	米人第一組合教会において講演会	10360
5月22日	スタクトン	ラファエット街基督教会において講演会「時局問題と精神運動」 会衆約100人、沢田哲次独唱会	10363
5月23日	ベーコン島12番	クリスチャン農園において講演会	同上
5月25日	オークランド	美以教会連合礼拝	
5月25日	アラメダ	南美以教会講演会	10364
5月26日	オークランド	独立教会桑港教役者会	同上
5月27日	バークレー	ユニバーシティー基督教会講演会「排日問題と精神運動」	10365
5月28日	オークランド	白人プリモス教会において英語講演	同上
5月30日	オークランド	独立教会において大音楽会	同上
5月31日	サリナス	長老教会において「排日移民法に大統領の署名せしを論ず」、参加者約80人	10373
6月1日	ワッソンビル	長老教会において講演	
⋮	⋮		
6月24日	フレズノ	組合教会において無抵抗主義精神同盟について講演、聴衆70人	10397
6月25日	パレア	日本人ホールにおいて無抵抗主義精神同盟について講演	10398
6月26日〜27日	リビングストーン	教会堂において聖書講演会および音楽会	同上
6月28日〜 　　7月2日	サンフランシスコ	リフォームド教会コミュニティ・ハウスにおいて米国西北部三州基督教協議会、北加基督教会同盟、南加基督教伝道団の三団体、時局問題について協議	10404

注1）「典拠」欄の数字は『新世界』の号数
注2）6月2日〜6月23日の行程については渉猟しえていない。

印刷し、将来の精神同盟の機関雑誌発行の基本とするという方針を立てていた。そして巡回を通して無抵抗主義精神同盟に賛同する者約2,000名を得たので、これを基礎に月刊雑誌『精神生活と産業』を発行し、排日法案通過後も日本人移民の指導にあたったのであった。

　安部清蔵によれば、その「無抵抗主義精神運動」とは「決して一宗一派の宣伝運動ではない、只我々同胞の精神復興を鼓吹奨励する為である、無抵抗主義を称道すと雖も決して此の主義を圧しつけるのではない、互に無益なる争ひを止めて各其の持てる天分を発揮せん事を説くに外ならぬ」というもので、在米日本人に対して、アメリカの排日的世論と日本の反米世論に動揺することなく、毅然とした立場、すなわち「無抵抗主義」の堅持による「精神復興」を説くとするものであった。そして在米の「日本民族」が取るべき方針は「民族としての精神的統一」であり、「米国市民となつた所で、民族としての血脈を変へる事は出来ぬ」のだから「日本人種たる特別の地位を保たねばならぬ」[92]と、民族意識の保持が強調されたのである。

三団体代表者による
協議会の開催　　　移民法実施直前の1924年6月28日、サンフランシスコのリフォームド教会のコミュニティ・ハウスにおいて北加基督教会同盟、南加基督教伝道団、太平洋西北部三州基督教協議会三団体の代表者による協議会が開催された[93]。これは太平洋沿岸の日本人キリスト教団体が一同に会した最初の会議で、北加の代表者は秦庄吉、森淳吉、斎藤末松、津田称三郎、藤賀與一、南加の代表は河合禎三、田中義一、宗音重、西北部三州代表が安部清蔵であった[94]。

　三団体代表者による協議会の開催に先立つ6月6日、サンフランシスコの邦字新聞『新世界』は、そのコラム「新世界」において「欧米列国教会の力　案外に無勢力　国民を動かすに足らず」という見出しを掲げ、アメリカはピューリタンの国だと思っていたが国民は牧師の声に耳を傾けず、陋劣極まる政治家の煽動にあおられている、「基督教国民と言ふ者が斯くも軽視せらるゝ事に就ては、何等か其処に大改革の期が来て居るのでは有るまいかと思るゝ。我々は之を米国民と米国の教会と言ふものにのみ考へず、日本人と日本人教会と言ふ上から見ても、同様なる改革を思ふ者である」と述べていた[95]。アメリカ社会の排日、日本国内における反米意識の高揚、そして在米日本人のキリスト教に対する不

信感の公言。こうした実に厳しい状況下でこの協議会が開催されたのである。
同協議会では、当時の日本人キリスト教界が直面していた多くの課題について
論議された。以下はその決議6項目である。

　　一、在米同胞の使命は各民族の共栄共存を完ふせんが為め人種偏見を打破
　　　　し四海兄弟主義の信理に基き世界の平和に貢献するにありと信ず。
　　二、外務当局に向つて在米同胞の利権獲得国籍離脱施行法改正等を要請す
　　　　る事
　　三、第二世をしてその使命を自覚せしめ基督教主義に善良なる米国市民を
　　　　教養するを以て其示〔指〕導方針とする事
　　四、太平洋沿岸基督教聯盟組織の件
　　五、機関雑誌発行の件
　　六、各派教会合同の件[96]

そして決議の第2項目の具体化として以下の「決議書」が外務大臣幣原喜重
郎に宛てて送付された。

　　第一、日本政府が国際的公義と平和の趣旨に基き人権平等の精神を世界に
　　　　貫徹せんが為め努力されつつあることを感謝すると共に更に益々此主
　　　　義に於いて奮闘せられんことを希望す。
　　第二、日米条約を改訂し在米同胞に対し欧洲諸外国人同等の権利を附与せ
　　　　らるる様努力せられんことを望む。
　　第三、国籍離脱に関し年齢の制限を撤廃せられんことを望む。
　　第四、在米同胞の日本往復に当たり繁錯なる手続を省略せられんことを望
　　　　む（以上）[97]

　このように沿岸3団体の代表者協議会は、時局問題に対する今後の方針を議
論し、二世の二重国籍問題の解決、「機関雑誌発行の件」「各派教会合同促進の
件」という喫緊の課題に対する活動方針を固め、その実行組織として北加＝森
淳吉、南加＝河合禎三、西北部＝安部清蔵を代表委員に、オークランドの藤賀
與一を幹事とする「太平洋沿岸基督教会連盟」の組織を決めていた[98]。しかし
その活動実態はいまだ明らかにはなっていない。さらなる解明が求められる課
題の一つである。

むすび

　本章は、アメリカにおけるキリスト教団体の成立と変遷、ならびに排日情勢下での主張の特徴を明らかにすることが課題であった。その論点を整理することでむすびとする。

　1890年以降、中国人に代わって移民労働者としてその数を増やしてきた日本人は、果樹園での季節労働や鉄道労働、スクール・ボーイなどを経て資金を貯え、しだいに借地農業から土地を所有した本格的な農業経営を始めるようになった。日本人キリスト教界はこうした日本人移民に福音を伝えるため積極的な伝道を展開し、実に短期間に多くの地域で教会、講義所を設立していった。

　1906年、サンフランシスコを襲った地震は三つの点で日本人移民にとって大きな転機となった。第1は、この地震によって壊滅したサンフランシスコを去った日本人がカリフォルニア州の内陸部や南北の平原地帯に農地を求め移住し、点在しはじめたこと。第2は、サンフランシスコ市の復旧過程で日本人も保険会社から保障を受け、新たに日本人街を建設し、集住し顕在化しはじめたこと。第3は、こうした日本人移民のめざましい社会進出によってアメリカ人のホスト社会との間に経済的な利害対立が生まれ、人種的偏見による排日感情を高め、排日法の制定を呼び起こす契機となったことである。1907年以来浮沈していた排日法は、1913年、帰化不能外国人の土地所有禁止、借地期限3年という排日土地法として結実した。

　こうしたアメリカ人の日本人排斥に対して、在米日本人キリスト教界は独自に人道協会、革新会を組織し、効果的な伝道活動の体制作りと風紀矯正運動に取り組んだ。「天与の政治家的才能を有する」大久保真次郎は1910年から終始一貫積極論を唱え、「この民族的危機に処するに、外は米国人を警醒して排日の非を悔改せしめ、内は同胞を啓発して其の米国に在る真の使命を覚らしめ、且つ排日に処する実生活の改善を促進するの急を説き、それが為め一の新団体組織を提唱し」[99]、北カリフォルニア州日本人キリスト教界最初の連絡団体となった加州基督教徒同盟会を結成した。同会は矯風会、基督教徒同盟伝道団を吸収合併し、基督教伝道団へと発展していった。1913年、基督教伝道団は南

加基督教同盟会と合同し、中央基督教伝道団となった。伝道団は各地の日本人
会と提携しながら啓発運動を展開した。その主張は日米戦争否定論、日本に対
する「至誠」＝「武士道」の実践、そして日本人の「民族的特性」を発揮してアメ
リカ社会に貢献する「外形的同化論」であった。1913年の排日状況下で基督教
伝道団が日本人移民に対して説いた時局策・心得が日本人移民のアメリカ社会
への無原則的な同化論でなかったのは、第1に彼らがアメリカは多元的な異質
文化を認めあい民族の独立的共存によって成り立つ形成途上の「新天地」であ
るとみなすアメリカ観をいだき、第2に進取の気性をもって世界の文明と政治
に参与することを日清・日露戦争後の日本の使命＝「平和の戦争」と位置づけ、
日本人移民をその先駆けとみなして「武士道」精神の発揮を期待したからであっ
た。排日情勢下にあっても日本人キリスト教界は着実に教勢を拡大していった。

　排日運動が一時鎮静化した1915年、伝道団は組織を変更し、北加基督教伝
道団・南加基督教伝道団・中央基督教伝道団という体制とした。組織指導者大
久保真次郎の死去（1914年）、各教派が小回りのきく伝道組織を望んだことが
その要因であった。これ以降、組織の結集力は弱まり、1918年基督教伝道団
は解散した。

　一方、この時期、日本から著名なキリスト者を招いた日本人移民啓発運動が
推進された。在米日本人会の招待に応じた海老名弾正は、「武士魂」を発揮し
て日本民族の先鋒としてアメリカに永住せよと説いた。中央伝道団の招いた金
森通倫の協同伝道は太平洋沿岸各地で多くの入信決心者を獲得し、キリスト教
界に新たな活力を与え、シアトル基督教同盟会を生み出す契機となった。山室
軍平の協同伝道においても多くの求道者を得た。こうした一連の啓発・協同伝
道の意義は、第1に伝道団幹事小林政助に大きな感化を与えアメリカ救世軍日
本人部創設の契機となったこと、第2にアメリカ西北部に諸教会の連合・同盟
機関作りを促進したことにあった。そしてこうした団体が1920年代の排日下
にあって、時局対策の主導的役割を果たすのであった。

　第一次世界大戦後の排日運動は日米の国際的利害対立から日本排斥となり、
アメリカでの政治運動という性格をおびた。1920年、カリフォルニア州で第
二次排日土地法が州民の直接投票という形で成立すると、その影響はアメリカ
全土に広がり、1924年には排日条項をふくむ移民法が制定・施行された。日

本ではアメリカの排日策動に対し国家の威信をかけて抗議し、キリスト者も一斉に排日を非難する声明を発した。

しかし在米日本人、キリスト教界の動向は対照的に理性的だった。それは、1920年の土地法制定の時点で二世を名義とした農業経営の着実な伸展が見込まれたこと、依然彼らは「キリスト教国」アメリカ人の人道精神を信頼し、法案拒否の意思表示を期待したからであった。だが、この期待は無残にも裏切られてしまった。

1924年、政治的弱者である沿岸部の日本人キリスト者と日本人移民は大統領や司法機関、アメリカ人キリスト教関係者の人道精神に期待せざるをえなかったが、そこにはさめた思いがあった。しかし事態の解決は暴力によってなされるものではない。もはやアメリカ人の正義や日本の外交政策に期待できない以上、在米日本人自身の「精神的生活によって米人を覚醒せしめ、反省せしめ、其の錯誤により正道に立帰らしむる」しかしない。そのためには人格、品性、信仰、実力が敵を上回らねばならない――これが新たに唱えられた使命だった（小林政助「超抵抗主義」、安部清蔵「無抵抗主義精神同盟」）。

移民法実施直前の6月28日、サンフランシスコに北加基督教会同盟、南加基督教伝道団、西北部三州基督教協議会の代表による協議会が開かれた。「在米同胞の使命は各民族の共栄共存を完ふせんが為め人種偏見を打破し四海兄弟主義の心理に基き世界の平和に貢献するにありと信ず」――この理念に基づき、太平洋沿岸基督教会連盟が組織された。

このように太平洋沿岸日本人キリスト教団体の成立過程とその主張をあとづけてくると、彼らが一貫して日本人移民に説き続けてきたものが〈日本人として海外に発展していくことの使命〉であり、〈アメリカ社会にあって日本人（在米日本人）として如何に生きていくか〉という啓発の記録であったことが明らかになったと思われる。それはアメリカ社会が日本人移民を「同化不能」外国人とみなした差別待遇に耐え抜くための集団帰属意識の喚起であり、キリスト教団体・キリスト者の「抵抗」的使命の表白にほかならなかった。

彼らはしばしば民族意識の堅持、アイデンティティの象徴、実践倫理の目標として「武士道」を提唱した。彼らは「武士道」を祖国日本、日本にいる父母・兄弟への忠義、敢為堅忍、名誉、克己、至誠などの諸徳目の総体、世界の文明

に貢献しうる普遍性をもつ倫理であると言った。それだけに「武士道」は自己
啓発の〈姿見〉であり、かかる徳目への背信行為は〈恥じ〉とみなされ、いっそ
うの精神的修養が期待されたのである。この点は直接的に「武士道」という表
現は用いられていないが、人格、品性、信仰、実力の向上と精神的修養を課題
とする小林政助の「超抵抗主義」や安部清蔵の「精神的無抵抗主義」にも共通す
るものであった。

　　私たち——姉と私自身——の生活には、その生活を、忠義、名誉、自己抑
　　制、孝行という武士の掟によってつくり上げていた日本人の両親の持って
　　いた、習慣、伝統、価値というものが、これ以上ないほど深くしみ込んで
　　いた[100]。

　これは、オークランド日本人独立教会の有力会員で、日本人社会でも指導的
役割を果たしていた内田鐶の次女ヨシコの回想である。こうした二世への影響
や、その後の在米日本人の社会的地位の向上を見るかぎり、排日状況下、キリ
スト教団体や指導者たちが提唱した祖国の文化的伝統への固執という考えは、
その「使命」の遂行に成功し、アメリカ社会に適応するうえで有利に働いたと
みることができる。

　しかし排日は1924年で終わったわけではなかった。あらたな排日状況——
日米戦争——によって、在米日本人はよりいっそう困難な問題に直面すること
になる。その1つは成長してきた二世たちが、自分たちは〈完全なアメリカ人
なのか日本人なのか〉という問題の答えを求めようとし、一世とのあいだに認
識の差を生じることであった。2つは日米開戦とともにアメリカ人の人種主義
が再燃し、在米日本人は〈同化を拒み、危険このうえない存在〉とみなされ、
その人権と自由が奪われることである。こうした新たな排日状況下で、日本人
キリスト者たちはどのように行動したのか、その主張に違いはあらわれたのか。
これらの検討は今後の課題としなければならない。

●註

1　今日活用しうるアメリカにおける日本人キリスト教団体史には『在米日本人基督教五十年
　史』（南加日本人基督教会聯盟、1932年）、『北加基督教会便覧』（北加基督教同盟、1937年）、
　『北米宣教八十五周年記念誌』（南加基督教会聯盟出版部、1964年）、*A Centennial lega-*
　cy: history of the Japanese Christian missions in North America, 1877-1977, Chica-

go, 1977がある。

　　近年の研究には吉田亮『アメリカ日本人移民キリスト教と人種主義──サンフランシスコ湾岸日本人プロテスタントと多元主義・越境主義、1877〜1950年を中心に』(教文館、2022年)がある。

[2]　Brian M. Hayashi (1), "The Untold of Nikkei Baptists in Southern California, 1913-1924" in *Foundation* 22, 1979, pp.313-323. Brian M. Hayashi (2), "Japanese 'Invasion' of California: Major Kobayashi and the Japanese Salvation Army, 1919-1926" in *Journal of the West* 23, 1984, pp.73-82. 杉井六郎『遊行する牧者　辻密太郎の生涯』(教文館、1985年) など。

　　ブライアン・ハヤシの研究(1)は排日状況下にあってもアメリカでの最大教派バプテスト派の日本人信徒は迫害にあわなかったことを南カリフォルニアの事例で示すものであるが、在米日本人キリスト教界において同派は最小派の一つであること、地域を南カリフォルニアに限定しているため日本人キリスト教界全体を普遍的に説明するには困難がある。その(2)は基督教伝道団の幹事でのちにアメリカ救世軍日本人部を創設した小林政助の伝記的研究を行うものである。杉井の著作は半世紀以上を海外伝道に捧げた辻密太郎の伝記研究において、アメリカの排日問題と日本人キリスト教界の動向を明らかにしている。しかし、それぞれの分析対象が小林や辻とのかかわりに限定され、断片的となり、当時の日本人キリスト教界および基督教伝道団などの全体像の把握におよぶものではない。

[3]　カリフォルニアの移民農業史については、池本幸三「アメリカ史における日本人移民とその農業コミュニティー──カリフォルニア州と大和コロニーを中心として」(戸上宗賢編『ジャパニーズ・アメリカン』ミネルヴァ書房、1985年、178-186頁) を参照

[4]　「西北通信」『北米農報』3巻3月号 (1912年)。坂口満宏『日本人アメリカ移民史』(不二出版、2001年) 第5章参照

[5]　愛知県からの移民がサンフランシスコ湾岸地域に定住し、日系社会を形成していく過程を追った成果に筒井正『一攫千金の夢──北米移民の試み』(三重大学出版会、2003年)がある。

[6]　こうした日本人移民労働の実態をリアルに描いたプロレタリア小説に藤森成吉「移民」がある (『改造』1933年1月初出、『日本プロレタリア文学集』14所収)。これはもとより創作ではあるが、その状況描写には多くの真実が示されており、移民の心理を知るのに大いに参考になる作品である。

[7]　坂口満宏「第3章　アメリカ合衆国への移民」(日本移民学会編『日本人と海外移住　移民の歴史・現状・展望』明石書店、2018年) 参照

[8]　この点については、同志社大学人文科学研究所編『在米日本人社会の黎明期──『福音会沿革史料』を手がかりに』(現代史料出版、1997年) ならびに前掲吉田亮『アメリカ日本人移民キリスト教と人種主義』の第1章「福音会」が詳しい。

[9]　桑港日本人美以教会のリバイバルについては「桑港日本人美以教会心霊上の概況」1-7 (『福音新報』26、34、46、48、53、61、62号) に詳しい。

[10]　『護教』1906年10月6日

[11] こうした課題の解明をめざし、日本人移民プロテスタントによる教派教会の形成過程を跡づけた研究成果が前掲吉田亮『アメリカ日本人移民キリスト教と人種主義』第2章「教派教会」である。

[12] データはすべて日米新聞社の調査によるものだが、その調査方法は確認しえない。しかし1912年の統計は基督教伝道団機関誌『新天地』第3巻第11号（1912年11月1日）に「太平洋岸同胞社会の現状と基督教の伝道」としてそのまま引かれていることから、当時のキリスト教界においても承認された数値とみることができ、信憑性があるものと考える。以下、『新天地』の巻号については『新天地』3-11と略すこととする。

[13] 日本仏教による海外布教事業の実態については、中西直樹によって編纂された『編集復刻版　仏教海外開教史資料集成』ハワイ編・北米編・南米編（不二出版、2008、2009年）ならびにその解題である『仏教海外開教史の研究』（不二出版、2012年）を参照されたい。

[14] 加藤邦雄「日本におけるプロテスタント教会教勢の一研究」（『プロテスタント百年史研究』1961年）110頁

[15] 小見正博・伊藤道夫・藤森惇資編『幻は消えず』（北加基督教会同盟、1962年）は北カリフォルニア地方の桑港部会・湾東部会・桜府部会・中加部会・沿岸部会のそれぞれ活動的な信者123人の証言を集めた記念集であり、入信動機を知るのに役立つ。

[16] 前掲『幻は消えず』135-136頁

[17] 中牧弘允「キリスト教徒の語る日本人移民史」『新世界の日本宗教』（平凡社、1986年）120-126頁

[18] 「第二世問題」については、ユウジ・イチオカ「第二世問題——二世問題への日本人移民の見方の変化・1902～1941」（同志社大学人文科学研究所「海外移民とキリスト教会」研究会編『北米日本人キリスト教運動史』PMC出版、1991年、後にユウジ・イチオカ著、ゴードン・H. チャン、東栄一郎編、関元訳『抑留まで——戦間期の在米日系人』彩流社、2013年に再録）を参照

[19] 1906年5月16日付・桑港美以教会島崎政太郎の通信、『護教』1906年6月9日

[20] 庶務部＝川崎、島本、桑原、佐藤。会計＝宗方、大山。交渉部＝池田、青木、大石。給養部＝倉永、臼井、谷口、一柳、青瀬。医務部＝黒沢、橋本、松田

[21] 1906年6月6日付・島崎政太郎「桑港通信」第3回、『護教』1906年6月30日による。『在米日本人史』によれば日本政府から送られた5万円を含め、フレズノ、バンクーバー、ポートランドその他の各地の邦人より寄せられた羅災者救済費は44,603ドルに達していた（670頁）。

[22] 島崎梅吉「オークランド通信」『護教』1906年6月16日

[23] 1906年6月29日発・美羊生「桑港通信」第5回『護教』1906年8月4日

[24] 1906年7月27日発・島崎政太郎「桑港通信」第7回、『護教』1906年9月15日

[25] 外務省編『日本外交文書』対米移民問題経過概要、285-324頁参照。また「日米紳士協約」の実施例や効果については坂口満宏「ネットワークでつながる日本人移民社会」（ハルミ・ベフ編『日系アメリカ人の歩みと現在』人文書院、2002年、37-68頁）ならびに前掲坂口満宏「第3章　アメリカ合衆国への移民」を参照されたい。

26 千葉豊治『排日問題梗概』(1913年) 28-29頁

27 1913年3月5日以降、ワシントン駐在の珍田捨巳大使はしばしばウィルソンを訪問して、日米両国の親交のため排日案の阻止を要望、ウィルソンもできるだけの協力を約束し、4月18日にはブライアン国務長官が説得工作を行った。しかしジョンソン知事は土地所有権法の制定は州の自由であるとして州権の独立を宣言し、共和党も連邦政府に反抗する態度を明らかにしていた。

28 前掲千葉豊治『排日問題梗概』参照

29 『渋沢栄一伝記資料』第33巻、417-451頁参照

30 「基督教に及ぼす排日問題の影響」〈社説〉『基督教世界』1913年5月8日

31 『在米日本人長老教会歴史』6-10頁、『在米日本人史』639頁

32 「太平洋沿岸日本人教役者会」『福音新報』1909年12月30日

33 『在米日本人長老教会歴史』31-32頁、『北加基督教会便覧』(北加基督教会同盟、1936年) 47頁

34 『北米農報』第2巻第1号 (1911年1月1日)。安孫子についてはユウジ・イチオカ「安孫子久太郎」(田村紀雄・白水繁彦編『米国初期の日本語新聞』(勁草書房、1986年) を参照

35 『在米日本人長老教会歴史』(伝道廿五年祝会委員、1911年) 33頁

36 『在米日本人基督教五十年史』122-123頁

37 『在米日本人長老教会歴史』89-90頁

38 『新天地』3-6、『基督教世界』1911年7月20日

39 『新天地』1911年11月号、山室武甫編著『在米同胞の先覚 小林政助伝』39頁、以下『小林政助伝』と略す。

40 大久保真次郎「壱ケ年の回顧」(『新天地』3-8、1912年6月1日)

41 『新天地』3-2。婦人矯風会の活動については1905年から1912年にかけて日本の『婦人新報』へ送られた現地からの通信記事に詳しい。

42 前掲大久保真次郎「壱ケ年の回顧」、ただし句点は筆者が付した。

43 洋生「太平洋岸同胞社会の現状と基督教の伝道」(『新天地』3-11、1912年11月1日)

44 前掲大久保真次郎「壱ケ年の回顧」

45 『新天地』3-6 (1912年6月1日)

46 『南加州日本人史』(南加日系人商業会議所、1956年) 213-214頁

47 『護教』1912年9月6日

48 『新天地』4-3 (1913年3月1日)

49 『新天地』4-2 (1913年2月1日)

50 『新天地』4-10 (1913年10月1日)

51 『新天地』4-2 (1913年2月1日)

52 『新天地』4-6 (1913年6月1日)

53 『新天地』4-10、12 (1913年10月1日、12月1日)

54 『新天地』4-6 (1913年6月1日)

55 「時局に際し在留同胞に寄す」(『新天地』4-6、1913年6月1日)

56 『日米年鑑』第10（日米新聞社、1914年）21頁

57 樵夫＝河田挙「孫呉の兵法」（『新天地』4-7、1913年7月1日）、句読点は原文通り

58 鴻陽＝秦庄吉「国粋保存論」（『新天地』4-8、1913年6月1日）

59 樵夫＝河田挙「孫呉の兵法」（『新天地』4-7、1913年7月1日）。この時おもに秦庄吉（「新天地」編集者）、河田挙ら組合派の教役者が「武士道」を高調しているのも、社会問題への対応と教派の関係、武士的キリスト教の反映として特徴的である。

60 「同化論を論ず」（『新天地』4-8、1913年8月1日）

61 同前、「同化論を論ず」

62 洋生「米国化問題」（『新天地』4-9、1913年9月1日）

63 同上

64 K・K「帰化権問題と同胞の将来」（『新天地』4-5、1913年5月1日）。K・Kとは河田挙のことか。

65 前掲『小林政助伝』46-47頁。団長＝小室篤次、副団長＝小平国雄、会計兼幹事＝村上秀久、理事＝佐藤新五郎、中村順三、辻密太郎、森淳吉、宮崎小八郎。中央伝道団へ派遣する理事を、安孫子久太郎、小室篤次、宮崎小八郎の3名としていた。また、同年1月28には、ロサンゼルスでも南加基督教伝道団支部の年会が開かれ、北加同様に独立団体となることが決議されていた（『福音新報』1915年3月11日）。

66 小林政助による「追悼文」（『新天地』1914年6月号）、前掲『小林政助伝』38-39頁より再引用

67 1916年の北加基督教伝道団年会に参加した藤井茂雄（パロアルト美以教会）からの通信（『護教』1916年3月10日）

68 1917年2月5、6日の理事会、前掲『小林政助伝』79頁

69 藤賀與一編著『日米関係在米日本人発展史要』（米国聖書協会日本人部、1927年）222頁

70 『在米日本人基督教五十年史』128頁

71 在米日本人会は「時局委員会」を設置し、時局問題の根本解決の実行方法として啓発運動を推進するため「基督教伝道団及米国仏教会に依頼して日米人間に於ける啓発運動をなさしむる事」とし、これに対する費用として月に300ドルを支出することにしていた（『新世界』6460号、1913年8月4日）。キリスト教関係者からは海老名弾正を、仏教関係者から八淵蟠龍が渡米して慰問、啓発にあたった。

72 「在米同胞啓発運動たより」（『新人』第16巻11号、1915年11月1日）。海老名みやも各地の婦人会、家庭集会で講演し、その数は18回におよんだ（同上）。

73 「米国に於ける海老名主筆の消息」（『新人』第16巻10号、1915年10月1日）

74 前掲「在米同胞啓発運動たより」、フレズノでの講演

75 『大北日報』は金森通倫がシアトルに到着する以前から「来らんとする金森通倫氏」と題する人物紹介記事を7回にわたって連載し（1915年11月17日〜24日）、12月4日から展開されたシアトルにおける協同伝道の成果について詳細な報道を行っていた（坂口満宏「アメリカ西北部日本人移民年表（1）」『キリスト教社会問題研究』34号参照）。

76 「金森先生を送る」（『新天地』1916年3月号、前掲『小林政助伝』73-74頁より再引用）

77 前掲『在米日本人基督教五十年史』131頁、『北米宣教八五周年記念誌』56-58頁

78 山室軍平も金森と同様に、シアトルに到着する以前から「来らんとする山室軍平氏」とした人物紹介が『大北日報』に連載されていた（1917年8月23日〜27日）。

79 第一次世界大戦と日本人キリスト教会の動向について、本稿では充分に取り扱うことができない。同問題についてはさしあたり鈴木明『戦場の神の子たち』（中央公論社、1985年）を参照されたい。

80 『大北日報』1920年5月13日

81 『大北日報』1920年12月2日

82 飯野正子「米国における排日運動と一九二四年移民法制定過程」『津田塾大学紀要』10、1978年）。若槻泰雄『排日の歴史』（中央公論社、1972年）159-165頁

83 1924年の移民法制定過程については、前掲若槻泰雄『排日の歴史』169-186頁および有賀貞「排日問題と日米関係──『埴原書簡』を中心に」（入江昭・有賀貞編『戦間期の日本外交』東京大学出版会、1983年所収）、蓑原俊洋『排日移民法と日米関係』（岩波書店、2002年）、同『アメリカの排日運動と日米関係』（朝日新聞出版、2016年）を参照

84 1924年の移民法制定に対する日本のキリスト教界の動向、とくにもっとも顕著な態度を示した内村鑑三については『内村鑑三全集』28（岩波書店、1983年）、同月報所収松沢弘陽の「第28巻について──「対米問題」とその時代」、太田雄三『内村鑑三』（研究社、1977年）所収「『排日移民法』の衝撃と日本人の反応──内村鑑三を中心にして」を参照

85 『大北日報』1920年9月2日

86 『新世界』1920年10月18日

87 『基督教世界』1920年12月23日。安部清蔵は1919年12月にシアトル日本人組合教会に着任していた。

88 Clifford Alika and Miya Okawara "Sho-Chiku-Bai: Japanese Congregationalists" in Barbara Brown Zikmund ed., *Hidden History in the United Church of Christ 2*, New York: United Church Press, 1984, pp.159-160.

89 『大北日報』1923年6月9日

90 『新世界』1924年1月5日

91 小林政助「難局に処するの道──在米同胞は覚悟をさだめよ」（井深清庫編纂『日本民族の世界的膨張 小林政助論文集』警眼社、1933年）86頁、89頁

92 安部清蔵「沿岸精神運動の道途に臨みて」（『大北日報』1924年2月26日）

93 安部清蔵「太平洋沿岸四州巡回記（1）」（『基督教世界』1924年7月31日）

94 『南加州日本人七十年史』218-219頁

95 『新世界』1924年6月6日

96 『大北日報』1924年7月5日

97 『新世界』1924年7月6日

98 『大北日報』1924年7月5日

99 前掲『小林政助伝』38-39頁

100 ヨシコ・ウチダ『荒野に追われた人々』（岩波書店、1985年）60頁

山室軍平
——万国本営への旅

(第二頁参考)部外及部内の館會大國萬軍世救

〔典拠〕1904年の救世軍万国大会会館の内部と外部を描いた挿絵(『ときのこゑ』1904年12月1日)

はじめに

　山室軍平は、68年の生涯のなかで、イギリスを中心にヨーロッパ方面へ7回、アメリカへ6回、さらに「満洲」・朝鮮方面へは7回旅をして、そのつど各地の救世軍と交流を深め、現地の社会救済施設を参観し、現地日本人を慰問した。その月日を累計すればおよそ46カ月に達し、一民間宗教人としてその旅程はきわめて稀なものに属する。しかも山室軍平にとって、その海外活動とは、たんなる物見遊山でなければ、留学でもない。それを一言でいえば、救世軍人としての彼の生き方そのものの検証・実体験であるとともに、日本救世軍の人的・経済的自給を模索する旅だったといえるものである。

　本章は、こうした意義をもつ山室軍平の海外活動の足跡を、根本史料に即してあとづけながら、なかでももっとも重要な救世軍万国本営への旅について、1904年と1909年を中心に描くものである[1]。日本救世軍の自給をめざし、若い山室軍平がどのような気概と理想をいだいて万国本営に臨んだのか——こうした点を山室の自筆資料に基づき明らかにしたい[2]。

　　同志社大学人文科学研究所所蔵「山室軍平関係資料」…（　）内は資料番号
　　『救世軍万国大会筆記録』第2巻、1904年
　　『欧州旅行記』第4巻、1904年（516 C109）
　　『欧州見学録』第1巻、1909年（895 C18）
　　『欧州見学録』第5巻、1909年（895 C19）
　　『欧州見学録』号外、1909年（525 C118）
　　同志社大学人文科学研究所所蔵「山室軍平の海外伝道地における邦人実状」（『山室軍平資料』432）

　本論に先立ち、ここで救世軍について説明しておこう。救世軍（Salvation Army）とは、1865年にイギリスにおいてメソジスト派の牧師ウィリアム・ブースによって組織されたプロテスタント・キリスト教会の一派である。その伝道活動の特徴は日常的に教会など礼拝の場所にやってこれない経済的困窮者や労働者など社会の底辺に位置する人びとに福音を伝えるため、軍隊的組織を採用し制服を着用した士官が軍旗や吹奏楽隊を率いて野外集会（野戦）を行うこ

とにある。救世軍では、これを「救霊戦場」と呼んでいる。

　救世軍では聖霊による〈きよめ〉が重んじられ、求道者がきよめによる救いを受け入れ、悔い改めの座に進むと回心者とされる。回心者は信仰への確信に応じ、宣誓して准兵士、兵士となる。兵士が一般教会の信徒にあたる。救世軍の信徒になることを従軍と呼んだ。兵士のうち特別の任務を与えられた者を下士官といった。士官は救世軍の士官学校で教育を受け、救世軍の活動に専従するもので一般教会の牧師・教師職に相当する。士官には軍隊流の職階制があり、下位から中尉、大尉、小校、中校、大校、少佐、中佐、大佐、少将、中将、大将の順である。一般の教会にあたるのが小隊、日曜礼拝に相当するのが聖別会、夕拝にあたるのが救霊会であった。

　日本には1895年9月に英国救世軍のライト大佐が来日し、9月22日、東京基督教青年会館で開戦を告げた[3]。石井十次から救世軍を訪問するようにと依頼を受けた山室軍平は、同年10月中旬、来日した救世軍の事務所を初めて訪問した。そのとき山室軍平ははなはだ不愉快な思いをいだいたようだが、そのとき渡されたブース大将の『軍令および軍律、兵士の巻』を熟読するうちにわだかまりが解け、救世軍の性格や伝道方針に納得し、救世軍に身を投じる決心をしたという。そして1895年11月30日、正式に救世軍に入隊したのであった[4]。

1　山室軍平の海外活動・概観

(1)　「満洲」・朝鮮方面への旅

　山室軍平の海外活動の航跡を行き先き別にみるならば、おおむね、①「満洲」・朝鮮方面、②イギリスを中心とするヨーロッパ方面、③カナダ・アメリカ合衆国方面の3つに分けることができる。以下、順を追ってその航跡を概観し、その活動の意義を述べることにしよう。

　「海外活動」の意味を厳密に「日本国外での活動」ととらえるならば、日露戦争後、日本の租借地となった旅順や大連地方ならびに日韓併合以後の朝鮮半島

は日本の主権下に編入されているため、こうした方面への旅を「海外」活動とよぶのはふさわしくないかもしれない。事実、救世軍は租借地大連を日本の司令官の指揮にもとづく「小隊を開きて直接伝道を着手する」[5]地域とみなし、早くから「婦人ホーム」の活動をすすめており、1909年7月10日には、大連小隊を開戦させていたからである。同様に、朝鮮についてもその併合を「祝賀」するとともに「之は真に歴史上の一大事件である。唯此上の問題は我等日本人が如何に朝鮮人を指導するかといふ事である」[6]との認識にあった救世軍にしてみれば、たとえ朝鮮救世軍と日本救世軍とは別個の管轄にあったとしても、韓国（朝鮮）を「海外」とする認識は乏しかったことだろう。

　山室は7回、「満洲」・朝鮮半島方面へでかけた（**表2-1**参照）。『ときのこゑ』に掲げられた山室による現地からの通信文をみるかぎり、そこにはことさら「海外」伝道に行くのだという気負いは感じられない。いずれもが日常的な「転戦」の一環、もしくは国内各所への「出陣」と同様の意識を思わせるものばかりである。

　それでも山室をして「満洲」方面へ7度も足を運ばせたのにはわけがある。

表2-1　山室軍平の「満洲」・朝鮮方面渡航一覧

回数	渡航年	渡航期間	渡航先
①	1908年	6月6日〜6月16日	「満洲」行き（大連の救世軍婦人救済所献堂式に出陣）
②	1913年	4月25日〜5月15日	朝鮮及び「満洲」行き（大連－旅順－安東－京城）
③	1918年	9月9日〜9月22日	朝鮮及び「満洲」行き（釜山－南大門－京城－大連－新義州）
④	1920年	7月4日〜7月17日	朝鮮及び「満洲」行き（釜山－京城－大連－釜山）
⑤	1923年	5月27日〜6月16日	九州及び「満洲」・朝鮮行き（京城－奉天－大連－奉天－京城－釜山）
⑥	1924年	2月12日〜2月29日	「満洲」及び朝鮮行き（釜山－京城－奉天－大連－撫順－奉天－安東－京城）
⑦	1930年	2月22日〜3月5日	「満洲」及び朝鮮行き（釜山－京城－平壌－大連－奉天－平壌）

〔典拠〕『ときのこゑ』の記事をもとに作成。

それは同地方が日露戦争後、大連を経て中国大陸の奥地へと売られていく日本人海外「醜業婦」(からゆきさん)の巣窟とみなされていたことである。

　この問題については、日露戦争中、キリスト教青年会(YMCA)の軍隊慰問部主事として中国東北部に滞在していた益富政助たちが早くから彼女たちの救済活動にのりだしており、1906年4月には「満洲婦人救済会」を設立していた。そして同年9月、救世軍がそれを引き継ぐことになると大連での女性救済活動は、国内での娼妓解放運動とともに救世軍の重要な事業のひとつになっていった。1906年6月、「満洲婦人問題」啓発のため、救世軍や婦人矯風会、安部磯雄や島田三郎らによって開催された「満洲婦人問題大会」は、当該問題をひろく国民に啓発するための先駆的な集会であったが、山室軍平(当時少佐)もその席上にて「醜業婦感化」を論じ、救世軍が新しく「満洲」において女性救済運動を引き継ぐことを告げ、同情を求めていた[7]。

　「満洲」方面への最初の旅が1908年の大連における「婦人救済所」献堂式への出陣であったのは上記の経緯によるものであった。そしてその後の旅も「海外醜業婦」の存在を「日本国民の恥」と警告し、しだいに増える「満洲」方面への日本人移住者に対する啓発と日本人女性救済のためになされたものであった。彼の旅の成果は『社会廓清論』(第6章「海外醜業婦」)などとして結実し、国民に対する警醒の書として公表されるのである。

(2)　イギリスへの旅

　山室のイギリスへの旅は7回で、滞在期間の累計も約40カ月ともっとも多い(表2-2)。そしてその目的や任務も山室の救世軍内における地位の上昇にともない大きく変わっていく。その目的に応じて、万国本営への旅は大きく三つに区分できる。

　第1は、学ぶことである。山室軍平が初めて渡英した時(1904年)の階級は大校、それだけにその任務の中心は自らがのべるように、救世軍の進んだ事業を視察することであった[8]。

　山室は、イギリス国内はもとより、フランス、ドイツ、オランダそれに北欧諸国の救世軍施設を精力的に歴訪し、現地救世軍人との交流を深めるとともに、上級士官の講演内容や事業内容を綿密に記録しつづけた。それはイギリスに生

表2-2 山室軍平の渡英活動一覧

回数	渡航年	月日	渡英活動	叙任	備考
第1回	1904年	5月5日	山室大校、第3回救世軍万国大会参加のため、新橋を出発	1902年8月5日 大校に任ぜられる	香港～シンガポール～セイロン～マルセイユ～パリ経由ロンドン着
		6月16日	イギリス着、以後数日間、万国本営・商業部本営・社会事業本部などを参観		
		6月24日	万国大会開会式（7月5日まで公開の部）		
		7月6日	戦場士官会（7月8日まで3日間）		
		7月11日	参謀士官会（7月15日まで5日間）	1904年11月15日 少佐に昇進	
		7月22日	司令官会（7月27日まで6日間、万国本営の破格の計らいで出席）		
		8月20日	ヒギンス少将らとともにノルウェーにおける救世軍年会に参加		
		8月26日	ストックホルムの救世軍を訪問（～8月31日）	1905年3月1日 戦場書記官兼鬨声（ときのこえ）記者	
		－	イギリス発		
		11月3日	帰国		
第2回	1909年	3月18日	ウィリアム・ブース満80歳の祝賀会参加のため渡英。東京を出発して敦賀へ向かう	1907年6月1日 中佐に昇進	シベリア鉄道経由（ウラジオストック～モスクワ～ワルシャワ～ベルリン～オランダ）
		4月7日	イギリス発着、以後数日間、ブリストル、マンチェスターシェフィールドなどの小隊・旅団を参観	1907年9月1日 書記長官となる	
		4月22日	ブース大将満80歳の祝賀会。山室、日本救世軍を代表して挨拶		
		4月26日	ブース大将らに呼び出されて日本の救世軍について相談		
		5月18日	イギリス発、パリを経てスイスに向かう（～5月30日）		
		6月1日	再びパリを経てイギリスに帰る。以後、各地の社会事業施設、集会を参観		
		8月	アメリカ行きを中止し、再びシベリア鉄道で帰国		

表2-2　（続き）

回数	渡航年	月日	渡英活動	叙任	備考
第3回	1917年	4月2日	万国本営から「日本に関する大切なる相談」との電命にて日本司令官でグルート大佐とともに山室、急遽渡英 4月9日内務省より「欧米ニ於ケル感化救済事業ノ調査」を嘱託される	1910年11月13日大佐心得に昇進	シベリア鉄道経由（東清鉄道～ハルビン）
		5月21日	船の都合でフィンランド、スウェーデン、ノルウェーに立ち寄る		
		5月25日	イギリス着		
		7月23日	ロンドンを出発しアメリカに向かう。アメリカ太平洋沿岸部で15日間、在米日本人に伝道（第1回渡米）	1918年8月26日大佐に昇進	1917年9月1日末児使徒、脳膜炎にて死去
		9月18日	帰国		
第4回	1925年	6月30日	東京発、18年間の書記長官を解任され、万国本営出向のため渡英。植村少佐も同行。		上海～香港～シンガポール～紅海～マルセイユ経由
		7月1日	神戸発（カシミヤ号）		
		8月16日	イギリス着、以後、万国本営に日参		
		11月17日	ベルリン行き		
		12月21日	秩父宮、万国本営を訪問、山室案内		
	1926年	2月1日	コペンハーゲン、ノルウェー、ストックホルムなど北欧紀行		
		3月8日	2代目大将ブラムエル・ブース満70歳の誕生日に山室大佐、少将に昇進	1926年3月8日少将に昇進、日本の連立司令官となる	
		4月2日	イギリス発、アメリカへ渡る		
		4月29日	カナダのバンクーバーから太平洋沿岸を南下、アメリカ救世軍日本人部とともに各地の日本人社会で伝道（～5月28日、第2回渡米）		
		6月	帰途、ハワイに立ち寄り、日本人社会で伝道		
		6月28日	帰国		

表2-2（続き）

回数	渡航年	月日	渡英活動	叙任	備考
第5回	1928年	12月6日	最高幹部会議出席のため渡英（エンプレス・オブ・フランス号にて横浜より出港）		
	1929年	1月8日	最高幹部会議（～2月13日、ブラムエル・ブース大将病気につき後任大将の選出会議。ヒギンス中将を大将に選出）		
		2月26日	帰途、アメリカを経由、ニューヨーク着以後、デトロイト～シカゴ～カリフォルニアの各地で伝道集会（～3月13日、第3回渡米）		
		3月19日	ハワイに寄港、各地で集会（～3月21日）		
		4月4日	帰国		
第6回	1930年	10月9日	最高幹部会議（将官会議）出席のため渡英（エンプレス・オブ・ジャパン号にて横浜より出港）	1930年6月25日中将に昇進	1930年4月29日～7月12日アメリカ救世軍開戦50年記念式出席（第4回渡米）
		10月20日	カナダのビクトリア港着、飛行機でシアトルに向かう。以後、太平洋沿岸各地の日本人社会で説教を行い、ニューヨークへ行く		
		11月7日	イギリス着		
		11月10日	将官会議（大将選出のこと、仲裁会議のこと、～11月23日）		
		12月10日	帰途、再度ニューヨーク着。以後、ワシントン、南部諸州、カリフォルニア州各地の同胞を慰問（～12月20日、第5回渡米）		
	1931年	1月3日	帰国		
第7回	1934年	7月13日	最高幹部会議のため渡英（東京発）		香港～セイロン～スエズ運河～マルセイユ経由
		7月14日	門司から日本郵船鹿島丸		
		－	最高会議（ヒギンス大将引退のため次期大将選出会議）		
		－	帰途、ニューヨーク着、以後カリフォルニア州各地およびハワイを巡回（第6回渡米）		
		11月1日	帰国		

〔典拠〕『ときのこゑ』各号および同志社大学人文科学研究所保管「山室軍平資料」（覚書、スクラップ類）より作成。

まれた救世軍の思想と運動が、イギリス以外の国々でどのように応用されているかを観察するためであった。その成果は日本の『ときのこゑ』につぎつぎと速報され、また帰国後さまざまな記事として報じられた。ヨーロッパ旅行中のできごとを綿密に筆記した相当数の手帳や見聞記・日記類そのものが、学ぶことに目的があったことを雄弁に語るものである。こうした性格の旅は少将に昇進した第4回（1925、1926年）まで続く。

　第2は、万国本営に「弁明」することであった[9]。これは「日本流儀の救世軍」を作るのだという彼の悲願を、ブース大将をはじめ、参謀総長、外務長官らに腹蔵なく語り、日本での伝道方針について再考をもとめるもので、第1回から第3回の旅がそれである。

　日本に赴任した最初の司令官ライト大佐は「日本人をして日本を救はしめよ」をその伝道方針としていた。この考えに山室も共感していた。ところが1900年、インドからヘンリー・ブラード大佐が転任し、司令官に就任してからはその伝道方針をめぐり、イギリス人士官と日本人士官たちとの間にしだいに溝ができはじめた。

　それはブラード大佐らが日本社会の実情や日本人の意識をふまえることなく、日本伝道の方法にインド植民地伝道のそれを採用し、「インド的合戦」や「赤色十字軍」などと名付けられた急進的な活動を推進したためで、それに対して日本人士官たちは違和感をおぼえざるをえなくなった。〈日本人はインド人とは違う。日本で救世軍を発展させるには日本流儀の救世軍を作りあげることが必要だ。そのためにはなによりもまず多くの日本人士官を養成しなければならない〉これが日本を代表して万国本営の最高幹部に伝えたい彼の「弁明」であった。

　山室の訴えは万国本営に受け入れられ、ブラード大佐は更迭された（1907年）。その後任には穏健なエステル少将が派遣され、ホッダー少将と続いた。しかし老将の派遣は健康・指導力の点で問題を残し、ますます救世軍の人的自給という課題が重要さを増してきた。そのため第2回渡英では、日本人士官の養成と働きの少ない外国人士官の送還の考慮が「弁明」の重要事項となったのである。

　第1回渡英の後、山室は少佐、戦場書記官兼関声記者、中佐、書記長官と昇進し、第2回渡英の後に大佐心得、第3回渡英後に大佐へと進む。渡英を機に万国本営の山室に対する信頼の度はますます高まった。そして第4回渡英中、

少将に昇進し、連立司令官となった。4度目の渡英を機に救世軍の人的自給という課題を自らのぼりつめたのである。

　第3は、最高幹部として将官会議に参列することである（第5回〜第7回）。次期大将の選出や救世軍の機構問題にかかわる重要議題を審議するため、日本人司令官とし列席する旅である。そして1930年6月、中将へと昇進するのであった。

(3) カナダ・アメリカ合衆国への旅

　「満洲」・朝鮮方面への旅を「海外醜業婦」解放への「出陣」ととらえるならば、カナダ・アメリカ合衆国方面への旅は排日問題に直面した日本人移民への啓発と「慰問」のそれとよぶことができる。

　彼のカナダ・アメリカ合衆国方面への旅はハワイを含めて6度におよぶが、そのうち5回は渡英の帰途、残る1度はアメリカ救世軍開戦50年記念式（1930年）に出席するため直接渡米したものである。のちに見るように、山室軍平の渡英経路は、シベリア鉄道を経由した大陸横断ルート（2回、1909年シベリア鉄道経由で渡英し、その帰途初めての渡米を計画していたが中止している）、もしくは中国・東南アジアからインド洋を経て紅海を抜けてフランスに上陸し渡英する海のルート（4回）が多く、1度だけ日本から船でカナダに渡り、アメリカ大陸を横断して渡英するコースをたどった。いずれのルートにしても山室軍平のアメリカでの活動はイギリスから大西洋を横断してから後のことであり、実質的に世界一周旅行の途中（正確には最終盤）でなされたことになる。

　1917年、はじめてアメリカへ渡った直接の動機は、カリフォルニアにある日本人キリスト教会の連絡団体である基督教伝道団の招聘を受け、アメリカ太平洋沿岸部に在留する日本人移民に対し伝道団とともに協同伝道を展開することであった（本書第1章参照）。基督教伝道団による渡米要請を「軍務多忙」との理由から再三辞退していただけに、初めての渡米にもかかわらず山室は15日間で約3,500マイルを走破し、集会38回、会衆者累計1万4,350人、決心者839人を得るという活躍をなしとげていた[10]。この行動は山室に密着同行した基督教伝道団幹事・小林政助の心を大いに動かすこととなり、山室の勧めもあって小林自身、妻の徳子と共に救世軍に入隊する契機となり、のちのアメリカ救世

図2-1　渡米中の日記の一例
1929年3月12日サンノゼ・サンフランシスコ訪問記事

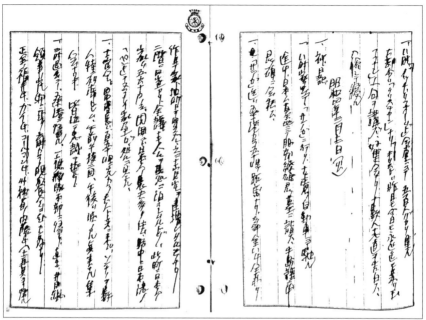

〔典拠〕同志社大学人文科学研究所所蔵「山室軍平関係資料」「日記　昭和4年、昭和5年」（887 C12）

軍日本人部開設の端緒となるのであった。この点については本書第1章ですで
に述べた。

　これ以後も山室はカリフォルニア州のリビングストンに住む奥江清之助をは
じめ、古くからの友人、知人に逢うためアメリカを訪れるのである。

2 日本救世軍の自給問題

　山室軍平のイギリスへの旅の第1の目的は、イギリスをはじめとしてヨーロ
ッパ各国の救世軍がどのような進んだ事業を展開しているかを視察することで

あり、その2は「日本流儀の救世軍」を生み出すために、日本の実情に見あっ
た伝道方法がとれるよう万国本営の最高幹部に「弁明」することにあった。そ
れはこうした主要な2目的が、いずれも救世軍の主義を日本に移し、日本人に
よってその運動を支え、日本人の救済を果たすという課題を実現するうえでの
宿願だったからである。こうした希望は早くから形作られており、救世軍入隊
後3年目の1898年、山室はその志を次のように述べていた。

　　　余が救世軍に入ってから茲に三年、余は益々救世軍の主義、精神、組織を
　　　信じ、之でなくては日本は救へないと確信する様になった。
　　　（中略）其処で必要なのは救世軍の主義、精神に日本服を着せることである、
　　　其進撃的の運動を日本流に同化することである。日本人に由て戦はれ、日
　　　本人に由て支へられ、日本人を救ふに適する日本流儀の救世軍を産み出す
　　　こと、是が我輩目下の急務であります[11]。

　人的・経済的自給をいかにして達成するかという問題は、つねに山室の脳裏
をはなれることのない積年の課題であった。しかし創設まもない日本救世軍と
しては万国本営から派遣されてくる外国人士官の指揮と財政的援助を仰がざる
をえない立場にあった。また山室もその職制上の階級からも自給問題に論及で
きる立場にはなかった。日本の救世軍がその自給問題を『ときのこゑ』誌上に
公開し、本格的に論議するのは1908年のことで、山室が少佐（1904年）、中佐
（1907年）、書記長官（同年）と昇進し、救世軍の日本人幹部として、その活動
方針の作成に主体的に取り組むことが可能となってから以降のことであった。

　ところで、ブラード大佐が日本救世軍の司令官として過ごした7年5カ月
（1900年〜1907年5月）は、『ときのこゑ』が述べるように実に「勝利の七年半」
であった[12]。小隊の数が12カ所から27カ所へ、社会事業部も2カ所から10カ
所へと充実し、『鬨声』（ときのこゑ）の紙面拡大をはかり、さらに多くの書籍を
出版することで日本国内に救世軍の存在をアピールしたのもブラード大佐の時
代であった。この点でまさに「救世軍の日本歴史に長く特筆せらるべき時代」
であった。

　しかしブラード大佐が、インドで実践してきた「印度的合戦」（「印度服」を着て、
奇抜な宣伝・行軍を行い、人目をひいた3週間の大合戦）や「赤色十字軍」（赤い着
物に赤い旗、赤いビラに赤い引札、赤い提灯という赤一色の集会）などを、日本の

事情とはおかまいなく進めたことは、多くの日本人士官たちに違和感を与える
ものであった。1904年は山室の最初の渡英の年にあたるが、当時を回顧した
談話に次の一文がある。

> （前略）その頃、日本では、未だ英人の司令官で、彼らには、日本の事情は
> 分らず、従って思ひがけない命令を出したりして、私は何時でもその尻ぬ
> ぐひをして居ったやうなわけで、救世軍を去らうと決心しかけたことが
> 度々であった。伊藤富士雄の如きは、私にアイソを尽かして、山室は馬鹿
> かそれでなかったら陰険な奴に違ひないと言ふので、山室などとは事が一
> 緒に出来ないと、救世軍を離れて行った。但、後には段々私を理解して呉
> れて帰って来た——七年の後に[13]。

「日本人に由て戦はれ、日本人に由て支へられ、日本人を救ふに適する日本
流儀の救世軍を産み出すこと」を素志としていた山室にとって、1900年代初め
の数カ年が日本の救世軍のあり方や行方をめぐり、友との訣別や自らの救世軍
に対する信仰に動揺を来たした、もっとも苦闘の時期であったことをこの回想
によって知ることができる。

　山室軍平の第1回（1904年）、第2回（1909年）の渡英時期が、彼の苦闘の時期
に一致するのは偶然ではない。彼は多くの内面的葛藤を留保したまま、日本救
世軍の自給という年来の課題解決策を模索するとともに、日本の救世軍のあり
方について万国本営に「弁明」し、ヨーロッパ各国の進んだ救世軍の諸事業を
「視察」するため、あえて万国本営へと旅立ったのである。

3　万国本営への旅——1904年

(1)　香港、セイロンを経由してイギリスへ

「告別の辞」　　その最初は、1904年、ロンドンに開催された第3回救世軍万国
大会に参列する旅であった。同大会への日本からの参加者は、日
本司令官ヘンリー・ブラード大佐、山室軍平大校、矢吹幸太郎中校、高橋勇吉

中校、高城牛五郎少校、鷲見つる子大尉、曾谷大尉の7名であった[14]。

　出発に先立ち、4月22日、美土代町の神田教会で東京在住の士官を集めた士官会が催された。ブラード大佐が救世軍万国大会の因縁由来からその計画の概略を述べ、留守中の士官の心得を告示し、次いで矢吹、高橋両中校が渡英に対する所感を表明し、最後に山室軍平が沈痛な言葉で「告別の辞」を、戦友の前に吐露したという[15]。いま、その「告別の辞」を知るすべはないが、山室が5月5日付けで認めた次の一文は、ある程度の時間をおき、また文章とした分だけ冷静な筆致となっているが、当時の彼の心境を充分に伝えるものである。

　(前略) 諸君、私は此時此際、漫（みだ）りに渡英といふ如きことを望む者ではありませぬ。

　(中略) 私は答へて、未だ未だ五年や十年、渡英するなどとは思ひも寄（よ）らぬ所であり升（ます）。而して現に此度の万国大会に出席すべき内意を通じられた時の如きも、私は数日間非常に煩悶し、終（つい）に再応之を辞退した程である。併し乍ら最後に長官の切なる勧誘と、自分の別に思ふ所のあったる為に、終に其お請けをなし、余は万国大会出席者の一人として、諸君に別を告げねばならぬこととなったる者であり升。

　(中略) 諸君、私が此度彼地に参るのは、倫敦（ロンドン）にて開かるゝ万国大会に出席するが為に相違ありませぬ。併し乍ら私は其と同時に他に三つ程、是非共為さねばならぬことを持て居ます。其第一は観察することである、どうも此方でこれ迄やった丈では呑み込めぬ幾つかの問題がある故、向ふの様子を実地に見て、考へ合せ度と思ふのであり升。

　第二には弁明することである。

　日本に於る戦争上の卑見を、思ひ切り万国本営に向ふて開陳し度のであり升。此点に付ては幸ひに、「来て話せ、聞てやらふ」と万国本営で申して居らるゝこと故、殊に楽んで往くことが出来ます。而して第三には又決断することである、即ち今日迄自分で定め兼て居た、胸の中にある一切の問題を、此際解決してしまひ度と思ふことであり升[16]

　「観察」「弁明」「決断」——この3点が渡英に際して彼が掲げた決意のキーワードであった。とりわけ「決断」には、この渡英の成果次第では救世軍を去るか否かの意思を決することが込められていた。それだけに「別れに臨んで

図2-2　1904年5月5日　新橋駅見送りの光景

●絵解

怒れは五月五日の午後
四時半、萬國大會委員
の一行が新橋ステー
ションを出發する光景
であり升。其後の窓の
前に在るは山室大校に
て、其後の分は高城少
校であり升。又左の窓の
前に在るは矢
手巾を揺つて居るは矢
吹中校で居るは矢
校であり升。其後に少し
吹中校へ居るは高橋中
の女士官と此他二人に乗
込んで居る筈れど、硝
子の蔭に隠れて其姿
が一向見へませぬ。

〔典拠〕『ときのこゑ』1904年6月1日

……」と山室が語るとき、そこには渡英に際するしばしの別れと、次第によっ
ては救世軍を去るかもしれないという意味での別れ（訣別）という両義を含ん
でいたのである。

出発光景　　ブラード大佐の家族一行は、ひと足早く日本を離れ、山室大校ら
6名の日本人士官は5月5日、新橋を発ち横浜へ向かった。

　まだ写真製版の技術が導入されていない『ときのこゑ』は、この大会参列者
一行の様子を「絵解」で描いている（**図2-2**）。列車の中で窓際に立つ山室は、
右手で低く帽子を振りながら見送り人の声援に応えている。だが、その表情は
暗く、伏し目勝ちで、口もとも堅く結ばれていた。この表情は横の矢吹中校が
右手高くハンカチをふりかざし、口を大きくあけて、見送り人に応えているの
と対照的である。山室の複雑な胸の内を的確に描写し、写真以上にリアルな

「絵解」である[17]。

「海外醜業婦」　横浜を出航したポリネシア号は、香港を経由して、5月20日、サイゴンに着いた。このとき山室たちは一つの事件に遭遇した。香港から28人の日本人「醜業婦」が「四人の無頼漢と一人の鬼女」に伴われて乗船してきたことである。山室たちは心より恥じ、かつ悲しんで、彼等のために祈り、「日本国民の為に涙を以て皇天に訴へ」た。そして「一、いんばいは日本のはぢさらし、一、どんな苦労してもすぐ正業につけ」と書き付けたたすきをかけ、船内を歩くことで注意をうながした。23日、シンガポール到着後、山室らは日本領事を訪問し、船中で出合った日本人女性のことを報告している[18]。この事件は後に山室の主著『社会廓清論』（警醒社書店、1914年）でも詳しく取り上げられるほど、山室軍平にとって「海外醜業婦」問題の重大さを認識させる事件であった。

セイロン島　1904年5月28日、セイロン島コロンボに到着。赤シャツを着て、ナポレオン帽に"Salvation Army"（SA）のバンドをまいたセイロン本営付の中校に出迎えられた。一行は現地の「婦人救済所」、救世軍本営を訪問、夕刻野戦に参加した。集会は山室たちの「ブロークン・イングリッシュ」をインド語に通訳するもので、初めて通訳付きの演説を体験した山室は「聊か外国士官の日本に在る者に同情することを得たる様に覚え候」との感慨をもよおしている。もちろん小隊自給に関心をよせる山室は「錫蘭の救世軍は十六年前に開戦せられ、目下六十の小隊と百五十の士官あり、中に五箇の小隊だけ自給し居るとのことに候」[19]との観察にぬかりはなかった。

パリ印象記　6月4日、アラビア半島南端のアデン着。14日フランスのマルセイユに到着し、翌日パリに入った。一行は直ちにフランス本営に向かい、コンサディー少将の歓迎を受けた。パリの印象を山室は「市中は御承知の通り、裏町迄も五階六階の大建築にて、行きかふ人々何れも、錦繍を飾り、栄華を誇り候有様。小生共の如き田舎者は、只モウ是は是はと驚嘆するのみにて候。併し小生は日本が将来此の如き栄華の国となることを望む者にては無之候」と記している[20]。爛熟して退嬰的となるのではなく、つねに進んで新しいものを取り込むことをいとわない国にしたい、という意味であろうか。第2回渡英のときもパリに立ち寄っていたが、その際は市街の見物記とともに次

のようにフランス救世軍に対する辛辣な批評を記していた。

　　一、情ケナキハ仏国ノ救世軍ナルカナ是ハSAガ英国以外ニテ最初ニ開戦
　　　シタル国也百難ト戦フテ今日ニ至レル甲斐モナク形成ハ依然タリ、一向
　　　何等進歩ヲモ見ルコト能ハザルナリ、夫レ間断ナキ逆境ハ人ノ意気ヲ阻
　　　喪セシム、而シテ仏国ノ救世軍ハ正ク其有様ニアルモノニハアラザル
　　　カ[21]

　山室軍平とパリ──この相性は悪いようである。夜の公会の集会には日本服
にて日本救世軍の軍旗を押し立てて出席した。

(2)　救世軍万国大会参観記

イギリスでの歓迎　　　6月16日早朝、パリを出発した一行は、1時頃イギリス
のホークストンに着き、先着していたブラード大佐夫妻、
日本に救世軍を開いたライト大佐らの出迎えをうけた。以後数日間、ブラード
大佐に率いられ、万国本営、商業部本営、社会事業の本営、その他数カ所の社
会事業部等を参観した。寄宿舎にあてられたクラプトンの養成所については食
事の時間、起臥の時間も厳重に定まっており「丸で兵営生活に候」と伝えている。

　山室一行がロンドンに着いたときはすでに日露戦争勃発から4カ月目であっ
たため、「同盟国」イギリス人の日本人に対する同情には非常なものがあり、
「到る所日本万歳を唱ふるものあり。労働者など泥だらけの手を伸べて、街の
辻にて握手を求むる者あり。何卒此児に握手してやって呉れとて、児供を連れ
て参らるる親達もあり候。道の辻にて、何か見物でもして居れば、君は日本人
か、道に迷ひたるならば、案内し様かなどゝ、申出づる者も毎々有之候」とい
う状況であった。イギリスの『鬨声』をはじめ『社会広報』『全世界』など救世
軍の雑誌までが特別記事を載せたことから、山室も「是れ必竟、英国と同盟せ
る日本、戦勝国たる日本の威光に由るものに候。何だか虎の威を借る狐の様な
気が致し候」と、いささか過剰な歓待ぶりに当惑していたほどである[22]。

　6月24日に開会した救世軍万国大会は、7月5日までが公開の部、6日から8
日にかけて戦場士官会、11日から15日までの5日間に参謀士官会が、22日か
ら27日の6日間に司令官会が開催されるという日程であった。

　6月24日、ローヤルアルバート会館に開催された開会式で、ブース大将はイ

ンド代表者に続いて日本について次のように紹介したという。

　　今晩は又、今や各人の口に上ぼりつゝある名——日本——を負ふて居る国
　　より来れる戦友等と共に在るのである。此等の人々は、余の見にして誤ら
　　ずんば、世界未曾有の伝道上の最大なる革命の先駆者である。神よ、彼等
　　を祝福し、彼等の国へ平和を送り給へ[23]。

　翌25日、ストランドに「救世軍万国大会館」の会館式が開催され、山室も出
席し、日本のことについて英語で演説したが途中で中止させられるというハプ
ニングがおこった。それが時間の都合によるものであるということがわかり、
ほっと胸をなでおろした場面もあった。26日、ブラード大佐とともに在ロン
ドンの林董全権公使を訪問。午後、夜は南ロンドンのペッカム街での集会に出
席した。

インド人士官の印象　　　　　27日夜、エキスタル館においてインド人と日本人と
の連合集会が開催され、日本側からは山室と曾谷大尉が
参列し、少しずつ話をした。その集会でのインド人士官の印象を山室は次のよ
うに記している。

　　中には英国人の司令官にて、印度人の少佐以下数十人を目の先に据て置な
　　がら、印度人は導びいてやらねば、自分で導き得ぬ国民であるから、諸君
　　充分助けてやって下されと云ふ様な演説をした人もあるが、印度人は怒ら
　　ぬのみか、喜んで喝采して居る。随分日本人などとは風の違ふ者だと、少
　　からず感慨を催したことである[24]。

　日本でもインドから転任してきたブラード大佐による司令を受けている。し
かし日本人はインド人とは違うのだ——外国人士官たちの日本事情を無視した
インド流の奇抜な伝道を経験し、そのやり方に疑問と矛盾を感じていただけに、
イギリス人士官の発言を聞き、ひとしおこの思いを強く抱いたことだろう。彼
は手記にも7月24日の司令官会での印象を

　　印度人ハ自分デ歌ノ本ヲ開カズ、人ノケツリタル鉛筆ヲ用ヒ、又大切ナ話
　　ノトキモ『アクビ』ナドナセリ[25]

と書き付けており、山室にも素朴な文明史観——日本やヨーロッパは文明国だ
がインドはまだまだ「半開国」だ、といった程度の——にもとづいてインド人
を劣等視する視線のあることはいなめない。後にこの視線は韓国併合にも持ち

込まれるが、日本救世軍が韓国併合の時に表明した態度（「我等日本人が如何朝鮮人を指導するか……」）と、イギリス人士官のインド人士官に対するそれとが同一線上にあることには気付かなかったようである。

事業視察　6月下旬から7月下旬までの1カ月間、山室一行は寸暇を惜しむように、各地の集会、事業に参加し、視察を行った。

6月28、29の両日、「神と偕なる一日」において「大々的救霊の戦争」を営む。30日午後、ストランドの大会館において外国伝道のための集会。同夜、エキスタル館において「婦人事業部」のための集会。7月1日、午後、ストランドの大会館において救世軍における今日までの戦死者の記念会。同夜、社会事業のための集会。2日、バックストン氏宅での園遊会。3日、サウス・エンドでの日曜集会。5日、水晶宮での大集会。そして6、7、8日は戦場士官の大会に臨んだ。8日夜、アルベルト館においてなされたブース大将の告別の辞をもって「万国大会の表て立ったる分」の全日程を終えた[26]。これ以降は、山室を除く日本救世軍士官たちはブラード大佐夫妻の指揮あるいはライト大佐の援助をうけ、イギリス各地で各種の集まりへと分かれた[27]。こうして山室が渡英に際してかかげていた目的の一つ「観察」は、おおむね達成できたようである。

大将に来日を要請　7月11日から15日まで、山室は参謀士官会に臨席した。その最終日、各国代表がそれぞれ挨拶を述べることとなり、日本の発言者は山室に指名された。山室は「然るに此日私し（ママ）より前に立現はれたる各国の代表者の中、往々大将ブースの再び其国に来遊せられんことを促がす者があった故、私しは自分の所感、所信を少し許り開陳したる後、左の如き挨拶をして置ました」という。

偖、大将よ日本人は既によくよく大将の名を知って居り、又其日本に来遊せられんこと待って居ます。現に昨年の福音同盟会にて、「大将来遊の日には各教会挙って之を歓迎すべし」といふ決議をなしたる如きは、其最も好い証拠であり升。私しは今他国の代表者の如く「大将よ今一度我国に来りたまへ」、又は「重ねて来遊を願ふ」などゝ、欲張ったことを言ふ者でない。唯々「大将よ、せめては一遍だけ日本に来遊あれよ」と懇望致す者でありまする[28]。

7月27日、司令官会を終えて一同がブース大将と「陪食」した後、大将が参

列者の席を巡り、山室のところにきて「さて日本よ、卿《けい》は余に第一回の訪問を
しろと要求するかな」と述べ、微笑みながら握手してきた。これは実質的に、
山室の要求を厚意的に受け入れる準備のあることを明示するものであった。ブー
ス大将の来日は1907年4月に実現するのである。

(3) 『救世軍万国大会筆記録』『欧州旅行記』

司令官会筆記録　　山室軍平は大校という地位にもかかわらず、特別の計らい
で司令官会に出席し、ブース大将の講義を聞く機会をあたえ
られた（7月22〜27日）。『救世軍万国大会筆記録』第2巻は，その筆記録である。
角張った山室独特の文字が、ブース大将や参謀総長の講義を一言も漏らすまい
と鉛筆書きされている。おびただしい青線や赤い線、ペンによる追筆が幾度と
なくそれを読み返したことを示している。22日にはブースが「日本ノ軍人ノ教
育ノコト」に言及し、25日には財政問題について講義している。山室はブース
の「自給」論を次のように筆記している。

> 自ラ支へ自ラ繁殖スルハ身ノアル事業ノ基ナリ、自給自営ノ兵士ノ集マル
> 小隊ガ其人々ニ由テ支ヘラレサル筈ナキ也
> 　異教国ト雖《いえども》ツマリハ之ヲ達セサル可ラサル也、賢ク此正大ノ主義ヲ行ハ
> サル可ラズ直チニ之ヲ其領分ニ行ヒ得ズトモ此主義ヲ確執シ其部下ノ士官
> ニモ教ヘサル可ラズ自ラ支ヘサル位ノ宗教ハ用ナシ（例外ハアランモ）[29]

　ブース大将の謦咳に接し、救世軍の思想をもっとも間近に学びうる6日間で
あった。だが、山室の胸のなかにあったわだかまりを解消するにはいたらなか
ったようである。

　8月20日から31日まで、ヒギンス少将とノルウェー、スウェーデンの救
世軍を歴訪した。これはイギリスに生まれた救世軍がイギリス以外の国々でど
のような活動をしているかを実際に見聞する機会であった。現地での観察は
『欧州旅行記』第4巻に記載されている。

少佐に昇進　　本営への旅も残りわずかとなった9月9日は、3カ月におよぶ
旅のなかでもおそらくもっとも意味深い日であったにちがいない。
その日は「総長の『スピリチュアル・デイ』」[30]で、朝から参謀総長ブラムウェ
ルによる集会が催されていた。朝最初の集会が終わり、祈りに移ったとき、心

のなかの板挟みから山室は泣けてしまった。

　　一、終ノ歌ノ間ニ、総長ハ後ヘ向キテ余ニ握手セラレヌ、余ハ祈ノ時ニ泣
　　　　ケリ、余ハ救世軍ヲ負フニ忍ビヌ同時ニ余ノ所信ハ之ヲ守ラサル可ラズ
　　　　余ハ此間ノ板挟トナレリ、神ヨ余ヲ助ケ玉ヘ願ハ忠孝両全ノ道ヲ開カセ
　　　　玉ヘアメン[31]、

　午後3時半、総長による聖別会は続けられ、外国人士官の挨拶がなされていた。
総長は山室を紹介し、そこで少佐への昇進が公表された。山室は次のように記
している。

　　一、ヤガテ最後ニ総長ハ余ヲ呼テ起タシメヌ而シテ余ヲ人々ニ紹介シ、日
　　　　本ハ将来自給モス可ク大ニ盛ンニモナル可キナレド今ノ処ニテハ人モ送
　　　　ラザル可ラズ金モ必要ナル可シト云フ様ナコトヲ言ヒ、然ル后、余ヲ少
　　　　佐ニ任ズルコトヲ申渡サレヌ[32]、

　山室はこの昇進の内示をうけて表向き、次のような「証言」を行ったが、総
長でさえもまだ本当に自分の志を理解してくれていないのではないか、という
疑念はぬぐいされなかったようである。彼の手記は昇進を素直に喜べない、わ
だかまりを残している。

　　一、余ノ証言ハ余ハ候補生ノ心持ニテ色々学ビ居ル最中ナルコト、又使徒
　　　　行伝ハ聖霊行伝故、宜ク聖霊ニ満サレタル人物トナリテ使徒行伝ニ一章
　　　　ヲ加ヘサル可ラズト云フコトナリキ、

　　一、此会ニ立会ヘル者ハ少将クームス、リース、其他南亜、加奈太、大佐、
　　　　マルタ島水夫館長ノ夫人、養成所ノ教官等ナリキ、

　　一、少将リースハ一同ヲ代表シテ祝意ヲ表スルトテ握手セラレヌ、

　　一、余ハ此昇進ガ余ヲ宥メル為ニアラズシテ余ノ志ヲ諒トスルノ徴シタラ
　　　　ンコトヲ望ム者ナリ[33]、

　こうした記事はよく知られている彼の回顧談の信憑性を高めるものだが、今
ある、山室の手記からはブース大将との直接会談を示す記述に出合うことはで
きない。「弁明」を目的に渡英した山室にすればブース大将との会見は、次の
回顧談を見るかぎり、必ずしも満足のいくものではなかったにちがいない。

　　……渡英中も、私の意見が容れられないならば、いざと言ふ時には救世軍
　　を去る決心をして、有力な方々に会って見たが、何うしても駄目。そこで

　　最後にブース大将に会った。当時、ブース大将は、スタンフォードが日本
　　に同情があるので、彼に金を出して貰はうと考へて居られた。そこで、私
　　は、日本と言ふ国は人を送る程不可、金を送る程いかん、日本人自身に苦
　　労させるのが一番よいと主張した。すると、ブース大将は、暫らく隣りの
　　部屋で、令息のブラムウェルと相談されたが、やがて、私に、今度は黙っ
　　て帰れ、その内に日本の司令官を代へると言はれたのであった[34]。

　ブース大将との会見後であろうか、山室は9月17日、ライト大佐を訪問し、
自らの意見を語り、あわせてそれを救世軍の外務長官にとりなしてくれるよう
に要請している。

　　一、大佐ラヰトヲ其P本営ニ訪フ
　　　伴フテ其家ニ帰ル
　　　妻君、シリーニ対面、昼飯後、余ノ意見ニ付テ語リ之ヲ外務省ニトリナ
　　　サンコトヲ求ム
　　　（一）日本人ハ凡庸ノ士官ヲ支フル程ニ進歩シ居ラズ
　　　（二）左リトテ外国人ノ金ニテ支ヘラルゝコトヲ好マザルナリ
　　　（三）此際採ル可キ法ハ只屯田兵ノ制ヲ布クニアリ[35]

　山室の志をもっとも理解してくれるライト大佐に再度後援を託すことで、山
室は帰国の途についたのである。

帰国後の「決断」　　　　　帰国後、山室は11月15日、正式に少佐に昇進した[36]。
　　　　　　　　　　　　そして3カ月にわたった万国本営への旅を総括し、次のよ
うに発表した。

　　出発の際一寸申上たる如く、私が此度渡英の目当は、第一は視る為でござ
　　りました。而して私は僅かの滞在中に、見らるゝ程のものは、根限り見て
　　歩いた積であります。私は彼地に到着する前々から大抵心に思ひ定むる所
　　あり、何分短かい日限の旅行であるから、博物館の脇を通っても見まい、
　　名所古蹟の詮議などは復今度の時のことにし様と、此んな風に考へ、有ゆ
　　る時間は悉く之を伝道、及び社会事業の研究に用ひたのでござります。私
　　は万国大会を見ました。私は南部英国の小隊幾つかを巡回し、又ノッチン
　　ガム聯隊に行って田舎伝道の模様を研究しました。……其間特別の許を得
　　て諾威、瑞典の年会に出席したるは、特に救世軍の主義を他の国に応用す

る心懸を学ぶ上に益があったことの様に思ふ。（中略）

　私は又言はん為に彼地に参りました。私は救世軍の主義を日本に移し植ゆる上に付て多少の考へを有って居る。而して機を得て之を大将、参謀総長、及び外務長官等に腹蔵なく言ふことの出来たることを喜ぶ者である。日記に由て調べて見るに、私は又此間丁度九十遍ほど、不完全なる英語にて、何か外国人の前に演述したる勘定になって居る。然るに此度の旅行は往復の航海を除き、正味三ヶ月間の欧羅巴滞在であるから、即ち大抵一日一回、証言なり、勧めなり、又は演説なりを試みた割合であり升。而して其間も私は勉めて日本および日本人の光明の側面、少く共前途多望の点を紹介することを心がけ、決して弱い音を吐かぬことを心得て居ました。私は「汚ない下着は自宅で洗ふべきもの」と、信仰して居る者であり升。

　私しは此視たることと、言ふたること等の結果として、亦多く心の中に発明し、決断し、覚悟したる処があります。さり乍ら救世軍が既に此程の団体である以上は、よし自分共が今日何か思ひ定る所があったからと云て、明日直ぐそれを行ひ得るといふ調子には行かぬ者である。私は神様の御導きの下に、暫く時期の来る間には、今迄よりも更に一層、手応へがあって、実のある、奉事を為し得んことを期する者であり升。……

　　十一月三十日、自分が救世軍に投じたる満九年の当日

　　　　　　　　　　　　　　　　　　　　　　　　　　　　山室軍平[37]

　ここには胸のなかの思いはひとまず保留して、今後も救世軍人としての歩みを続けようという山室の「決断」が表明されている。渡英に際して掲げた「決断」はここに一つの決着をみた。後年、しばしば自らの救世軍入隊の月日をあいまいに記す山室であるが、ことさら「十一月三十日、自分が救世軍に投じたる満九年の当日」と日付を明記するところに、万国本営への旅を終え、新たな決意で救世軍人として生きようとする姿勢が感じ取れる。山室にとって1904年の「十一月三十日」はいわば第2の救世軍入隊記念日にあたるのである。

　1905年3月1日、山室軍平少佐は戦場書記官兼関声記者に任命され、「日本人に由て戦はれ」るという人的自給の第一歩を歩み始める[38]。

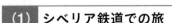

4　万国本営への旅──1909年

（1）　シベリア鉄道での旅

渡英前の状況　第2回渡英は、1909年、ブース大将80歳の祝賀会参列をきっかけになされた。山室軍平はすでに1907年6月、中佐に昇進し、9月、第2の司令官である書記長官に任ぜられていた。当時としては希有の抜擢であり、山室軍平35歳のことであった。1907年4月にはブース大将が来日したこともあり、日本において救世軍の名は隅々まで知れ渡り、各種社会事業も充実して、日本救世軍は発展期を迎えようとしていた。救世軍はこの時期、本格的にその自給を検討し始めた[39]。

　1904年の渡英で、山室の「弁明」は実を結び、ブース大将の指示で日本司令官ブラード大佐の更迭は決定した。しかしその実施はブース大将の来日その他の事情により、1907年5月まで延期されていた。この間、1905年には山田少校以下4人の青年士官がイギリスの士官学校に留学しており、翌年1月には14人のイギリス人士官が来日するなど、その陣容づくりにはめざましいものがあった。ブラード大佐の後任には穏健な老将エステル少将が着任したが、健康上の理由から1年ほどで日本を去っていた。1908年10月からはホッダー少将が日本司令官として来日した。わずかの間に2度も司令官が入れ替わり、それだけに、書記長官としての山室の力量が本当に求められる時代であった。2度目の旅はこうした状況下でなされたのである。

　　告別の辞　軍人及び軍友諸君、余は此度急に英国に行って参らねばならぬこととなった。最も余が其うち一度英国に参る様にといふことは、以士帖〔エステル〕少将時代から万国本営との間の宿題であったが、事業の都合上、余は延期を求めて今日に至ったのである。然るに今や日本に於ける救世軍は、其精神上にも、事業上にも、これ迄に曾てなき程健全なる進歩の状態にあり、司令官ホッダー少将の信任は軍の内外に厚く、軍人軍友の心は世の救の為に奮闘する事に於て一つになって居る。余が一寸数ケ月間の暇を貰ふて先

進国に於ける救世軍の事業を視察し、又日本の救世軍に就て色々万国本営
と協議などする為め、留守をあけるには、今が一番好い時機である様に考
へられる。（中略）殊に四月の十日はブース大将満八十歳の紀念日でもあれ
ば、来る程ならば序と其時に間に合ふ様にせよとの懇命もだし難く、急に
出発の都合となったのである。往く途は西伯利鉄道により、帰途は米国を
経由したい積である[40]。

　イギリスへの旅を目前にして、山室が『ときのこゑ』に寄せた「告別の辞」の
一節である。5年前のような悲壮感は影をひそめ、自らの立場と任務に対する
自信のほどが力強く表明されている。

　それでも3月15日、神田三崎町のバプテスト中央会館に営まれた送別会で
は「而して今回の渡欧は実に自身に取て負ひ切れぬ程の責任なりと云ひ、自分
も留守にする丈の事をやって来る積りなれば、軍人軍友諸君も各々其立場々に
て忠実なる奉事をなし、後を案ぜずして行き得る様に責任を持たれたし」[41]と
述べたように、今回の旅がたんにブース大将の祝賀会に参列するだけのもので
はなく、重大な責務を負った旅であることを暗示していた。しかし山室も『と
きのこゑ』もその内容について一切語ろうとはしない。そこには万国本営と山
室との間でのみ取り交わされる性質の問題があるからだろうか。以下、山室軍
平の手記『欧州見学録』号外（内題「西遊日記」、1909年。以下、日記と略す）に基
づきながら、その足跡を明らかにしていく[42]。

シベリア鉄道　　今回は列車の旅である。日記には「一九〇九年英国往ノ道中」
とペン書きされたウラジオストックからモスクワまでのシベ
リア鉄道の時刻表が添付されている。

　3月18日、新橋を出発し敦賀に向かう。「ホッダー少将以下救世軍人見送人、
及軍友ノ来リテ告別スルモノ多シ」。車中ではよく眠れた。

　19日朝、敦賀に到着。午後4時、ロシアの義勇艦隊汽船モンゴリア号に乗り
込む。「二千五百噸ノ大船ナリ此航路ニテハ最モ大ナルモノ、天気ハ快晴、海
ハ穏カ、幸福ナル航海ナリ」。一等客室にはドイツ大使ムム男爵（アルフォンス・
ムム・フォン・シュワルゼンシュタイン）をはじめ20名、そのうち日本人は山室
を含め7名であった。

　21日、ウラジオストックに至り、グランドホテルに投宿。「余ハ一生懸命ニ

ブース大将ノ八十賀ノ文ヲ翻訳ス、手紙二三本書ク、夜十一時ニ至リテ終」。

　22日朝、ウラジオストック領事の花岡止郎を訪れ、領事館員の案内で「日本人ノ女郎屋」を見にいく。午後3時10分ウラジオストック発の列車に乗り込む。車内ではモンゴリア号に乗船していた根岸政一（工学士）、井上嘉都治（医学士）、沖巌（工学士）と同室となった。

　23日、ハルピンで新たに2名の日本人が乗り合わせ、合計9名となった。「日本人益々大繁昌ナリ一村開拓シテモ差支ヘナキ位ナリ」というにぎやかさである。日記には終始なごやかな様子が散見される。

　26日、起きればバイカル湖畔を過ぎつつあった。「タンホイニテ税関ハ剣ノコトヲヤカマシク云フ、顔モ洗ハズ税関迄呼出サル、証明書ニ書入ヲシテ許サル」。ブース大将への贈り物として徳富猪一郎より預かってきた二尺三寸の古刀一振が税関の検査にひっかかったためだが、その真相は、物欲しそうな税関長の「好奇心」によるものだった[43]。3時、イルクーツクに着き、列車を乗り替える。

　30日、「二時ウラルノ頂ヲ越フ　欧亜西大陸ノ境界線ヲ示セル碑ノ下ヲ過ク」。機恵子に手紙を書いた。

　　一、妻ニ書ヲ寄ス、生ル可キ子、男子ナラバ「周一」ト名ケテハ如何
　　　（一）世界一周ヲ紀念スル為メ
　　　（二）周ハ巡リテ善ヲ行フ人トナラン為メ
　　　女子ナラバ「周」又ハ「リン」「リン」ハカザリン・ブースノカザリンノ
　　　一部ナリ

まもなく生まれようとする子の名の提案である。6月30日に三男誕生、アメリカ行きが中止されたためだろうか、世界一周とはならず、軍平の一字にちなみ「周平」となづけられた。

　31日、明日はいよいよモスクワに着く。今度の旅で山室は移民問題を考えている。

　　一、車ノ窓ヨリ藁屋敷茅屋根ヲ見ル　停車場ニ乞食多シ
　　一、荷車ノ如キモノゝ中ニ「ストーブ」ヲ揃ヘ付柵ヲツルシタル中ニ、
　　　二三ノ炭□［一字不明］ヲ乗セテ馳ル汽車ニ逢フ皆移住民ヲ送ルモノナリ。毎日数回、
　　　斯ノ如キヲ見レバ露国ガ東方ノ移民ノ為ニ尽ス盛ナリト謂フ可シ

一、ドンナ茅屋デモ、三四十軒アル処ニハ必ラズ立派ナ会堂アリ。移民ニ
　　宗教上ノ慰安ヲ与フルコトハ随分心ガケタモノト思ハル

　あいつぐ戦争と過酷な政治によって生活の地を失った人々が新天地をもとめ
てさまよう様を山室は日記に留める。だが、それが何に起因するものであるか
までは語らない。ただ宗教者として「移民ニ宗教上ノ慰安ヲ与フルコト」の必
要性を直感したのだろう。イギリスでも救世軍がカナダに赴く移民を組織的に
送り出していることを視察し、失業者救済策としての海外移住の意義と救世軍
の責任を報告している[44]。のちに山室はアメリカに渡った日本人移民を精力的
に慰問するが、それも「移民ニ宗教上ノ慰安ヲ与フルコト」という彼の使命感
に基づくものと理解できる。

　4月1日、モスクワ着。「万国寝台会社」の汽車と別れ、「メツルポール・ホ
テル」に投宿。入浴後、熟睡した。翌日、クレムリン宮殿を見物。

　2日、夜の汽車でベルリンに向かう。またも根岸、井上、沖の3人との同行
となる。

　4月3日（土）「神武天皇祭ナリ」。ワルシャワ行きの車中、同行した日本人学
士との交わりから、哲学研究の必要さを痛感し、教訓とした。

一、余ヲシテ此度ノ旅行ニ由テ二ツノ大ナル数訓ヲ学バシメヨ。

　　　三学士、殊ニ根岸君ノ研究心ノ盛ナルヲ見ヨ。何一ツノ問題ニモ研究
　　ニ研究ヲ加へ徹底セズンバ止ザルナリ。小ハ汽車ノ時間表ノコトヨリ大
　　ハ専門ノ学業ニ至ル迄、彼ノ根気ノ好キニハ敬服セザルヲ得ザルナリ。

　　　余ハ不省ナガラ日本ノ救世軍ニ於テ最初ノ士官タリ殊ニ過分ノ地位ヲ
　　占ムルガ為ニ稍モスレバ小成ニ安ンゼントスルノ恐アリ。

　　　此度ノコトヲシテ余ガ将来ノ一大教訓ニテアラシメヨ。余ヲシテ実地
　　向キノ小成家ニ終ラシムル勿レ、少クトモ自家ノ専門ノコトニ付テハ一
　　切ノ問題ニ付、気力ノ及バン限リ、十分ノ研究ヲツマシメヨ。

一、今一ツ余ハ、従来余リニ平民ノ救ノコトノミ苦心シタル為メ哲学神学
　　ノコトニ付テハ其初歩ヲサへ等閑ニシテ学バス為ニ少ク当今ノ学術ヲ知
　　レル人ニ対シテハ一向口ノ利ケヌ様ニナリ居レリ。今カラ斯ノ如クバ、
　　十五年、二十年ノ後ニハ全クノ時勢後レニナルコト必セリ。今ヨリ大ニ
　　奮発シテ寸間ヲ盗ミテハ少ク此方面ノ研究ヲツマザル可ラズ

一、神ヨ此区々ノ志ヲ助ケ玉ヘ。

　　ワルソー行ノ途上ニ識ス

　　　　　　　　　　　　　　　　　　　山室生　（圏点は原文、以下同じ）

　車中の対話がよほどショックで発奮材料となったのだろう、「実地向キノ小成家」に終わるまいとする山室は、イギリス到着後、リバプールの旅団長から「英国滞在中其思潮ヲ知ラント欲セバ週刊ノ『パブリック・オピニヨン』ヲ読メトノコトナリ」（4月10日）とのアドバイスをうけていた。

　4日、日曜日。ワルシャワに着く。市内見物。「市中ノ建物ハ雲ヲ突ク如ク、市況モ殷盛ナルモノゝ如シ而シテ国ハ則チ亡国ナリ、何トモ言ヘヌ情ケナキ感情ヲ催ス」。

　5日、ベルリン着。ボアール少佐に出迎えられて士官学校に行き、朝食後、士官学校生徒のために語る。後、ボアール少佐に導かれて市内を見物。

　6日、ベルリンを発し、7日、オランダに至る。レイルトン少将に迎えられた。明日はいよいよロンドンである。

(2)　『欧州見学録』号外「西遊日記」

イギリスでの視察　4月8日木曜日、「愈々英国ニ来リタリ、今日カラガ勉強ノ始マリナリ」。

　圏点が力強い決意を裏づける。

　さっそく万国本営へ行き、ヒギンス、ハロルド両少将に面会。種々なる便宜に対し謝辞を述べる。ついでルーセル大佐には今回とくに「士官教育」について研究したい旨を申し入れる。そしてすぐさまブラムエル・ブース参謀総長の集会に出席するためロンドンを立ち、ブリストルへと向かった。

　9日金曜日。参謀総長による受難日の集会が催される。山室は朝の集会の前に現地の「婦人救済所」を訪問し、晩の集会前にはジョージ・ミューラーの孤児院を訪問した……。

　このようにイギリスに着いた山室は、さっそく席を暖める間もなく各地の集会、事業所を視察してまわりはじめた。筆まめな山室はそのすべてを日記と見学録に書き留めている。こうした視察旅行を山室は次のようにまとめている。

　即ち欧羅巴に滞在したる正味三ヶ月半の日子の内、其二週間を戦場部、一

週間を少年軍、一週間を社会事業男子部、一週間を同女子部、又二週間を
士官教育の研究に用ひ、別に其余暇を以て編輯部、商業部、後援部、移民
部、農業部、教育部、自殺防止部等をのぞいたのである。以上は皆英国に
於てのことであるが、それと同時に余は又機を得て瑞西（スイス）の救世軍の為め二
週間、和蘭の救世軍の為めに一週間の見学をなし、独逸、仏蘭西二国の運
動をも駆け足的に観察しました[45]。

　イギリス到着後の記録は『欧州見学録』第1巻で、万国本営の参謀楽隊に同
行してスイス、フランス方面を視察した記録は『欧州見学録』第5巻によって

表2-3　1909年ヨーロッパ滞在中の運動概略

大将の集会または講演に列席した数	13
別に会見を得たこと	2
総長の集会または講演に列席した数	15
別に会見を得たこと	2
その他の講演または集会に出席した数	175
集会にて説教または証言をした数	122
異なる小隊を訪問した数（同一個所を含む）	48
異なる社会事業部を訪問した数	62
事業上の会見をした数	95
「ボールド」または「インスピレーション」に列席した数	25
献身式に列席したこと	1
結婚式に列席したこと	2
葬式	1
定礎式	1
示威運動に列した数	11
「アウチング」	2
居酒屋訪問	5
貧民窟訪問	6
「コンモン・ロツヂング・ハウス」	2
警察	1
監獄	1
HQ・DHQ	18
「見学録」を草すること	1,550 頁

〔典拠〕「欧州滞在中ノ運動概要」『欧州見学録』号外（1909年）より作成。ただし、項目の表記を一
　　　部改めた。
　　　「書記長官之書簡」（『ときのこゑ』1909年9月1日）も参照。

知ることができる。こうした足跡を数字にしたものが**表2-3**である。

　この数字をふりかえり山室は先の書簡に続けて次のようにいう。

　　余は諸君にのみ苦労させて置て自分で気楽な真似をして居ることを好まぬ
　　故、これでも一生懸命に勉強した積りである。別に種々万国本営の方と打
　　合せたる事柄もあり、それ等は追々事実の上に於て之を観て取られんこと
　　を希望せねばならぬ[46]。

　今回も前回同様、イギリスをはじめヨーロッパ各国の進んだ救世軍の諸事業
を視察することにその目的があり、とくに救世軍の士官教育の研究に重点が置
かれていた。日記には士官学校規則の筆写や「ノート」づくりの過程がうかが
える。また視察旅行の成果は帰国後、「失業者の救済」事例を中心に『ときのこ
ゑ』に連載された。「視察」に関して、今回も充分な成果を持ち帰ったのである。

ブース大将との会見　　しかし山室には今回も、もう一つの責務「種々万国本
営の方と打合せたる事柄」があった。その責務と結果に
ついて『ときのこゑ』も山室もほとんど何も語らない。『ときのこゑ』は「山室
中佐を迎ふ」3つの理由をかかげ、「海外に於ける中佐の善戦の労に対して中佐
を歓迎する事」を次のように説明するだけである。

　　私共は中佐が如何なる用向を帯びて渡英せられたるかを、一々審（つまび）らかに発
　　表することは出来ない。此は兼て中佐の述べられたる告別の辞を見るなら
　　ば、或程度まで分ることであり、又今後日本の救世軍が如何に発展するか
　　を注視するならば、自然に分って来ることに相違ないのである。或は中佐
　　自身の口により又は筆によって多少知ることが出来るかも知れないけれ
　　ども、其等に就ては今言ふべきの折ではない[47]。

いかにも含みをもたせた表現である。また山室も万国本営首脳陣との会談結
果について、

　　（前略）余が此度渡欧の目的は、一つには敬愛する老大将の八十の賀（が）に列な
　　る為であった而して大将が如何に我が日本に於ける軍人及び軍友の厚意を
　　感謝せられたるかは別欄にある其お手紙に由っても察せらるゝ通りである。
　　余は又諸君が同じお手紙にある大将から諸君へ伝言の趣を諒せられんこと
　　を切望するのである。

　　（中略）要するに日本の救は全く我等日本人民の奮発努力に由て為さるべき

ことであれば、私共は益々奮ひ、神の御助とお互の同心一致に由り、勇猛
に戦ふて、現在、在る所の事業の基礎を堅くしつゝ進んで各方面に対する
倍旧の進歩発達を勉めねばならぬ。之は私共が救を俟望める幾千万の同胞
に対する責任である。又一人の亡ぶるをも欲み給はぬ天父の大御心をやす
め奉つる所以の方法である[48]。

と述べ、ブース大将の手紙から日本に対する同情を了解してくれというのみで
ある。

　万国本営ではどのような会見がなされたのだろうか。

　山室の日記には、4月9日ブラムエル・ブース参謀総長と、17日に外務長官
ハワード少将、26日にはハワード、ヒギンス両少将と個別に日本救世軍のこ
とについて話し合ったとある。その内容は以下の通りである。

　　〔4月9日〕総長ハ余ニ、日本ノ救世軍ト余ノ身ノ上ニ付テ語ル機会ヲ与ヘ
　　　ラル、神ノ力余ノ上ニアリ、幸ニ好加減思フ所ニ尽スヲ得タリ、総長ガ
　　　余ヲ呼ブニ誤リテ「大佐」ト去リシ為メ後ニ挨拶スル人々ハ皆余ヲ大佐
　　　扱ニセリ、

　　　可笑シキ間違ナリキ、

　　〔4月17日〕ハワード少将ニ面ス　日本ノ様子ナド問質サル

　　〔4月26日〕ハワード、ヒッギンス二少将ニ見フ。日本ノSAニ付テノ相談
　　　アリ、来年度ノ下賜金、七千五百円ヲ減ジ度ガ如何ニス可キカトノ話ナ
　　　リ、

　　　外国士官数人ヲ呼戻サルゝガ第一ナル可シト云フコトナド語ル

　　　士官手当ニ付テハ下級ノ分ヲ増セ、上級ハドウデモヨシト主張ス

　9日のブラムエル参謀総長との会見では満足のいくまで自分の思いを語るこ
とができたようである。神に対する感謝とともに、総長が誤って山室を「大佐」
と呼んだというハプニングを日記に書きながら、ニヤリと思いだしている余裕
が想像される。

　26日の相談内容は、日本救世軍に対する万国本営からの援助金の減額提案
である。これについて山室は外国人士官数人の召還による人件費の抑制を語り、
救世軍を実務的に支えている下級士官（大部分が日本人）の待遇改善を主張して
いる。いずれも日本救世軍のめざす人的・経済的自給実現の基本方策である。

　こうした予備会談をへて、26日、いよいよブース大将と会見することになった。

　　一、大将、総長ノ前ニ呼出サルニ少将モ立合リ

　　　　同ジク日本ノSAニ付テノ相談ナリ、

　　　　大将曰英国ハ日本ヲ救ハズ露国ハ救ハズ、米国ハ救ハズ、日本ハ日本ヲ救ハザル可ラズ、

　　　　何故新発展ヲナシ得ヌカ、又何故費用ガ余計カ丶ルカ

　　　　余曰TCガ二度モ変リテ落着カネバ新発展ハ難カリシナリ

　　　　費用ヲ省カン為ニハ差当リ数人ノ外国士官、何モ大シタ働ヲセヌ人ヲ呼戻サレヨ、

　　　　野戦ニ人ガ立ツ割合ニ兵士ノマトマラヌワケハ如何ト総長問ハル

　　　　余曰ク一切ノ問題ハ兵士ノ養成ニ帰着ス、其為ニ、「大将書翰集」其他「スタンダート」ニナル書物ヲ出版スル必要アリ、

　　　　又大ニ士官養成ニ尽力セサル可ラズ、何ハ止メテモ士官ノ留学ノコトハ続ケテ欲シ、

「日本人をして日本を救はしめよ」というブース大将の自給論に異論はない。しかし費用がかさみ、新発展が見えないのは司令官（TC）が短期間に二度も入れ替わり、落ち着かないためだ。費用の節減にあたっては働きの少ない外国人士官を召還してはどうか——これが山室の回答であった。

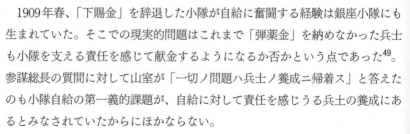

むすび

　1909年春、「下賜金」を辞退した小隊が自給に奮闘する経験は銀座小隊にも生まれていた。そこでの現実的問題はこれまで「弾薬金」を納めなかった兵士も小隊を支える責任を感じて献金するようになるか否かという点であった[49]。参謀総長の質問に対して山室が「一切ノ問題ハ兵士ノ養成ニ帰着ス」と答えたのも小隊自給の第一義的課題が、自給に対して責任を感じうる兵士の養成にあるとみなされていたからにほかならない。

　山室の日記からはブース大将やブラムエル参謀総長らの応答は知り得ない。

山室はこの後再度ブース大将と会見し、4ページにわたる書翰（7月15日付）を
受け取った。そこには山室に対する全幅の信頼と日本救世軍に対する一層の希
望が述べられていた[50]。日本救世軍の自給に関する山室の「弁明」は受け入れ
られたのである。

　1910年11月、山室は大佐心得に昇任した[51]。実質的な意味での司令官相当
階級である。参謀総長の呼び違いがおかしくない日の到来である。しかしこれ
で山室の万国本営への旅が終わったわけではなかった。イギリスに生まれた救
世軍の思想と運動をいかに日本の社会に根ざすかという実践の旅はまだ続くの
である。

●註
[1] 山室軍平に関する先行研究としては、細井勇「山室軍平と救世軍」（一）（二）『研究紀要』21、
22（福岡県社会保育短期大学、1988、1989年）、また山室軍平の海外活動の足跡に関する
研究としては、室田保夫『山室軍平』（ミネルヴァ書房、2020年）がある。
[2] 同志社大学人文科学研究所が所蔵する山室軍平関係資料については『山室軍平文庫目録』
（1998年）ならびに同補遺（2008年）を参照されたい。
[3] 英国救世軍とその来日の背景については、村山幸輝「救世軍の来日事情とライト大佐の日
本救世軍」（同志社大学人文科学研究所編『山室軍平の研究』、同朋舎出版、1991年）を参
照
[4] 前掲、室田保夫『山室軍平』58-59頁
[5] 『ときのこゑ』1909年5月15日
[6] 『ときのこゑ』1910年9月15日
[7] 『ときのこゑ』1906年9月15日
[8] 『ときのこゑ』1904年5月15日
[9] 『ときのこゑ』1904年4月15日
[10] 同志社大学人文科学研究所所蔵『山室軍平資料』432「山室軍平の海外伝道地における邦人
実状」ならびに同資料141「第二回米国転戦の際に於ける交友録」
[11] 「志を言ふ」『ときのこゑ』1898年7月15日
[12] 『ときのこゑ』1907年7月1日
[13] 『植村正久と其の時代』第2巻（教文館、1938年、1966年復刻版）693-694頁
[14] 『ときのこゑ』1904年5月1日
[15] 『ときのこゑ』1904年5月15日
[16] 「別に臨んで諸友に告ぐ」『ときのこゑ』1904年5月15日
[17] 『ときのこゑ』1904年6月1日
[18] 「安南国サイゴンより」「新嘉波より」『ときのこゑ』1904年7月1日

19 「亜丁だより」『ときのこゑ』1904年8月1日

20 「山室大校倫敦通信」『ときのこゑ』1904年8月15日

21 「仏国ノ救世軍所感」『欧州見学録』第5 (1909年) 所収

22 以上、前掲「山室大校倫敦通信」

23 「万国大会彙報」『ときのこゑ』1904年9月1日

24 「英国だより」『ときのこゑ』1904年9月15日

25 『救世軍万国大会筆記録』第2巻 (1904年)

26 「英国だより」『ときのこゑ』1904年9月15日

27 「血と火の旗影」『ときのこゑ』1904年10月1日

28 「万国大会の話」『ときのこゑ』1904年12月1日

29 前掲『救世軍万国大会筆記録』第2巻

30 『欧州旅行記』第4巻の目次の表記

31 『欧州旅行記』第4巻

32 同上

33 同上、下線は原文通り、以下同じ

34 前掲『植村正久と其の時代』694頁

35 前掲『欧州旅行記』第4巻

36 「救世軍広報 叙任」『ときのこゑ』1904年11月15日

37 「帰朝の御挨拶」『ときのこゑ』1904年12月1日

38 「救世軍広報」『ときのこゑ』1905年3月15日

39 「自給問題」「救世軍の予算会議」「下士官会」など『ときのこゑ』1908年3月15日

40 「告別の辞」『ときのこゑ』1909年3月15日

41 「書記長官渡欧の送別会」『ときのこゑ』1909年4月1日

42 山室軍平資料『欧州見学録』号外 (内題「西遊日記」、1909年)

43 「渡欧雑信」(1)『ときのこゑ』1909年5月1日

44 『ときのこゑ』1910年8月1日

45 「書記長官之書簡　軍人及び軍友諸君」『ときのこゑ』1910年9月1日

46 同上

47 「山室中佐を迎ふ」『ときのこゑ』1909年8月15日

48 前掲「書記長官之書簡　軍人及び軍友諸君」

49 「小隊の自給問題」『ときのこゑ』1909年3月1日

50 「老大将の伝言」『ときのこゑ』1909年9月1日

51 『ときのこゑ』1910年12月1日

第2部

日本人移民と
社会事業

社会事業館

花園写真館
HANASONO PHOTO STUDIO
1741 BUCHANAN ST.
SAN FRANCISCO CALIFORNIA

Hanasono Studio

〔典拠〕外務省外交史料館所蔵、外務省記録（I-5-0-0-3）『在外本邦人社会事業関係雑件』所収「ア
メリカ救世軍日本人部社会事業館」の全景写真とその裏書。「社会事業館」という書き込
みは小林政助の直筆

第3章

アメリカ救世軍日本人部の
活動と社会事業館

〔典拠〕山室軍平記念救世軍資料館所蔵『切抜帖アルバム（在米日本人部）』
所収年月日未詳、アメリカ救世軍日本人部発行『ときのこゑ』の挿絵

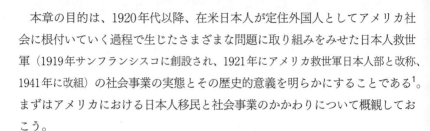

はじめに

　本章の目的は、1920年代以降、在米日本人が定住外国人としてアメリカ社会に根付いていく過程で生じたさまざまな問題に取り組みをみせた日本人救世軍（1919年サンフランシスコに創設され、1921年にアメリカ救世軍日本人部と改称、1941年に改組）の社会事業の実態とその歴史的意義を明らかにすることである[1]。まずはアメリカにおける日本人移民と社会事業のかかわりについて概観しておこう。

　日本人救世軍が活躍した1919年から1941年という時期は、アメリカにおいて「100％アメリカニズム」という偏狭な国家主義が台頭した時代にあたり、1920年のカリフォルニア州外国人土地法、21年のワシントン州外国人土地法、それに1924年移民法の実施に象徴されるように、日本および日本人排斥がもっとも顕著になった時期であった。

　日本人移民社会の指導者たちは、異口同音に「出稼ぎ意識を捨てよ」「生活習慣を改めよ」「アメリカ社会へ同化せよ」と定住をうながし続けた。しかし、そもそも日本人のアメリカ移住過程はヨーロッパ系の移民とは異なり、確固たる計画や準備のもとでなされたものではなかったため、日本人移民社会が確立した1920年代においても男女人口の格差はもとより、年齢構成の不均衡、医療・救済制度の不備など多くの問題を露呈することになった。

　日本人移民社会は1890年代の後半からみずからの生活と権利を守るため各地に日本人会を組織していたが、その主たる目的は排日に抗しうる日本人移民社会の構築と各種訴訟活動であった[2]。しかしこうした日本人会の排日対策も1922年の小沢孝雄帰化権訴訟、翌年のカリフォルニア・ワシントン両州の外国人土地法違憲訴訟と相次ぐ敗訴のため大きな転機に直面した。莫大な訴訟費用を拠出し続けた日本人移民社会もさすがに疲れをみせはじめたからである。それに追い打ちをかけたのが1924年の移民法──日本人を「移民」として受け入れることの絶対的禁止──の実施であった。

　そのため、日本人移民社会は法廷で日本人の法的地位を争い、日米間の条約によってみずからの権利を確保するという従来の訴訟中心主義を改め、ホスト

社会の法律を遵法し、「其国の良風美俗に従ひ自己の充実と同胞全般の品質改善に努力せざるべからず」（1925年9月18日の第12回太平洋沿岸日本人会協議会の「宣言」）という、定住へ向けた生活改善、各種社会事業の充実に方針を変えることになるのである[3]。

コミュニティ・チェスト（共同募金）運動への積極的な参加や養老対策の具体化、幼い二世への予防接種や結核撲滅運動への貢献などがその内実であった。日本人移民社会はみずからの救済能力を高めることで、ホスト社会から歓迎される「理想的な」移住民集団たろうとしたのである。

こうして1920年代後半から40年代にかけてさまざまな団体によって多くの社会事業が担われることになった。その団体を主体の性格に応じて列挙すれば以下のようになる。

A　日本人会による事業　カナダ日本人会社会部・労働部、北米日本人会社会部（シアトル）、ポートランド日本人会社会部（オレゴン州）、桑港日本人会労働部・救済部・無料診察部（サンフランシスコ）、羅府日本人会社会部（ロサンゼルス）など。

B　宗教団体の経営に係わる事業　メリノール小児園（カトリック系、シアトル、ロサンゼルス）、シアトル日本人浸礼教会婦人ホーム（バプテスト系）、日本人基督教青年会（YMCA、サンフランシスコ）、アメリカ救世軍日本人部社会事業館（サンフランシスコ）など。

C　維持会員による事業　シアトル小児園、南加小児園（ロサンゼルス）など。

D　行政機構より指導・援助をうける事業　バンクーバー日本人健康相談所など[4]

いずれもホスト社会と積極的に共存していくため活動をくりひろげた団体である。「A　日本人会による事業」のうち、北米日本人会社会部（シアトル）の取り組み事例については、拙稿「アメリカ西北部日本人移民年表」(2)、(3)の「解説」を参照されたい[5]。本書第2部では、本章で「B　宗教団体の経営に係わる事業」の事例としてアメリカ救世軍日本人部の社会事業館を取り上げ、第4章において「C　維持会員による事業」であるシアトル小児園を、第5章では「D　行政機構より指導・援助をうける事業」例としてバンクーバー日本人健康相談

所を取り上げることとしている。

　移民史はしばしば成功者列伝の様相を示すことが多い。だが、成功者のかげに隠れ、夢や希望とは裏腹に身体や精神の障害で身を持ち崩した者、天災・人災による生活破壊のため困難な日々を送らざるをえなかった人々がいたことを見逃すわけにはいかない。アメリカにおける日本人救世軍の社会事業の軌跡をたどることは、救世軍に助けを求めた名もなき移民の姿を見つめることになるものである。こうした視点に立ち、まずは日本人救世軍（後にアメリカ救世軍日本人部）を創設した小林政助の経歴と救世軍創設の話から始めることにしよう。

1　小林政助と日本人救世軍の創設

（1）　小林政助と救世軍

**小林政助の入信と
キリスト教伝道**　　　1883年6月2日山口県美祢郡太田村に生まれた小林政助は、1902年修学を決意して渡米し、ユタ州の日米勧業社オグデン支社に入り、そこで受洗してキリスト教徒になった。これは大志を抱いて渡米したものの経済的にゆきづまり、スクール・ボーイとして糊口をしのいだ渡米苦学生たちによくみられた経歴である。

　日米勧業社は1902年に安孫子久太郎によってサンフランシスコに設立された契約労働者の斡旋を業務とする会社で、翌年にはユタ製糖会社と契約を結び、ユタ州で根菜の間引き、鍬入れ、収穫作業に労働者を送り込んでいた。後にはアイダホ州での労役にまで事業を拡大していた。社長の安孫子は敬虔なクリスチャンで、早くから日本人出稼ぎ労働者に対して定住を唱えていたことで知られている[6]。小林の入信経緯は明らかでないが、オグデンで安孫子の傘下にあったこととキリスト教との結びつきは無関係ではあるまい。

　その後オグデンのウエストミンスター大学を卒業した小林は、1909年カリフォルニア州サリナスの日本人長老教会の牧師となった[7]。牧会にあった3年間は組織的かつ法的な日本人排斥が強まりはじめた時期で、若い小林は基督教

伝道団の巡回牧師大久保真次郎に強く求められ1912年3月、伝道団の専任幹事に就いた。伝道団時代は外国人土地法への対策と同胞に対する啓発運動に追われる日々であった（本書第1章参照）。

　ところが排日が一時的に鎮静化した1915年、伝道団は北加基督教伝道団・南加基督教伝道団・中央基督教伝道団の3つに分裂、その組織力は一挙に弱まった。中央伝道団の幹事として小林は教派の違いを超えた運動の再構築をはかろうとしたが、現実問題への取り組みに消極的な既成教会にむしろ失望感を深めていった。

救世軍との出会い　　そうした小林に種々の感化と影響を与えたのが日本からアメリカにやってきた3人の救世軍人——岡崎喜一郎、金森通倫、山室軍平——であった。岡崎の孤軍奮闘[8]、金森による協同伝道の成果は小林をして救世軍の行動力を認識させるのに充分であった[9]。アメリカの日本人移民社会におけるキリスト教界の行き詰まりを打開するには救世軍のような団体でなければならない——小林はそう考えて山室軍平に渡米を乞い、在米日本人のために救世軍を創設してくれるよう願い出たが、山室からの返答は小林自らが救世軍に身を投じ、救世軍を創れと諭すものであった。その時には決意にはいたらなかったが、1917年、初渡米の山室に密着・随行した小林は、山室からの再度の勧めに従い、救世軍への従軍とアメリカの地に日本人救世軍を創設する決意を固めたのである[10]。

　その後小林はいったんサンフランシスコの白人救世軍第二小隊に兵士として入隊、そして1918年1月、基督教伝道団に辞表を提出すると、同年末から半年間、士官候補生としての研修を受けるため、妻の徳子とともに日本へ帰った。

(2)　日本人救世軍の創設

「開戦式」　　1919年7月24日の早朝、半年間の研修を終えてサンフランシスコに降りたった小林はすぐさま大尉に任命された[11]。翌日シカゴの士官学校から尾崎宗一、赤木八蔵両中尉、ロサンゼルスから永島与八中尉が駆けつけたのでアメリカにおける日本人の救世軍人は小林政助・徳子それに日本からやってきた山田万治郎曹長、喜久田虎雄大尉をあわせて7名となった[12]。

　8月16日、3,000枚の案内状と4,500枚の広告ビラをサンフランシスコの日本

人街に配りおえた救世軍は、小林政助を先頭に、日本人士官と救世軍太平洋沿岸師団長代理アンソニー・メリーウェザ中佐の率いる音楽隊、アメリカ人、中国人の各小隊士官、下士官の順に日本人街を行進[13]。ここで彼らは多民族社会アメリカを象徴する人種構成をとり、救世軍が人種の枠を超えた世界的宗教団体であることをアピールした。

　日本人リフォームド教会に挙行された「開戦式」には800名が参列し、アーネスト・ストウジ（アメリカ宣教師団代表）、滝本為三（キリスト教青年会理事）、副島八郎（北辰社社長）、松岡亮作（中央農会専務理事）、渡辺久克（在米日本人商業会議所書記長）、佐野佳三（在米日本人教育会副会長）、大島高精（日米新聞社）、山本宇兵衛（新世界新聞社）、二宮利作（桑港日本人会副会長）、牛島謹爾（在米日本人会会長）、石射領事官補（サンフランシスコ総領事太田為吉の代理）という日本人移民社会の指導層が祝辞を述べていた[14]。こうした顔ぶれからも救世軍への期待の高さをうかがわせる。

救世軍の創設を支援する声　日本人救世軍の創設を支援する声は日本にもあった。1919年7月7日付けの渋沢栄一書簡はその一つである。

　（前略）其際の小集に於て貴台が向後救世軍の事業に拠りて在米日本人間に御尽瘁可被成との御趣旨及其御抱負を鄭寧（ていねい）切実に御口演被下候は独り老生の御同情致候のみならず来会の諸君も一同深く感銘する処にして斯の如き鞏固なる信念と熱烈なる意気とを以てせば必ずや近き将来に於て御目的を達すべくして其結果日米両国の親善を稗益すること多大なるべしと確信いたし候依而（よって）老生は貴台の出陣に際し衷心歓喜の意を表して以て未来の偉勲を遥祝仕候（ようしゅくつかまつり）[15]

　これは渡米直前の7月4日、渋沢に招かれた小林が日米関係委員会の席上で、日米問題に関する講演をひとしきり行い、日本人救世軍創設に関する抱負を述べたことに対する返礼と祝意を述たもので、これには救世軍創設のはなむけとして渋沢や最晩年の森村市左衛門ら関係者からの寄付金2,000円が添えられていた。

　こうした日米双方からの支持をうけ1919年8月16日に創設された日本人救世軍は、同時にサンフランシスコのヘムロック街（Hemlock St.）に休養所を開設し、「伝道と社会事業」の2方面でその活動を始めることになったのであるが、

それに先立ち、アメリカ救世軍日本人部の組織機構と地方小隊による活動の実態を見ておこう。

2 アメリカ救世軍日本人部の組織と社会事業

(1) アメリカ救世軍日本人部の組織機構

フレズノとストックトンでの賭博撲滅運動と小隊の設立　創設まもない日本人救世軍は、在米日本人会の要請をうけ、カリフォルニア中部に位置するフレズノとストックトンでの賭博撲滅運動に従事した。その様子は連日、邦字新聞『新世界』に報じられた[16]。

　1919年という年は、カリフォルニアの排日団体「カリフォルニア・アジア人排斥連盟」が、日本人は写真結婚という「非人道的」な結婚方式を用いて日本人女性の渡米を促し、アメリカにおいて日本人の繁殖をはかっていると宣伝し、排日気分を煽った年であった。そのため排日派の険悪な様相を気遣った日本政府と在米日本人会が、多くの在留日本人の反対を押し切り、1920年2月末以降、「写真花嫁」に対してアメリカ行き旅券を発行しないという措置を決めた年であった。それだけに、日本人救世軍による賭博撲滅運動は、排日という暗雲を払いのけるなによりの朗報として受け入れられたのである。この運動を機に救世軍はフレズノ小隊（1919年10月22日開設、小隊長喜久田虎雄）、ストックトン小隊（同年12月13日開設、小隊長尾崎宗一）を開設し、これがその後の沿岸各地ならびにハワイにおける小隊設立の先駆けとなった（**図3-1**参照）。

アメリカ救世軍日本人部の組織機構　創設当初、日本人救世軍は、アメリカ救世軍からも日本の救世軍からも補助をうけず、文字通り「不覇独立」の立場で4小隊（サンフランシスコ、ロサンゼルス、フレズノ、ストックトン）の経営にあたっていたが、1921年にアメリカ救世軍が新たに太平洋沿岸部を統括する西部軍国を編成してサンフランシスコにその本営をおくと、日本人救世軍はその一連隊に位置づけられることとなった[17]。この時から日本人救世軍

図3-1　アメリカ救世軍日本人部・小隊の設立

小隊 ＼ 設立時期	1919	1920	1921	1922	1923	1924	1925	〜	1931
サンフランシスコ		1919.8.16 ●							
ロサンゼルス		9.13 ●							
フレズノ		10.22 ●							
ストックトン		12.13 ●							
サクラメント			1920.11.12 ●						
パイセリア分隊				1921.7.14 ●					
シアトル					1922.6.24 ●				
ハワイ日本人部					8.1 ●				
オークランド						1923.8.11 ●			
サンノゼ							1924.7.1 ●		
カナダ日本人部									1931.2 ●

〔典拠〕『ときのこゑ』各号の小隊記事にもとづき作成。

はアメリカ救世軍日本人部　The Japanese Division of the American Salvation Army と呼ばれることになった（本章では以下、日本人部と略すことにする）。

　日本人部の組織は**図3-2**にみるように、サンフランシスコの本営に統括された各地の小隊（支部）が日常的に「伝道」と「社会事業」に従事することを基本としていた。この体制は世界各地の救世軍に共通するものだが、日本人部は社会事業の専門部署としてサンフランシスコに「社会事業館」を設け、比較的長期の施療を必要とする患者および地方小隊では対処しきれないケースを受け入れる機関として特立させていた[18]。これを山室軍平の率いる東京の救世軍になぞらえるなら救世軍病院と大学植民館、婦人ホーム、愛隣館などの複合体に当たるだろう。

　アメリカ救世軍の西部軍国に編入されてからはアメリカの本営から補助金が支給されることもあったが、財政の基本はあくまでも教会の信者にあたる兵士

図3-2　アメリカ救世軍日本人部組織図

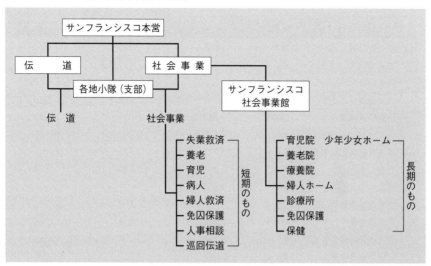

〔典拠〕小林政助「救世軍在米日本人部に関する説明」（外務省記録 I-5-0-0-3『在米本邦人社会事業関係雑件』より作成。ただし、「桑港」を「サンフランシスコ」と改めた。また各支部の社会事業の説明文「各支部には小規模の社会事業館の設備を為し居るもの也／但し失業救済だけは其地方の要求に応じて分散するもの也」は略した。

からの献金および一般からの寄付による自給であった。1919年秋の感謝祭献金でロサンゼルス小隊が1,000ドルを超える献金を集めたことや、1928年春の克己献金でサクラメント小隊が400ドル余りを集めたことなどがその例である[19]。「幸ヒ入用ノモノハ与ヘラレ、去三年来米ト醤油トヲ自分デ買フタコトナシ。残ラズドコカラカ与ヘラレテ居ル」[20]とは、フレズノ小隊の山根大校が山室軍平に語ったものだが、士官の生活は地元住民に支えられた質素な自給生活であった。山根がフレズノに赴任した1921年頃（このころフレズノでは救世軍に対する反発や嫌がらせが一部に広がっていたが）、1カ月を28ドル50セントで過ごしていたというから、当時の比較的裕福なアメリカ在留日本人の得る月収の3分の1程度にすぎなかった。

　小隊すべての兵士（信徒）数は**表3-1**のとおりで、当時、太平洋沿岸部に20あまりの教会をもち、最大の教勢を誇っていた日本人メソジスト教会と比べると、准兵士＝メソジスト教会でいう「試み中の者」で約10分の1、兵士＝同「正

表3-1 救世軍の救霊戦場における1カ年の成績

項目 ＼ 年	1926年	1931年	1939年
回心者の数 （名）	1,076	181	554
准兵士の数 （名）	151 〔270〕	74 〔731〕	136 〔970〕
兵士の数 （名）	599 〔1,280〕	625 〔2,169〕	816 〔4,275〕
大人の部 下士官 （名）	33	66	119
訪問伝道時間 （時間）	20,792	18,938	16,613
『とこのこゑ』発射数 （部）	39,440	92,061	36,205
早天祈禱会出席者数 （名）	13,273	17,422	—
野戦 （回）	2,039	1,568	933
野戦参加兵士累計 （名）	9,665	—	—
野戦の聴衆累計 （名）	—	57,599	53,760
管内集会数 （回）	2,649	3,011	3,835
日曜以外の集会会衆 （名）	40,179	23,435	41,166
日曜の集会会衆 （名）	30,052	15,512	12,090
〔典拠〕『ときのこゑ』号数	759号	865号	1052号

（注）准兵士数および兵士数右の〔 〕内の数字は、太平洋沿岸部の日本人メソジスト教会員数の
うち、准兵士に相当する「試み中の者」ならびに兵士に相当する正教会員数。いずれも *Offi-
cial Journal Pacific Mission of the Methodist Episcopal Church*, 1926, 1931, 1939 による。

会員」で3分の1から5分の1という規模であった。1926年に回心者が多いのは、
この年、山室軍平による太平洋沿岸各地を巡回する伝道活動があり、多数の回
心者がでたためであった。

(2) アメリカ救世軍日本人部の社会事業

社会事業活動の位置づけ 　他の宗教団体と比べて救世軍に特徴的なことは、
伝道活動と並行して独自に社会事業活動が位置づ
けられていることである。それは救世軍の創設者ウィリアム・ブースの「朝か
ら晩まで唯説教ばかりしていただけではらちがあかない。飢えたる者には食を
あたえねばならない。こごえてゐるものには着物を着せねばならない。しかし、
救世軍の社会事業は決して肉の救済だけにとどまらない。進んで霊魂までもす
くはねばならない」[21] とする思想にもとづいていた。こうした救世軍の社会事

業観は、産業革命を経て社会が急速に変化して行く荒波にもまれ、生活を破壊された人びとにこそ福音を与えねばならないという状況認識に基づいてはいたが、「救世軍の本務は、社会の根本的改造の理想を論ずるよりも、差当り実際に改めねばならぬ、頗る卑近な実行的な方面を、担当させて頂くにあるのです」[22]と述べるように、社会改良を望むものではあっても社会変革を志向するものではなかった。サンフランシスコの社会事業館についてはのちに詳しく述べることにして、ここでは地方小隊での取り組みを示しておくこととする。

　言葉にも不自由する異国の地で孤独な生活を余儀なくされた在米日本人にとって、もっとも致命的なことはけがと病気であった。シアトルやサンフランシスコ、ロサンゼルスなど日本人の集住する都市部には早くから日本人の開業医師がいた。しかし急患に応じる医療設備の貧弱さはまぬがれず、長期入院に対する設備も充分ではなかった。医療費もけっして安くはなかった。この点、設備、医療費の面からみれば州立・郡立の医療機関のほうが日本人にとって便利であった。とくに結核やハンセン病のような伝染性の病気に罹患したらなおさら長期的かつ専門的な治療が必要である。しかしそこには言葉の壁と生活習慣の違いからアメリカ人医療スタッフと意思の疎通をはかりにくいという問題がたえずつきまとう。それだけに地方小隊での社会事業の中心は、こうした日本人とアメリカ側医療機関とを媒介する「応急の救済奉仕」に向けられることになった。その概要が以下の3点であった。

　　一、訪問と身の上相談。小隊長は其の受持の地方にて、八方目を配り、相談相手や助けを必要とする人々の為めに、力を藉して居ります。

　　二、病人の援助。病人を適当な医師に紹介し、郡立及び州立病院に世話する事。

　　三、刑務所訪問。附近の刑務所、ジエール（留置所）にある同胞を訪問し、助言と慰安とを与える事[23]。

**山室軍平の手記に見る　　日本人部による救済活動の具体例として、ここでは
フレズノ小隊の活動　　　　山室軍平の手記に記されたフレズノ小隊の活動を取**り上げておこう。フレズノはカリフォルニア州中部に位置する街である。

　フレズノは1919年9月、日本人救世軍が賭博撲滅運動のために最初に乗り込み大きな成果を残した土地で、1922年には20数名の回心者を得、その中か

ら12名が兵士として入隊するというリバイバルがおきていた[24]。その「由来」
を小隊長の山根大校は山室に次のように語っていた（1926年の談話）。

　　　一、其ノ由来ハ、一人ノ盲女アリ、「セント・ビール」ト云フ処ニアリ、
　　　　夫ハ其ノ為ニ二千弗モツキ込ミタレド、効ナシ、「ブドウ」ノ「コンツラ
　　　　クト」ヲナシ居リシガ、失敗シテ日雇トナル、二人ノ子アリ。ソレヲ知
　　　　リテ訪問シ、一週一回、一七哩ノ距離ヲ自動車ニテ運ンデヤル。一回、
　　　　十六弗ノ注射ナレド、ソレモ負ケテモラテヤル、段々経過宜クナル、八
　　　　ヶ月目ニ悔改メル、ソレガ本ニテ家庭附近ノ者ガ救世軍ノ信仰ヲ求ムル
　　　　ヤウニナル、今モ尚一週一回、郡立病院ニ連レテ行ツテ居ル、カレコレ
　　　　三年ニ及ビシト云フ[25]

　訪問と身の上相談の典型事例である。これがリバイバルの発端であった。
病人救助のケースには次の事故があった。

　　　一、「サンガー」ト云フ処デ火事ガアリ、負傷者ヲ生ジタトノ電話アリ。
　　　　直チニカケツケル、八才ノ女子ト父トヲ附近デ入院サス、少女ハ死ス、
　　　　父ヲ郡立病院ニ入レル。大火傷ナリ、妻ノ付添ヘヲ許サヌ、且家ニ小サ
　　　　イ児二人アリ、ソレ故其ノ妻ヲ三十六日間自動車デ十六哩ノ処ヲ見マヒ
　　　　ニツレテ行ツテヤル。火傷ノ直リ口ニ皮ガムゲルノヲ痛ガツテ看護婦ニ
　　　　ハサワラセヌ。ソレモ少校ガ手当ヲシテヤル、ソレデ助カル、「サンガ
　　　　ー」ニハ、日本人七八百居ル仏教地ナリシガ皆動ク、ソレカラ SA ニ限
　　　　ルト云フテ信仰ニ入ルモノ多ク出テ来リシナリ。

　重い病気や災害は一瞬にして生命と財産を奪い、幸福な家庭を崩壊させる。
家庭の崩壊は老人、子ども、女性を路頭に迷わせることになる。それがまた日
本人排斥の口実にもされかねない。日本人のホスト社会への定住と共存を進め
る救世軍（SA）としてはなによりもこうした家庭の崩壊をくいとめることに重
要な使命がおかれていた。山室の手記はこうした家庭崩壊の犠牲者たちとアメ
リカの公共医療機関、社会施設との間に入り、日本人の心情に見合った奉仕活
動を行った山根大校の必死な面持を伝えてリアルである。

　一方、幸福な家庭すら築きえなかった男性たちの存在はより深刻であった。
一獲千金を夢見て単身渡米したものの、経済的理由や日本人女性の数が極端に
少なかったという理由から配偶者にも巡り合えず、孤独のうちに身をもちくず

し、老齢化していった男性たちの姿である。

　　一、「リードレー」ノ附近ニ、四十才位ノ男密造酒ヲノミテ中毒ス、手足
　　　　ガ動カナクナル、舌モ動カヌ、ソレデ病院ニツレテ行ツテヤリ、糞便ノ
　　　　世話迄スル、早ヤ三年入院シ居ル。家庭ナシ、誰モ訪フモノナシ、物ハ
　　　　言ヘナイガ信仰ノ話ニハウナヅク。

　　一、「フレスノ」ノ支那人町ニテ五十余ノ男血ヲ吐イテ倒ル。誰モ相手ニ
　　　　シナイ。呼ビニクルモノアリ、丁度桑港ニ出デントシテ支度中、片付ケ
　　　　タ車ヲ取出シテカケツケル、人ノ山ヲキヅケリ。抱イテ「フォード」ニ
　　　　ノセテツレ帰リ日本人ノ病院ニ入レル、結核ニテ間モナク死ヌル、ソレ
　　　　ガ図ラズモ大キナ説教ニナリ、又大キニ人ノ心ヲ動カシヌ、彼ハ独者ナ
　　　　リキ。

　　一、郡立病院デ死ンダモノ、葬式ダケデモ、十九人出シタ、内十一人ハ「コ
　　　　ンクリート」ノ墓ヲ造ル、八人ハ骨ヲ送リタリ。

　誰もが錦衣帰郷を夢見ていたことだろう。差別や迫害にあったかもしれない。
事業に失敗したのかもしれない。こんなはずではなかったのにと思いながら男
性たちは酒とバクチに溺れ、挙げ句の果て胸を患ってしまった――。1920年
代後半、さまざまな要因で自己の夢の実現を断たれた人びとを前にして救世軍
は、入院手続きや医療補助、入院患者の訪問や囚人訪問、食料給与や宿泊施設
の提供など実に多くの点で日本人の心情に応じた奉仕活動を遂行していた（**表
3-2**参照）。そしてこうした数字は救世軍の自負を示すとともに、かれらに援助
を求めた日本人移民社会の偽らざる一面をも物語っていた。

　老人であっても身の回りの世話をしてくれる親族が身近にいれば、安心した
老後を過ごすことができたかもしれない。だが身寄りのない独居老人であれば、
何らかの支援が必要となってくる。また不慮の事故や病気によって父母を失っ
た子どもたち、また親がいても貧困や育児放棄によって満足に食事をとること
のできない子どもたちが増えてきた。こうした子どもたちを保護するため、シ
アトルやロサンゼルスにはいくつか小児園が設立され活動していたが、サンフ
ランシスコにおいてその役目を担っていた施設が、アメリカ救世軍日本人部に
よって設立された社会事業館であった。

　以下では救世軍による社会事業館の取り組みの実際について、サンフランシ

表3-2 アメリカ救世軍日本人部の社会事業 1カ年の統計事例

項目	1924～25年	1925～26年
養老院および療養所に収容した人員	68名	－
婦人ホームに収容した人員	41名	－
小児養育院に収容した人員	61名	－
医療のため助力した回数	3,472回	1,120回
郡立・州立・私立病院に入院手続きを世話した回数	－	371回
郡立・州立・私立病院にある同胞患者訪問回数	623回	1,430回
同上、訪問した同胞患者数	2,641名	2,137名
同上、病院訪問に費やした時間	1,609時間	4,050時間
監獄訪問回数	233回	146回
同上、同胞囚人を訪問した延べ人員	448名	884名
監獄訪問に費やした時間	391時間	1,074時間
人事相談を受け人数	1,805名	1,934名
「薄幸」同胞の葬儀を営んだ回数	47回	79回
「落伍」同胞の帰国援助回数	49回	24回
衣類・靴等その他の物品給与点数	1,434点	1,958点
食事の援助	6万9,033食	9万0,116食
旅館（宿泊）を与えた数	2万5,158回	2万8,853回
経費総額	2万7,248ドル53セント	2万7,115ドル67セント

〔典拠〕山室軍平記念資料館所蔵『切抜帖アルバム』

（注）単年度は10月1日より9月30日まで。数値はハワイ、カナダの日本人部を除くアメリカ救世軍日本人部（地方小隊、社会事業館）の活動統計である。

スコで発行されていた『日米新聞』と『新世界朝日新聞』の記事に拠りながら明らかにしようと思う。

3 1921年の社会事業館 ──その設立と拡充

(1) 社会事業館の設立

休養所（療養所）と社会事業館の設立　　1919年8月16日、サンフランシスコに「開戦」した日本人救世軍は、サンフランシスコ小隊の開設と同時にヘムロック街（Hemlock St.）525番地に休養所（療養所）を設置した。『日米新聞』の取材に応じた大尉の小林政助は、休養所を設置した目的と役割について次のように語っていた。

　　未だホンの試みに過ぎませんから到底完全した設備は困難ですが、休養所として借り入れた家では5室を有し、収容人数は先づ10人迄の予定。休養所に収容する人々は重に病院を出たての病人で、二三週間休養したいにも費用がなしと云ふ人々や何かの事情で忽ち今日の生計に苦しむ人々とか或ひは場合に依つては病気で入院と迄行かず自宅療養する人々等で、費用の不足の人々のお世話をする筈ですが、本部でも日本人の為め救済設備等が必要な際は何処迄も後援するといつて呉れますので、非常に心強い訳です[26]。

　休養所（療養所）は「遠く故国を離れ、異境にて奮闘の余、病魔の襲ふ処となりて寂しき生涯を送る者の為、又は特別の事情にて助を要する病者等の為」[27]に設けられたもので、古庄弘が主任として、老人と病人の世話にあたっていた。そしてこの間にロサンゼルス、フレズノ、ストックトンに地方小隊が開設されていたことから、サンフランシスコの休養所はより専門的、より長期的療養を必要とする患者の救済機関として位置づけられていった。

　『ときのこゑ』によれば、休養所には絶えず10名前後の入院患者が収容されており、その延べ人員は開設後の1年間だけで2,600名に達したという。また徹底的に療養したいと願う日本人のために医療部が設けられており、そこでは専門医師による診察と往診、X線や血液検査が受けられた。過去1年間に338名の患者を取り扱ったと記録されている[28]。

　上述したように、「開戦」から2年が過ぎた1921年、日本人救世軍はアメリカ救世軍西部軍国に編入されると、アメリカ救世軍日本人部と名付けられた。そして西部軍国の司令官ギッフォード少将は、救世軍日本人部が求めていた社会事業館の必要を認め、サンフランシスコ市内でも日本人の集住するゲリー街（Geary Blvd.）とラグナ街（Laguna St.）の角地にあたる土地と建物の購入を許可した。これを機に救世軍日本人部では本格的な社会事業館の設置に向けて動き始めることとなった。

　ここで注目すべきことは、サンフランシスコ総領事の矢田七太郎を筆頭に、当時の日本人社会の名士たち17名が名を連ね、社会事業館の設立に要する費用の拠金を呼びかけたことである。以下はその呼びかけ文の全文と呼びかけ人の氏名である。ただし、（　　）内の職業や役職については坂口が付記した。

無料診療所設立に付て賛助を仰ぐ状

　今や我在留民間に於て着手すべき事業尠なからずと雖も、其最も緊急にして一日も忽諸に附す可らざる者は疾病者の救護なりとす。然るに同胞間に於て未だ一の公設病院もなく簡便にして良医師の診察治療を得んと欲するものや或は費用支弁の途なく病床に呻吟して苦悶の中に空しく死を待つの憫むべき状態に在る者、此等に対して誰か惻然として一掬の涙無きを得んや、若し之を傍観して顧みざらんか、其病毒や他に伝播し益々患者の多きを加へんとす、夫れ同舟の人期せずして相救ふは人情の美なり、我等相倶に万里の異郷に在て学業に職務に各々従事する所の者たり、一朝不幸病の為め異郷無縁の鬼と化せしむるに忍びんや。

　救世軍の此地に設置されし以来、療養所を置いて軽美〔微〕なる患者を収容加療し来りしも、未だ特定の医師もなく又家屋も狭隘にして多数人を容るるにたらざりしが、今回新たに家屋を購入して社会部を設置し、前記療養所を拡張すると倶に、無料診療所を開設して日米人の良医師を特聘し以て遍く同胞患者の診察治療に任せんとすと聴く、是れ寔に時宜に適したる計画にして吾人の要求に合致する所の事業たり、仍て同胞諸君は此の必要にして尊貴なる社会奉仕の志業援助完成せしめん事を期せざる可らず、別冊設立趣意書を添付し広く大方慈善家に訴へんと欲するところである。

　　　1921年9月

矢田七太郎（サンフランシスコ総領事）

矢田　鈴江（同妻、加州日本人慈恵会会長）

手島　知健（三井物産桑港支店長）

手島　久子（同妻）

国府　精一（住友銀行桑港支店支配人）

土井　慶吉（東洋汽船桑港支店長）

小島　久太（横浜正金銀行桑港支店長）

小島　好子（同妻、慈恵会員）

安孫子余奈子（安孫子久太郎の妻）

内田　晃融（本派本願寺北米開教総長）

内田せと子（同妻）

青木　道嗣（大成堂　書籍文具店主）

大橋邦三郎（大橋輸入商会）

松前　励（東洋汽船桑港支店勤務）

萩原　真（大和屋　日本料理店主）

E・A・ストウジ（長老派教会牧師）

副島　八郎（北辰新報社社主）[29]

　呼びかけ人の多くは、日本から派遣された商社マンとその妻たち、それに在米日本人会の評議員や加州日本人慈恵会の役員などで、1920年代のサンフランシスコにあって日本人移民社会に政治的・経済的・宗教的に大きな影響力をおよぼすことのできる人びとであった。このうち北辰新報社社主の副島八郎は友人と謀り、「〔副島〕翁の還暦祝賀の為めに翁を徳とする人士より献金を集め」るとし、集めたお金1,153ドル45セントのすべてを「養老院に寄附」していた。また加州日本人慈恵会は社会事業に補助するため1,500ドル交付するとし、サンフランシスコに出張してきた救世軍万国本営のブラムエル・ブース大将からは5,000ドルの下賜金があった。こうした大口の寄付金と多数の在留日本人からの拠金により、社会事業館の土地と建物の購入に要した3万ドルはまかなわれた[30]。

日本語新聞にみる社会事業館　では1921年11月6日に献堂された社会事業館は、どのような設えだったのだろうか。

　建物は木造2階建てで、ここに救世軍日本人部の本部と75名を収容する大小51の部屋があり、さらに無料診療所、人事相談部、療養所（病院退院後の静養所）、養老院を備え、隣接して婦人ホーム、育児院、第二世指導寄宿舎それに専任教師一名が担当する幼稚園を併設していたという[31]。1926年アメリカに立ち寄った山室軍平は、その手記に社会事業館の様子を次のように綴っていた。

米国雑観
一　桑港ノ日本人部ニハ医療部アリ。ドクトルブラオンガ来テ凡テノ病気ニ手当ヲスル。
　　〔2字不明〕タ手術モシテクレル。毎月、二百六十件位扱フ。面倒ナノハ病院ニヤル。
一　編集部アリ、三ケノ集会堂アリ。病人ノ為、小児ノ為、女達ノ為。
一　「オフイス」アリ。
一　幼稚園、十五、六人居ル。「ハワイ」生レノ一少女之ヲ受持ツ。
一　寄宿生ノ為ニ、十二室ヲ用フ。
一　療養所ノ為ニ、二十五室ヲ用フ。
一　小隊会館アリ。
一　別ニ「エヂュケーショナル」「レクリエーション」等ノ為ニ用フル室アリ。第二世ノ為ニ若干ノ尽力ヲナシツヽアリ。
一　室ハ計五十一アリト云フ[32]。

　父や母を病気で失い路頭に迷っていた子どもたち、日本の本籍地に照会しても扶養義務者のいない年老いた一世たち──こうした人々が救世軍の社会事業館に助けを求めていた。1920年代後半になると日本人移民一世の高齢化が進み、社会事業館に収容されるものも増え、社会事業館も相次いで増築されていくこととなった。

　そこでここからは、サンフランシスコで発行されていた日本語新聞の報道記事を通して、社会事業館の実情を紹介していく。まずは1928年6月8日、救世軍の小林政助が井田守三サンフランシスコ総領事ならびに在米日本人会の幹部を社会事業館に招き、館内を案内するとともに資金援助を求めていた際の事例である。この時点で社会事業館が5棟に拡充していたことが分かる。

　救世軍の社会館は目下五棟の建築で養老院、育児院、婦人ホーム、療養所、

少年少女寄宿舎等の事業に従事してゐるが、現在収容者七十五名、内四十五の少年少女に乳飲み児、他は老人と婦人と病人といふ一杯の有様で既に収容力を超過し、もはや他の申し込みに応ずることの出来ない程度に差迫ったのである[33]。

　翌1929年は、日本人の救世軍がサンフランシスコで「開戦」してから10年目にあたる節目の年であった。『日米新聞』は救世軍日本人部の「社会事業十ヶ年の成績」を掲載するとともに、1929年までに社会事業館の建物が6棟に拡充していたことを報じていた。

　　桑港の社会事業館は、社会の要求に迫られ、漸次その内容を拡張し、今回さらに一軒の大家屋を借家し、それに養老院を移し、少女ホームをその跡に移転し、合計百余名を収容する大社会事業館となした。救世軍では一般同胞が社会事業館の設備を参観せんことを希望してゐる[34]。

　外務省の記録によれば、第1号棟の階上を男児ホームとし、階下を事務室、日本語教室および公会堂としていた。第2号棟では階上を男児ホーム、階下に社交室、治療室を置き、第3号棟では階下を食堂そして階上を職員室としていた。第4号棟には日本語教室と女児ホームを当て、第5号棟の階上に小児院と婦人ホーム、階下に運動室を置いていた。第6号棟を養老院としていた。職員数は12名（内アメリカ人救世軍士官1名）であったという[35]。

(2)　社会事業館を拠り所としていた人たち

社会事業館に収容された子どもたち　では、どのような子どもたちが社会事業館に収容されていたのだろうか、そして社会事業館ではどのように生活していたのだろうか。ここではそのことがよく分かる記事を3つあげておく。まずは「十四を頭に六人の子供路頭に迷ふ　母親が病死したので救世軍の手で収容」という『日米新聞』1930年6月27日の記事である。

　　王府（オークランド）に農場を経営する小山次郎（特に本名を秘す）なる邦人は、七週間前妻雪子（仮名）をば肺病のため亜郡（アラメダ）病院に失つて以来六名の子女を養つてきたが、何分貧困なる上に十四を頭に生後七ケ月の幼児にいたる六人の幼児を男手一つで育てあげるすべもなく、ホトホト困りぬききつてゐる際、救世軍の手によつて、全部子供達を桑港救世軍ホームに収容させることに

図3-3　『日米新聞』1930年6月27日の一面（上）と記事の一部（左下）

筆者撮影

なつた。子供は十四、十二、八、六、四、七ケ月の六人、女児四人、男子二人でいづれも頭髪にはシラミが、一杯くひつき、昨日係員一同クリクリ坊主に刈あげてしまつたほどである。

　右につき係り員某氏は語る。「小山氏については、王府裁判所から香ばしからぬ噂を聞いてゐる。氏の宅を訪れた王府の衛生官は、その余りに不衛生で、子供達に対する不衛生な取りあつかひの廉で召喚し訪問したとこ

ろ、氏は一日ブレッド一本あれば、立派に子供をそだてあげる。余計なお
世話だといつたそうである。なほ当日氏は酒をのんで出廷したらしい。し
かしながら、長年妻女の重病に苦るしめられ事業に失敗し、今また数多の
子女を残して妻君を〔に〕逝かれた氏の心情もひしひしと察せられる。わ
れわれは六名の子達を立派に育てたいものだ。氏も今にきつと元気に恢復
して健闘することを信じてゐる」云々。なほ救世軍日本人部の収容児童
五十余人あり。そのうち赤子だけでも十二人ゐる。目下その大半はサマ
ー・キャンピングにいつてゐる[36]。

養育に要する経費　次は1930年8月15日の『日米新聞』の記事である。児童
数が83名に増えていたこと、その学齢別内訳、そして養
育に要する経費が具体的に記されている。「コート」とは裁判所のことである。

救世軍小児ホームは現在の収容児童八十三名で年々増加の傾向をしめして
ゐる。右のうち五名は天涯の孤児であるが、他は片親をうしなったもので、
これ等の小児のために係りきりの娘母が四人ゐる。年齢は生後八か月の赤
ん坊より十六歳の少年まで。小学校へ通学してゐる小供達は三十五人、ジ
ュニヤ・ハイ及びハイスクールの生徒十三名である。子どものホーム生活
はなかなか規律的で、六つぐらゐから、身の廻り品を整へてチャンチャン
寝起きするさうである。(中略) 一人前の収容費は月十三弗見当であるが、
直接預かるのは十五弗、コートを通じての托児は二十弗で、右のうち十弗
は政府、のこりの十弗は郡、不足費は救世軍本部より補足されることにな
ってゐる[37]。

1930年9月12日の『日米新聞』にも、両親を失い孤児となった子どもよりも
母親を失った子どもの方が多く収容されていることが記されている。渡米して
20年余り、晩婚にして妻を迎えたものの病気で妻を失い、初老の男親ひとり
では乳飲み子を育てることができないとして救世軍に助けを求める事例が後を
絶たなかったようである。

異国に労働生活幾星霜を送る邦人の健康は、どこからともなく病魔の浸蝕
する機会が多くつくりやすい。最近は丁度第一世の平均年齢四十五六歳で、
いはゆる働き盛りを少しすぎて初老の坂に登りかけたもっとも人生の危険
な衰退期へ過度状態にあるとの顕著な例として最近桑港救世軍に親を失つ

た、小児を収容してくれと申しこむ数は過〔加〕速度に増し、申し込みに
応じて収容すれば三百名は短時日に集まるであらうといはれてゐる。目下、
収容児童は七十五名、内全然孤児は十名たらずで、大体において半ば孤児、
母親を失った子供が多い。もっとも幼きは六か月で、ここにはハイスクー
ル卒業までおくことになってゐる[38]。

　社会事業館の収入は、すべて救世軍日本人部の自給によってまかなわれてい
た。1930年に小林政助が山室軍平に語ったところによれば、子ども一人あた
りに年間35ドルかかるが、それに対してサンフランシスコ郡とカリフォルニ
ア州からの補助金はそれぞれ10ドル程度あったにすぎなかったという。民間
の福祉事業を支援するための共同募金であるコミュニティ・チェストからは、
総額7,000ドル余りの補助があったが、毎年1万2,000ドルを要するとのことで
あった[39]。1932年度の救世軍日本人部の収支によれば、収入のほとんどはサン
フランシスコ市コミュニティ・チェストからの補助金（約40％）と州および郡
からの補助金（約35％）、それに日本人移民社会からの寄付金（23％）であった。
支出では食費と人件費に出費がかさみ、収支は常に赤字か1％あまりの繰越を
得る程度にすぎなかった[40]。

　このように救世軍日本人部の社会事業館は、日本人移民社会にとって欠かせ
ない存在となっていたが、それが突然、存続の危機に直面することになったの
である。

4　1937年の社会事業館 ——その設立過程と設備

(1) 社会事業館に対する改造命令と新築に向けた募金活動

社会事業館に対する
改造命令
　その発端は1932年7月、サンフランシスコ市衛生局
より社会事業館は木造家屋であり、防火設備が不十分で
あるため、改造が必要であるとの命令が出されたことにあった。アメリカ救世
軍西部軍国としては改造費用を捻出する方途がないため、社会事業館を閉鎖す

るとし、その旨を当時日本に帰国中であった小林政助少佐に通報した。それに対して小林としては社会事業館を閉鎖することはできない、社会事業館を改造することにしたい、改造に要する経費については日本滞在中に集めるとした。その後、同年9月、さらに市の衛生局より不燃性のものに改造するようにと命じてきたため、救世軍西部軍国では新築に要する費用を算出して7万5,000ドルと見積もり、それを小林に知らせた。それを受けた小林は日本国内での募金活動に全力を傾けると同時に、サンフランシスコ市当局に対して新築の社会事業館が完成するまで当分の間、旧館を使用できるようにと許可を願い出すこととした[41]。ちなみに1930年代の為替レートは1ドル＝2～5円であった。

　日本に滞在していた小林政助は日米関係に精通している政財界人に次々と接触をはかり、募金活動を展開していった[42]。その結果、1932年12月には森村（開作）市左衛門から5,000円、渋沢敬三からは2,000円の申し出を得、1933年1月に会合を開いた日米関係委員会は1万5,000円を集めて小林に交付するとした。その後も小林政助は宮内省の木下課長、関屋貞三郎宮内次官と懇談し、4月以降は外務大臣内田康哉、首相斎藤実、逓信大臣南弘と面会し、7月には北白川宮邸で講演をおこなった。こうした政財界・皇族、さらには軍部に対する働きかけが効を奏したのだろう、1933年10月3日には昭和天皇から「社会事業館新築ニ付思召ヲ以テ」金一封として下賜金5,000円を受けるにいたったのである。

　そして1933年12月には河井弥八、関屋貞三郎、岡浪之助、一条秀美ら11名を会員とする「平洋会」が組織された。これは小林政助がアメリカに帰っても募金活動を後援するとした団体であった。こうした後援団体ができたことから、小林政助は下賜金を含めて日本国内で集めた支援金3万1,650円を抱いて日本を出発することとし、34年1月、サンフランシスコに帰着した。その後平洋会から1万数千円の募金が送られてきた。天皇からの下賜金は企業から寄付金を集める際の呼び水となり、三井合名会社、三菱合資会社、住友吉左衛門からそれぞれ6,000円の寄付がよせられ、日本での募集総額は4万8,325円、約1万4,190ドル16セントとなっていた[43]。

アメリカでの募金運動と
社会事業館新築期成協会の発足　　アメリカに戻ってきた小林政助は1934年3月、「在米日本人社会事業館新築趣意書」を発表し、在米同胞に向けて資金援助を訴えた。

（上略）祖国有力者は今後も声援を与ふると共に、在米同胞の努力を期待いたして居りますから、今般帰任と共に米国に於ける同胞諸君の同情後援を仰ぎ、速やかにこの問題を解決し、同胞社会の安全を期し度いと熱願いたして居ります。（中略）社会事業館の任務は極めて広汎にわたり決して一宗一派の宣伝機関の如きものでなく、同胞社会全体の機関であります。

　新築の費用は約7万5千弗を要する見込みであります、能ふ限り完全を期せんと計画して居ります。（中略）素と弱きを扶くるの精神は日本民族意気の精華であります。殊に天涯の異郷に手を携へて移住し、苦楽成敗を共にし、互に米国を我が郷土と定めんと、一致提携したる同胞の社会は、云はば一つの大家族のやうなものであります。即ち老幼相扶け、強弱相憐み、貧富相賑はして相共に苦楽をわかたねばなりませぬ。願くは同胞諸君がこの社会事業館新築に対し特別なる御後援を吝まれざらんことを。

　　　　　昭和9年3月

　　　　　　　　　　　　　　　　救世軍在米日本人部

　　　　　　　　　　　　　　　　　指揮官少佐　小林政助[44]。

　こうした救世軍の小林政助の訴えを支援するとして1934年4月に組織されたのが「在米日本人社会事業館新築期成協会」（以下、新築期成協会）であった。同協会による呼びかけ文と呼びかけ人は以下の通りである（ただし、職業や役職については坂口が付記した）。

　今般救世軍在米日本人部に於て計画する在米日本人社会事業館新築を速かに竣成せしむる目的を以て本協会を組織し米国各地に於ける委員と連絡して広く同胞の協力を求め其の目的の貫徹を期して居ります、願くは同胞諸君がこの有意義なる、また焦眉の急を要する事業を後援せられんことを。

　　　　　1934年4月

　　　　　　在米日本人社会事業館新築期成協会

　　　　　　　委員長　塚本松之助（ピープルズ洗濯所、桑港日本人会会長）

　　　　　　　委　員　青木　道嗣（大成堂店主、新世界日日新聞社長）

　　　　　　　　　　　小池実太郎（日本ドライグーズ商会）

　　　　　　　　　　　島内　良延（日米新聞編集局）

　　　　　　　　　　　海老名一雄（北米朝日新聞社長）

坂田　亀喜（農業、クラークスバークに農園）

畠山喜久治（農業、サラトガ日本人会会長）

前山寛次郎（農業、ダイニューバに農園）

石丸　正吉（農業、ストックトン日本人会）

佐藤力太郎（花園業、在米日本人会副会長）

松田午三郎（保険業、ワッソンビル在住）

松本　万亀（桜府日本銀行頭取）

三浦常太郎（モントレー日本人会評議員）

矢幡　富蔵（歯科医、オークランド日本人会）[45]

　1921年の社会事業館設立に際して呼びかけ人となっていた人びとは、サンフランシスコ総領事や三井物産のサンフランシスコ支店長とその妻たちなど、当時の日本人社会の名士であった。それに対して1934年の社会事業館新築に際して呼びかけ人となっていたのは、アメリカに渡って苦節30年、農業や移民実業家として成功して定住し、北カリフォルニア各地の日本人会役員となっている人たちであった。こうした点にも日本人移民社会の成熟を見ることもできる。だが、ここに総領事が呼びかけ人に加わらなかったのは、総領事の関知しえないところで皇室から下賜金を受領してきた小林の独走を快く思わない感情が総領事側にあったからであった。同様に三井、住友、横浜正金銀行など現地の有力日本企業の支店長も不況であること、すでに本店が寄付に応じていることなどを理由にして積極的に賛意を示していなかったのであった[46]。

(2)　社会事業館建設に対する排斥運動

移転先住民から起こった社会事業館建設に対する排斥運動　1935年1月、救世軍日本人部は現住地に社会事業館を新築するという当初の予定を変更し、新たな土地としてサンフランシスコ市郊外のヴィジテーション・ヴァレー（Visitacion Valley）地区にあるマクラレン公園（McLaren Park）内に23エーカーの敷地を選定し、市の支援も受けて2万ドルで購入する契約を結び、7月上旬には土地の受渡しを行うこととした。その予算額の内訳と建物群のあらましについて、1935年4月18日の『日米新聞』は「救世軍社会事業館　建設準備工作成る　予算78,645弗」と題し、次のように報じていた。

　　　南桑港市に近い風光明媚の景勝地マクラレン・パーク指定地の中にあるベ^(ママ)
ジテーション・バレーに建設される日本人救世軍社会事業館は既に建設に
関する一切の準備工作を終り、愈々近く工事着工の段取りとなったが、昨
朝小林救世軍少佐の発表せる同館建設の予算費は左の如きものである。

　　　社会事業館建設予算

　　　　　一　金20,000ドル　　土地
　　　　　一　金12,000ドル　　本館
　　　　　一　金12,900ドル　　小児ホーム4棟
　　　　　一　金4,000ドル　　養老院
　　　　　一　金3,225ドル　　病院舎
　　　　　一　金2,000ドル　　道路建設費
　　　　　一　金7,120ドル　　家具並什器
　　　　　　小計　61,245ドル　以上9月下旬迄に完成を期す
　　　　　一　金3,500ドル　　病舎一棟
　　　　　一　金3,500ドル　　主任住宅
　　　　　一　金3,200ドル　　会館
　　　　　一　金5,000ドル　　体育館
　　　　　一　金2,200ドル　　建築技師謝礼
　　　　　　小計　金17,400ドル　以上12月下旬迄に完成期す
　　　　　△総計　金78,645ドル

　　現在救世軍には聖上陛下よりの御下賜金5,000円、ロンドン本部より
10,000弗、米国本部よりの5,000弗を始め、総計5万5,000弗あり。更に近
く日本より約1万弗の入金があるので、最早建設費用募金も彼岸が見えた
訳である⁴⁷。

　ところが1935年4月下旬、移転先住民から突如として社会事業館建設に対
する排斥運動が始まった。この動きに対してサンフランシスコ市長のロッシー
も調停に入ったが、排斥派は同地域を社会事業館の建設を不可とする「第一住
宅区域」にするよう市の都市計画課に申請し、3万5,000人の署名をもって「す
さまじい意気込み」で住宅区域への変更を求めてきた。選挙を控えていた市参
事会は選挙民の世論を無視することはできないとして、積極的な調停には及び

腰になっていた。この問題はサンフランシスコ市都市計画課特別委員会におい
て協議が重ねられたが、住民との対立を避けたいとした救世軍日本人部は、
1935年7月17日、移転計画を取り下げ、古い社会事業館を取り壊し、その跡
地に新築することで解決策としたのであった[48]。その背景を『日米新聞』は次
のように伝えていた。

　（前略）要は救世軍としてもベジテーション平原住民の反対を押切り同方面
　へ建設する事は今後相当政治問題化する惧れもあり、旁市参事会員の意見
　も斟酌して最初の計画通り現敷地へ建設する事となったもので、偶々ベジ
　テーション平原の如き好敷地が見出された為同方面への会館建築案が出た
　とはいへ、かやうに問題化した以上、むしろあっさり先方に花をもたせて、
　名より実を取るの賢明を選んだものだが、此の点救世軍本営の努力はもと
　より、建築委員会及び小林少佐の努力が多とされてゐる。
　　尚救世軍では一応市参事員会の正式承認を得た上直ちに現会館の取壊し
　工事に着手し、10月中旬頃華々しく起工式を行ふ予定である。尚ロンド
　ン救世軍本営より更に5000弗寄付する旨昨日入電があった[49]。

この時点で、民家の密集するサンフランシスコ市内の日本人街を離れ、農園
に囲まれた広い敷地に一大療養・養老施設を建設するという夢も潰えさってし
まった。社会事業館の新築のためにとアメリカ各地に在留する日本人に拠金を
よびかけていた新築期成協会は、前記の委員に阿部豊治を加えて15名の名を
掲げ、『新世界朝日新聞』と『日米新聞』に「在米日本人社会事業館敷地変更顛
末書」を公表し、在米日本人の理解を求めたのであった。ここでは『新世界朝
日新聞』1935年7月21日の記事からその末尾の一節を引用しておく。

　前後数回協議を重ね、遂に現在の社会事業館を取り壊し、其跡に新築する
　事と決定いたしました。それにつき市当局の同情は高潮に達し、凡ゆる点
　において便宜と好意を表し、ヴィジテーション・バレーの土地は市におい
　て買受け、救世軍側が被った損害数千弗を弁償することを申出ました。ま
　た新築に関しても能ふ限り経済的に（無論合法的）取計らひ建築許可書を
　本日下附しました。
　　現在の社会事業館は近日解体し、直に新築に着手します。養老院は将来
　分院として郡部の広き田園に建設することになりました。

希くは同胞諸君が一層の御同情をもつて御援助を賜はり、この大切なる
社会事業の基礎建築を達成せしめられんこと偏にお願ひ申し上げます。

昭和10年7月19日

在米日本人社会事業館新築期成協会[50]

難航した資金集め サンフランシスコ市郊外の広大な敷地へ移転するとい
う計画が雲散霧消したことから、新たな建物は古い社会事
業館を取り壊し、その跡地に建設することとなった。1935年8月には既存建物
の解体工事が始まることとなったが、当然のことながら、新館が完成するまで
日本人本部の事務所や子どもたちの宿所を借り受け、分宿することが必要とな
った。

日本人救世軍では愈々近く解体工事を進めるので子供や老人達を分宿させ
る事になり、オファレル街千三百四十三番から四十七番までの三軒続きフ
ラットを借り入れたが、それでもまだ収容し切れないので、更に同街
千三百九十八番の家を借入れた。尤も現会館裏手にある養老院は取壊さぬ
ので其儘存置する事になるが、小隊のヘッドコオターは更に適当な家を見
つけて引越すべく大体に於てラグナ街千五百〇一番の事務所と共に救世軍
では八軒の家にそれぞれ分解されるものだといふ[51]。

『小林政助伝』に従い、上記の分宿先住所を整理すれば下記の通りとなる。

本部　　　ラグナ街 (Laguna St.) 1501番
児童収容所　オファレル街 (O'Farrell St.) 1343、1345、1347、1398番の
　　　　　　4軒
養老院　　ゲリー街 (Geary Blvd.) 1418番
食堂　　　ラグナ街1415番、三原氏階下[52]

当初、起工式を1935年10月に予定していたが、その計画は4カ月余りずれ
込み、1936年2月19日に挙行されることとなった[53]。その日の様子を『新世界
朝日新聞』は「曇天を裂く陽光の中に厳粛な起工式　社会事業館の新生命に
……気高く響く君ケ代」との見出しを立てて、次のように報じていた。

過去数年間、或は心なきものの排日運動に、逆宣伝に、血と汗と涙の苦闘
をつづけて来た救世軍の在米日本人社会事業館起工式は、小林少佐ととも
に日夜寝食を忘れて奔走して来た事業館建設中央執行の委員長塚本松之助

氏の帰国出発の日を明日に控えた昨十九日午前十時、数日来の重苦しい曇
天を裂いて陽光斜にさす中、いとも厳粛に執り行はれた。式場にあてられ
た敷地は旧会館を取り壊したまま、未だ地ならしも出来てをらず、廃墟そ
のままの姿の中に旭日旗と星条旗がひるがへり、生まれ出づる新生命を祝
福するが如く、ロッシー市長代理、富井総領事代理その他の出席名士を前
にして起立せる小林少佐は、折から嚠喨と響きわたる君が代の音に、過去
数年間の苦闘と明日への希望に燃えた感激と感謝の涙をはらはらと流し、
劇的シーンの中に式は進められた[54]。

　起工式が当初の予定より4カ月余りも遅れたのは、1936年になっても建設資
金の調達が難航しており、2万5,000ドルの不足があったことによる。西部軍
国本営は資金全額の調達がなされないかぎり、工事着工の許可は下せないとし
ていた。しかし社会事業館の存廃は孤児や独身老人たちの死活問題である。事
業館の早期完成を期する在米日本人社会事業館新築期成協会では、塚本松之助、
石丸正吉、松田午三郎の3人が保証人となり、在米の花園業者安光留吉が所有
する東京電灯株式会社の1,300株（額面6万5,000円、時価7万8,000円）を借入れ、
これに松田がもつ横浜正金銀行サンフランシスコ支店の預金証書（9,137円2銭）
を合わせた8万7,137円2銭を準備することができた。この金額を100円 = 29
ドルで換算すると2万5,215ドル91センになるとして、西部軍国本営に供託し
たのである。こうして建築募金が定額に達しなかった場合はこの供託金より不
足額を支払うこととする了解ができ、西部軍国本営より建築着工の許可がでた
のであった[55]。

排除される日本人大工　　新築工事は1936年4月上旬に始まり、6月には基
礎工事も完成した。すると今度は建築労働組合（ユ
ニオン）から「横槍」が入ってきた。日本人の献金による社会事業館の工事であ
るから日本人大工の手で作業させようとして大工を呼び集めたとき、ユニオン
から「組合員以外の大工の就働絶対に反対！」との声があがってきたのである。

　ユニオンがクレームをつけたのは、日本人大工5名が初めて建築現場に入っ
た直後の1936年6月1日のことで、日本人大工全員が現場から身を引くまで、
他の白人労働者（全員組合員）には作業をさせないというものであった。同工事
の請負業本部では、社会事業館は日本人の献金によるものであるから、日本人

の手で大工工事だけはさせてもよろしいではないか、また日本人の建築業者組合からは「我々をもユニオンに加盟せしめよ」と交渉を続けたが、ユニオンからの回答はその規約に「帰化不能外国人は絶対加盟せしめず」とあることから、いずれの交渉も拒むとするものだった[56]。その後ユニオン側は日本人大工が工事現場に入り込まないようにと厳重にピケを張り、工事を始めた[57]。

　1936年6月6日の『新世界朝日新聞』は、ユニオンとの「対立は排日化の恐れあり」との見出しを立て

　　（前略）桑港在住の大工は勿論、遠く各地から島本建築事務所の募集に応じて集まつた大工諸君も、工事に一指も触れずして追ひ返され、更に救世軍でも一昨日島本氏を呼んで「日本人大工諸君の損害に関しては後程考へさ

図3-4　1937年の社会事業館全景

児童用寝室

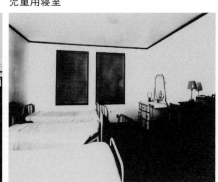

児童用洗面所・浴室・便所

病室

〔典拠〕外務省外交史料館所蔵、外務省記録I-5-0-0-3『在外本邦人社会事業関係雑件』所収

してくれ」と暗に契約破棄を宣した由で、今や全く日本人大工の就働は絶
望視されるに到った[58]。

と一連の結末を伝えていた。そして工事は遅れに遅れ、その完成は1937年2
月までずれこむことになったのである。

(3)　1937年の社会事業館とその設備

New Japanese Social Center Building　当初の見積額7万5,000ドルを上回り、総工費9万2,000ドルを要した新しい事業館は、1937年2月25日に落成し、28日に献堂式ならびに開館式が催された。昭和天皇より5,000円の下賜金があったことから邦字新聞はこの建物を「恩賜記念日本人社会事業館」と呼んでいたが、献堂式当日に配布されたプログラムには単に「在米日本人社会事業館」、英文表記では New Japanese Social Center Building と記載されていた[59]。式典は建物の前で行われたが、ゲリー街とラグナ街の角には3,000人の来会者があり、「公道は完全に通行止めの人の海」と化したという[60]。

　新しい社会事業館の全景は、**図3-4**に見る通りである。サンフランシスコ市のラグナ街1450番地に立地し、正面は西向きでラグナ街、北側がゲリー街に面している。地下1階、地上3階の建物で、外壁はピンク色に塗られていたという。傾斜地に建てられることから正面に立つと地下室の窓枠が見える。地下の部屋には正面右側にある「大衆入口」から入ることができ、奥に進むと300人収容の礼拝堂と一般に図書を公開する「平洋会室」があったという[61]。

新聞記者による視察記　最後に献堂式の前日に事業館を訪問した『新世界朝日新聞』の記者による視察記を引くことにしよう。まずは少女たちの寝室の模様である。

　　更に足を転じて二階に案内されて行ったが、こゝもまた白塗りの壁に磨きたてられたフロアー、まづガールス側の寝室から見せてもらった。女尊男卑といふわけではあるまいが、ガールスは南側の最も日当たりのいい方を頂戴してゐる。寝室が六つ大きい室にはシングル・ベッドが六つ、小さい〔室〕には二つといった具合皆んなきちんと整頓してあって見るからに気持ちがいい。このガールス側には職員室が更に二つあり婦人の監督様がちゃんと控へてゐて、起居はなかなか厳重であると聞く。驚くことには男女

　　別に社交室まで設備してあって、女側の社交室にはピアノまで据えつけて
　　ある。

　　　便所は少々贅沢と思はれるほど立派で、バスタブが二つ、それにシャワ
　　ー・バスがつき、洗面器、トイレットが五つ宛といった具合、床は全部純
　　白なタイル張りである。高級なホテルでもなければこんな設備はないかも
　　知れない[62]。

　そして建物の北側へまわった記者は少年たちの部屋をのぞき、3階に向かっ
た。

　　ボーイスの寝室が合計八つ、ガールスのと大同小異である。がボーイス側
　　の風呂場には日本風呂が一つ据えつけてあり、子供たちはこれを最も悦ぶ
　　といふ。ボーイス側にもガールス側にも職員室が一つ宛あり、職員室には
　　全部バス・ルームが設備してある。

　　　三階に行って驚いたのは、男女の寝室とも二階と同様であるが、二階の
　　教室の真上に当るところに病院のあることだった。診察室が一つ、病室が
　　二つ、それに病人の食事室、看護室が各一つ宛而も悉く病院と同じ設備が
　　施してあるのだ。三階の日当りのいい小林少佐の室に行って奥さんのお茶
　　の御饗応をうけながら直接小林少佐にうかがったのであるが、この社会事
　　業館の経営費が年に二万ドル、一日約六十弗、「斯る大所帯で一日六十弗
　　は案外安い方ですが、社会事業の経営は一通りの苦労ではありませんよ」
　　と暗に苦闘の種をほのめかした[63]。

　このように1937年に建てられた新しい社会事業館には、1階に2つの事務室
と70人収容する食堂と台所が、地下には300人収容する礼拝堂と一般に図書
を公開する平洋会室それに食料庫と青年たちの手工芸実習室、遊技室が備えら
れた。2階には少年少女の寝室に教室2つ、それに裁縫室1室が設けられた。3
階には寝室のほかに病院診察室1室と病室2つ、そして病人食事室と看護室が
それぞれ1室ずつ設置されていた。設計はすべて古庄弘大尉の手によるもので
あった[64]。

　　社会事業館は全く一つの社会を構成してゐるのだ。足を一歩踏み出せば学
　　校あり、テーラーあり、風呂屋あり、ランドリーあり、階下に行けばレス
　　トランあり、遊技場あり、而もその悉くが一切無料と来てゐるのだから正

にユートピアである。これを一つの村に譬へれば、小林少佐はよき村長さんだ。しかし社会事業館は村に譬へるべくあまりに完全してゐて、超近代味がある。それは正に科学が誇る近代都市の観さへある[65]。

かくして館内を視察した『新世界朝日新聞』の記者は1937年に建立された社会事業館を「ユートピア」ととらえ、その完全さから「科学が誇る近代都市の観さへある」と絶賛した。ここに新たな社会事業館は保護収容実績を増大させ、日本人移民社会の期待に応えるものとして姿を現したのである。

むすび

以上、日本人救世軍の設立経緯、地方小隊の社会事業、サンフランシスコの社会事業館について述べてきた。ここでは上述してきた救世軍の社会事業の果たした意義を二点示すことでむすびとしたい。

第1は、救世軍日本人部が他の日本人団体にはない組織力と実行力を発揮したことである。日本人部はアメリカ太平洋沿岸部に9つの小隊を設け、さらに各小隊はそれぞれの地域事情に応じ、また地域の各種社会事業団体・宗教団体と協力して活動を行っていた。そして地方小隊では処理し切れない長期の事業を受けいれる機関としてサンフランシスコに社会事業館を設置していた。こうしたネットワークは他の日本人団体と比較するかぎり他に例を見ない組織力と評価することができる。

ただしここで留意すべきは、こうした組織力もアメリカ救世軍というより大きなネットワークの下でのそれであったことである。アメリカにおける救世軍の活動は1880年にニューヨークで正式に始まり、1887年にはドイツ系、スウェーデン系移民による小隊が組織され、1886年には早くもサンフランシスコに中国人小隊が作られていた[66]。こうした先行移民集団による救世軍の組織化と比べるならば日本人のそれは後発グループに属する。州政府や地方自治体との交渉において日本人部がさまざまな便宜を獲得しえたのもアメリカ社会にすでに救世軍に対する一定の評価が確立していたからである。この意味で日本人部の組織力を論ずるのであれば、他の移民集団——たとえば中国系アメリカ人

による救世軍などとの比較が必要となるだろう。

第2は、他の日本人社会事業団体との比較において多くの独自性と先駆性を示していたことである。郡立病院への入院手続きや無縁死亡者の埋葬などは加州日本人慈恵会や地方日本人会によっても手掛けられていたが、それらに加えて救世軍は入院患者訪問や囚人訪問、食料給与や宿泊施設の提供など多様な奉仕を提供していた。その実態は各種統計数字が示すとおりである。また第二次世界大戦以前のアメリカにあって日本人によって設立された養老院は救世軍の社会事業館（1921年設立）、ハワイの日本人養老院（1931年設立）、羅府日本人会による社会事業館（1939年設立）の3例であったが、後2者との比較においてもその先駆性と内容の充実度は動かしがたい事実といえる[67]。当然、第1点と同様に、他の移民集団の救世軍との活動内容の比較が必要である。

アメリカに日本人救世軍を創設した小林政助は、1940年10月10日、狭心症で死去した[68]。57歳であった。1941年4月、日本人部は改組となり、各小隊はアメリカ救世軍の行政に従って3つに分割されることとなった。人事にも大きな異動があった[69]。そのため在米日本人社会には、小林政助が死去して以来、サンフランシスコの社会事業館もアメリカ救世軍の本営に接収されるのではないかという懸念が生じていた。こうした在米日本人の間に広がっていた「深憂」を払しょくする必要が生じたのだろう、本営としては社会事業館の建設当初から経営と管理を日本人に委ねることに方針を決定していたと公表することとなった。この公表を受けて1941年4月20日付けの『新世界朝日新聞』は、「救世軍の悶着解決　桑港中隊長には阿部中校　社会事業館も邦人が管理」との見出しを立て、以下のように報じていた。

> 〔アメリカ救世軍の本営では〕社会事業館は建設の当初から「日本人社会が沿岸に存続する限り且つ社会事業の必要ある限り、在米日本人社会事業館は日本人のためにのみ使用し、白人の使用または管理を許さず」との趣旨に従って飽くまでその経営および管理を日本人に委ねることに方針を決定してをり、救世軍とゝもに社会事業館も、日本人が米土にある限り同胞の管理下に置かれることになった[70]。

この発表から7カ月後の1941年12月、日米戦争が勃発した。そして翌年2月には大統領行政命令9066号が発令され、アメリカ市民権の有無にかかわら

ず西海岸に在住する日本人、日系人の全てを強制収容する措置がとられること
となった。アメリカ西海岸に住む日本人、日系人は1週間ほどの猶予期間を与
えられた後、仮収容所に移され、次いで強制収容所へ移されることとなった。
総立ち退きである[71]。

　サンフランシスコの社会事業館を終の棲家としていた年老いた日本人移民の
一世はもとより、孤児ではあったがアメリカの市民権を持つ少年少女たちも立
ち退きを強いられることになった。社会事業館で生活していたこうした老人や
子どもたち、それに病気で入院していた人たちは、その後どこの収容所へ入れ
られたのだろうか。社会事業館を管理・経営する日本人がいなくなった時点で、
社会事業館の建物は誰が管理していたのか。また、強制収容が解除され、サン
フランシスコへ帰還した際に、日本人は再び社会事業館の管理・経営の権利を
手にすることができたのだろうか——。

　こうした戦中・戦後の社会事業館の実態については、調べがついておらず、
未だ不明である。明らかなことは、現在もラグナ街1450番の土地に1937年に
建てられた建物が、外壁は塗り替えられているが、当時のままの姿を残して立
っていることである。ただしその正面には「中華人民共和国」の表札が貼られ
ており、屋上には同国の国旗が掲げられている。どのような変遷を経て現在の
「在サンフランシスコ中華人民共和国総領事館」となったのか。明らかにすべ
き課題は多い。

● **註**

1　日本人救世軍（アメリカ救世軍日本人部）の活動に関する先行研究には、山室武甫『在米
　同胞の先覚　小林政助伝』（「山室軍平選集」刊行会版、教文館、1963年、以下『小林政助伝』
　と略す）、ブライアン・ハヤシ"Japanese 'Invasion' of California: Salvation Army,
　1919-1926", *Journal of West*, 23, 1984を参照

2　坂口満宏「外国人土地法との闘い」（『日本人アメリカ移民史』所収）参照

3　『大北日報』1925年9月21日

4　外務省記録（I-5-0-0-3）『在外本邦人社会事業関係雑件』より分類

5　坂口満宏「アメリカ西北部日本人移民年表」(2)、(3)（『キリスト教社会問題研究』39号、
　42号）を参照

6　安孫子についてはユウジ・イチオカ「安孫子久太郎」（田村紀雄・白水繁彦編『米国初期の
　日本語新聞』（勁草書房、1986年）、鈴木麻倫子「〈史料紹介〉安孫子家文書から見る安孫

子久太郎と須藤余奈子の出会い」（『京都女子大学大学院文学研究科研究紀要 史学編』第15号、2016年）を参照

7 前掲『小林政助伝』19頁

8 岡崎喜一郎については室田保夫「岡崎喜一郎小伝」（『同志社社会福祉学』第2号、1988年）が詳しい。

9 金森通倫「北米太平洋沿岸に於ける救世軍主義の勝利」（上・下）『ときのこゑ』1916年5月1日、5月15日

10 「三度山室中将を米国に迎へて」（井深清庫編纂『日本民族の世界的膨張──小林政助論文集』警眼社、1932年）301-302頁

11 「太平洋沿岸開戦記」(1)『ときのこゑ』1919年10月15日

12 このうち永島与八については「米国だより太平洋岸の永島兵士近信」『ときのこゑ』1918年4月15日、「米国で候補生」同1918年12月1日を、尾崎宗一については「在米の戦友より」同1919年8月15日を参照

13 「太平洋沿岸開戦記」(2)『ときのこゑ』1919年11月1日

14 前掲「太平洋沿岸開戦記」(2) ならびに「開戦と反響」（山室軍平記念救世軍資料館所蔵『切抜帖アルバム（在米日本人部）』所収年月日未詳アメリカ救世軍日本人部発行『ときのこゑ』の記事）。なおアメリカ救世軍日本人部による『ときのこゑ』の発行は1926年である。以下『切抜帖アルバム（在米日本人部）』はたんに『切抜帖アルバム』と略す。

15 『ときのこゑ』1919年9月1日

16 『新世界』1919年8月8日〜11月16日

17 『切抜帖アルバム』所収サンフランシスコ発行『ときのこゑ』の記事による。当時の西部軍国司令官はギッフォード少将、書記長官ターナー大佐。小林政助大尉は日本人部指導官となった。

18 1919年の開設当初は休養所、療養所と呼ばれていたが、1921年に日本人部の本部および会館が新築されたことにともない社会事業館と名付けられた。

19 『ときのこゑ』1920年3月1日、『小林政助伝』168頁を参照

20 山室軍平の手記『記憶のたすけ』第14巻、1926年（同志社大学人文科学研究所所蔵「山室軍平資料」マイクロフィルム）

21 『切抜帖アルバム』所収サンフランシスコ発行『ときのこゑ』の記事による。

22 同上

23 『小林政助伝』148頁

24 『ときのこゑ』1922年12月15日

25 前掲山室軍平手記『記憶のたすけ』第14巻。続く2つの引用も同手記からのものである。

26 『日米新聞』1919年8月16日

27 前掲「太平洋沿岸開戦記」(2)『ときのこゑ』1919年11月1日

28 「米国に於ける同胞の間に活躍せる救世軍」『ときのこゑ』1921年1月1日

29 前掲『切抜帖アルバム』所収年月日未詳アメリカ救世軍日本人部発行『ときのこゑ』

30 同上『切抜帖アルバム』

31　前掲『小林政助伝』129-131頁

32　前掲山室軍平手記『記憶の助け』第14巻、1926年。適宜、句読点を付した。

33　『日米新聞』1928年6月10日

34　『日米新聞』1929年7月25日

35　外務省記録 (I-5-0-0-3)『在外本邦人社会事業関係雑件』

36　『日米新聞』1930年6月27日。なお、史料中の「王府」とはオークランドのこと、「亜郡」とはオークランドのあるアラメダ郡のことである。

37　『日米新聞』1930年8月15日

38　『日米新聞』1930年9月12日

39　山室軍平『渡米雑記』(同志社大学人文科学研究所所蔵「山室軍平」マイクロフィルム)

40　1933年7月3日サンフランシスコ総領事若杉要発外務大臣内田康哉宛第150号「桑港救世軍日本人部ニ関スル件」(外務省記録 I-5-0-0-3『在外本邦人社会事業関係雑件』所収)

41　「救世軍日本人部経営社会事業館新築問題経緯」(外務省記録 I-5-0-0-3『在外本邦人社会事業関係雑件』所収)

42　小林政助の日本滞在中における募金活動については、前掲『小林政助伝』192-210頁に詳しく記されている。

43　前掲「救世軍日本人部経営社会事業館新築問題経緯」

44　アメリカ救世軍日本人部『ときのこゑ』第100号、1934年6月2日

45　同上

46　サンフランシスコ総領事富井周発外務大臣広田弘毅宛「機密第三七七号」(1935年12月16日、外務省記録 (I-5-0-0-3)『在外本邦人社会事業関係雑件』所収)

47　『日米新聞』1935年4月18日

48　『日米新聞』1935年7月18日

49　同上

50　この敷地問題のあらましについては、在米日本人社会事業館新築期成協会 (委員長塚本松之助) による「在米日本人社会事業館敷地変更顛末書」に詳しい (『新世界朝日新聞』1935年7月21日ならびに『日米新聞』1935年7月21日～7月23日)

51　『日米新聞』1935年8月5日

52　前掲『小林政助伝』225頁

53　『日米新聞』1936年2月20日

54　『新世界朝日新聞』1936年2月20日

55　サンフランシスコ総領事富井周発外務大臣有田八郎宛「機密第一五四号」(1936年5月25日、外務省記録 (I-5-0-0-3)『在外本邦人社会事業関係雑件』所収)

56　『新世界朝日新聞』1936年6月3日

57　『新世界朝日新聞』1936年6月5日

58　『新世界朝日新聞』1936年6月6日

59　外務省記録 (I-5-0-0-3)『在外本邦人社会事業関係雑件』

60　『日米新聞』1937年3月2日

61 「社会事業館の奥の奥まで〔一〕」『新世界朝日新聞』1937年2月27日

62 「社会事業館の奥の奥まで〔二〕」『新世界朝日新聞』1937年2月28日

63 「社会事業館の奥の奥まで〔三〕」『新世界朝日新聞』1937年3月1日

64 『新世界朝日新聞』1937年3月2日

65 前掲「社会事業館の奥の奥まで〔三〕」

66 Arch Wiggins, *The History of the Salvation Army: Vol. Four, 1886-1904*, Thomas Nelson and Sons Ltd., 1964, p.83

67 ハワイの場合、日本人慈善会による日本人慈善病院ならびに日本人養老院の設立過程をあとづけたものに、山中速人『エスニシティと社会機関　ハワイ日系人医療の形成と展開』(有斐閣、1998年)、104-114頁がある。

68 『新世界朝日新聞』1940年10月14日

69 前掲『小林政助伝』265-266頁

70 『新世界朝日新聞』1941年4月20日

71 強制収容所での日本人部の活躍についてはLester E. Suzuki, *Ministry in the Assembly and Relocation Centers of World War II*, Yardbird Publishing Co., 1979, pp.73, 78, 81-82, 95, 141, 226, 232ならびに*Heart Mountain Sentinel*, 1944年8月12日号を参照されたい。

第4章

シアトル小児園の設立と
日本人移民社会

DAY NURSERY
KINDERGARTEN
ATHLETICS
FENCING
BOW & ARROW
HALBERD
SWIMMING
PING PONG

PHONE
BEACON 3976

TAMA SHIONIYEN
園兒小また
武　宮

T. MIYA
1214 WASHINGTON ST.,
SEATTLE, WASH.

托幼　體育部
兒稚劍弓水薙ピンギ
部道道泳刀ン

〔典拠〕外務省外交史料館所蔵、外務省記録『在外本邦人社会事業関係雑件』（I-5-0-0-3）所収宮武の名刺

はじめに

　本章ではシアトル小児園の設立問題をとりあげ、これまで本格的に論じられることの少なかった1920年代後半のシアトル日本人社会とその歴史的特質を根本史料に即して考察しようと思う。まずは本章の課題について述べておこう。

　その第1は、シアトル日本人社会史研究に〈子ども〉とりわけ「幼児」の問題を取り込んでみることである。

　1920年代以降の在米日本人史研究の重要な分析対象に「第二世問題」がある[1]。「第二世問題」とは、市民権を持ち得ない一世から見た日系二世の将来や処遇問題——二世の二重国籍問題、日本語教育、各種青年団体の保護育成問題など——の総称で、そこにはいかにして二世の市民権を守るかという一世たちの思いと葛藤が凝縮されている。この問題に関してはすでにユウジ・イチオカによって多くの先駆的な研究がなされており、学齢児童に対する日本語教育・国語学校問題、大きく成長した二世たちによる日本見学問題そして帰米問題などが論じられてきた。しかしイチオカにあっても幼児の問題までは十分に分析の対象とはされてこなかった。本章ではこうした「第二世問題」研究の一角に幼児問題を取り込むことを提案するとともに、そのケーススタディとしてシアトル小児園をとりあげるものである。

　たしかに幼児では作文を綴ったり、自らの意見を述べたりすることはないかもしれない。また本章においても子どもたち一人ひとりの姿を個性豊かに描くことはできていない。しかし1920年代半ば、6歳以下の幼児人口が日系社会全体の20%を占めるようになり、やがてその子どもたちが成長し、国語学校や青年団体とのかかわりを持つことになることを考えると、「第二世問題」の総体を把握するうえでも一世の目に映った幼児問題を踏まえておくことはあながち無意味なことではない。

　第2に、第一次世界大戦期のアメリカ社会を席巻した「アメリカニズム」問題に対する日本人社会の対応の1つとして幼児問題・小児園問題を位置づけてみたいと思う。この点については北溟漁郎（川尻慶太郎）に「在留同胞児童の教育」（『大北日報』1922年1月1日新年号）という興味深い論説がある。その冒頭で

川尻は第一次世界大戦に参戦したアメリカが、戦後、自国民に兵士不適格者と不同化分子が多いという二大欠陥に気づき、この二大欠陥を補うため「幼稚園教育を盛んに興すことゝ米化主義の教育に力を入れることゝを考へだした」と指摘している。

　1920年代の在米日本人社会における保育事業がアメリカの保育政策にどのように位置づけられていたか、という点については今なお不明な点が多く、すべては今後の研究を待たねばならない。だがおよそ行政の側では上記のようなイデオロギー政策のもと、日本人の保育事業に対しても低所得者向け公立託児所の設置基準に即した行政指導を行い、日本人の側もその指導に応じることでホスト社会との共存をはかっていたものと思われる。本章で取り上げるシアトル小児園の直接的な設立契機もワシントン州幼稚園協会ならびにシアトル市からの強い行政指導を受けたことにあり、1920年代半ば、幼稚園問題・保育事業がマイノリティ政策かつイデオロギーの問題として重視されていたことに注目しておきたい。

　そして第3は、ホスト社会との共存・定住を志向した一世たちによる新たな社会的結びつきの諸相——いわば1920年代後半における社会的結合の有り様を考えることである。

　一般に移民が社会的結合を強めるのは、①ホスト社会との文化的差異が大きすぎて適応が困難と考えられた場合、②人種的偏見による排斥運動が強い場合、それに③故国から常に豊かな物産と情報、渡来者が供給されている場合という三つの要因に起因する。シアトルの日本人移民社会もこうした三つの要因を相互にからめつつ、そこに素朴なナショナリズムを育成し、各種団体・諸組織の充実と発展をとげ、移民社会として内的凝集力を形成してきた[2]。

　ところが20年代後半はこうした日本人社会の諸結合を促してきた三つの要因に大きな変化をきたした時代である。第1に、人種的偏見による排斥運動は1920年代前半までに法制面での排斥体制が完成したことにより、少なくとも20世紀初頭のような暴力的な排斥運動は鎮静化した。こうした局面を私はアメリカにおける日本人移民政策のワシントン体制と呼んでいる[3]。第2に、第1の結果として、日本からの新たな渡米者も移民に関しては全く禁止され、そのため日本から新たな構成員を補給することができなくなった。そして最後にホ

スト社会の言語で公教育を受ける二世が増えはじめたことや十数年以上におよぶアメリカ生活の長期化により、日本人社会もホスト社会とのコミュニケーションを可能にし、文化的差異をわずかながらでも小さくしていった。こうした日本人社会を取り巻く環境の変化はおのずと移民の社会的結合の理念や方法も変化させたものと考えられる。1925年7月に設立されたシアトル小児園は、かかる日本人社会の大きな転換期、ホスト社会、日本人社会双方に開かれた団体として、1920年代後半型の社会的結合の有り様を考える格好の素材になると思われる。

　おもな史料はワシントン大学図書館が所蔵する「北米日本人会史料」（Japanese Association of North America Records、以下 JANA と略す[4]）と『大北日報』である。これらに基づいてシアトル小児園に関する歴史像を具体的に再構成していく。

1　統計に見る日系二世と保育事業

(1)　増え続ける日系児童

年齢別人口の推移　まずは1920年代のワシントン州に在留する日本人の年齢別人口の推移から見てみよう（**図4-1、2参照**）。この統計に対応するシアトル市内在住の日本人人口については把握できていないが、各年齢層のおよそ半数がシアトル市内在住の日本人、残りがワシントン州郡部に居住する日本人人口の総計とみてもらいたい。

　各年の総人口は1920年1万8,401、22年1万8,170、24年1万3,241、26年1万5,281人。1924年に急激に人口を減らしていることがわかる。これは外国人土地法（1921年）、移民法（1924年）の制定によって在米日本人の政治的・経済的諸権利が不当にも制限されたため、アメリカでの生活に見切りをつけ日本へ帰国した者が相当数いたこと、また新たなビジネスチャンスを求めてカリフォルニア州や南米へ転出したものが多数いたことによる。流出した年齢層では

図4-1　ワシントン州在留日本人年齢別人口の推移

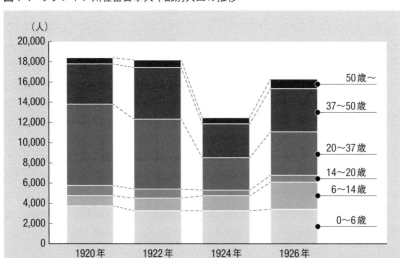

〔典拠〕JANA⑥-1448〜1451、1490、1590、1674より作成。
（注）1920、22、24年は米国西北部聯絡日本人会による各3月1日現在の調査値。1926年の数値
　　は同日本人会による6月30日現在の数値。

図4-2　ワシントン州在留日本人の年齢別割合の推移

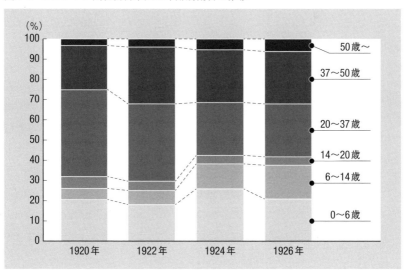

〔典拠〕図4-1に同じ。

20代から50代の働き盛りがもっとも多く、1922年に1万2,044人（全体の66.3％）いたこの年齢層は24年には7,290人（同55.1％）と5,000人近い減少となった。とりわけ20代から37歳にかけての層の減少が顕著であった。

　これに対して漸次その数を増したのが14歳以下の児童層である。なかでも6歳以下の幼児の全人口に占める割合は20％前後に達し、壮年層の激減した1924年には総人口の24％となった。こうした児童層の増加は日本人社会が好景気にわいた1910年代後半、日本から呼び寄せられた日本人女性がつぎつぎと身籠り、20年代前半に出産ラッシュを迎えたことの反映である。他方、50歳以上の高齢者の割合も徐々に増えはじめている。こうして1920年代後半は、児童人口と老人人口の増大にともない、二世の保育・教育問題とパイオニア移民の養老問題が同時に進行する双子の課題として、日本人社会に課せられるのである。養老問題も重要な研究課題ではあるが、ここでは幼い二世に対する保育問題に焦点を絞っていく。

「日本人」園児と高い通園率　そこでシアトル市内の「日本人」園児と幼稚園との関わりをみてみよう。**表4-1**はシアトル市学務局によるシアトルの公立幼稚園に通う「日本人」園児数の推移を示したものである。典拠文献には「日本人」園児と記されているが、その内実は純然たる「日本国籍」保持者よりも、アメリカで生まれたことにより二重国籍となったもの、もしくは「アメリカ国籍」のみの日系二世が多いと考えられる。

　公立幼稚園に通う「日本人」園児の数は年を追うごとに増えつづけ、総園児数に占める割合も増している。この特徴は**表4-2**「シアトルの公立小学校児童数」にみる「日本人」児童数の割合と比較してみるとより一層明らかである。「日本人」児童を除くいわゆる白人児童の中に占める公立幼稚園出身者はおよそ35人に1人程度であるが、「日本人」児童に占めるそれは5、6人に1人という割合である。また公立小学校児童数に占める「日本人」児童の割合は3％程度にすぎないが、公立幼稚園総園児数に占める「日本人」園児のそれは20％に近い。

　さらに1924年当時のシアトル市内には、公立幼稚園のほかにも**表4-3**が示す日本人のキリスト教会や個人経営による幼稚園ならびに託児所があった。こうした施設に通う園児も加えるならば、シアトルに在住する6歳以下の日系幼児

表4-1　シアトルの公立幼稚園園児数

(単位：人)

年度	園児総数	「日本人」園児総数	男女内訳	
			男	女
1921	1,221	137 (11.2)	75	62
1922	1,250	103 (8.2)	48	55
1923	1,241	145 (11.7)	75	70
1924	1,292	239 (18.5)	106	133
1925	1,422	312 (22.0)	151	162

〔典拠〕『北米年鑑』(1928年版) 82頁より作成。
(注1)　シアトル市学務局統計。
(注2)　( ) 内は園児総数に占める「日本人」園児総数の割合％。
　　　「日本人」園児にはアメリカ生まれも含まれる。

表4-2　シアトルの公立小学校児童数

(単位：人)

年度	児童総数	「日本人」児童総数	男女内訳	
			男	女
1921	36,243	880 (2.4)	529	351
1922	36,759	962 (2.6)	550	412
1923	36,916	1,116 (3.0)	639	477
1924	38,777	1,264 (3.2)	687	577
1925	39,470	1,392 (3.5)	753	639

〔典拠〕『北米年鑑』(1928年版) 82頁より作成。
(注1)　シアトル市学務局統計。
(注2)　( ) 内は児童総数に占める「日本人」児童総数の割合％。
　　　「日本人」児童にはアメリカ生まれも含まれる。

表4-3　シアトルの日本人幼稚園 (1924年3月)

(単位：人)

名称	後援団体	幼児数	教員数	
			アメリカ人	日本人
日本人浸礼教会幼稚園	日本人浸礼教会	65	0	2
日本人美以教会幼稚園	日本人美以教会	30	0	1
宮小児園 (1)	宮武個人経営	132	1	1
宮小児園 (2)	宮武個人経営	65	1	3

〔典拠〕JANA⑥-1496、1597より作成。
(注) 米国西北部聯絡日本人会1924年3月1日現在の集計値。
　　ただし、宮小児園 (1) は1922年、同 (2) は1924年の数値。

のおよそ4人に1人が通園していることをしめしてる。こうした事実から小学校就学前の同年齢児童のなかでも「日本人」児童の公立幼稚園への通園率がきわめて高いといえそうである。

　一般にアメリカ社会では幼児の保育は家庭で母親によって行われるべきだという「伝統的な保育観」が支配的で、小学校に上がる前に幼稚園――文字通りのプリスクールやキンダー――に通わせる家庭が多くないといわれている。こうした観念が白人の通園率を低くしている要因だろう。白人に比して高い日系幼児の通園率。これはいったい何を意味しているのだろうか。ここに共稼ぎ出

稼ぎ労働者としての日本人移民の姿——豊かな生活を夢見て渡米した女性たちも夫と共に働き続けなければならなかった移民の現実が反映されているのではないだろうか。以下、この問題も含めてシアトル日本人社会における保育事業をみてみよう。

(2) 日本人移民の保育事業

日本人浸礼教会幼稚園　　日本人浸礼教会は1899年に創立されたシアトルでもっとも古い日本人キリスト教会である。その付属施設である幼稚園の創立時期は不祥であるが、おそらくきわめて早い時期から「婦人ホーム」と関連させて運営されていたと考えられる。1922年に同教会は会堂を新築し設備を拡充したが、その時にも幼稚園室は備えられていたという[5]。また西北部聯絡日本人会の調査（前掲**表4-3**）に見たように、1924年現在の幼児数は65人で、日本人教師が2人いた。

日本人美以教会幼稚園　　この幼稚園の創立時期も不明である。日本人美以教会は1904年に設立されているので、浸礼教会と同様、「婦人ホーム」、日曜学校の一環として早くから幼稚園が営まれていたことだろう。『教界時報』には「〔1922年当時日曜学校には〕目下百七十七名の在籍児童で平均百名内外が毎日曜日に出席致してをります。前月から私共の幼稚園教師スターリング夫人の外に松下夫妻、元成夫人等を加えて拾五人の教師が熱心に教へてをられます」[6]との記事があり、1924年の『大北日報』には「美以教会の幼稚園は来る九月二日から開始す。時間は午前十時より午後三時十五分迄とし四歳以上の御子さん達の入園を希望す。申込はワシントン街一二三六の同園へ直接にあり度しと」[7]の広告が見える。1924年、日本人教師は1名で、30人の園児を収容していた。

メリノール小児園（メリノール小学校付属幼稚園）　　メリノール教会は白人によるカトリックの女子修道院で、日本人児童のために小学校と幼稚園、孤児院を経営していた。幼稚園の日課は、毎朝9時自動車で子どもを迎え、ランチを食べさせ、夕方5時各家庭にまで送り届けるというものであった。1922年の園児は80人ほどで、1人の日本人女性がボランティアで子どもの世話にあたっていたという。託児料は1人につき1カ月2ドル50セント、

1日10セントの割であった[8]。10年後の託児料も幼稚園2ドル50セント、小学校2ドルで、採算を度外視した社会事業であった[9]。

宮小児園　　これは1918年8月宮武によって設立された個人経営の小児園である[10]。1922年に第9街へ移り、以後24年にはメイン街、第6街、25年には第12街の日本病院跡へと移転をくりかえした。1923年10月以降、北米日本人会から月額50ドルの補助を受けたが、財政は慢性的に赤字であった。1924年11月現在の園児数は95人（男児55、女児40）、女性教師は4人（日本人3、アメリカ人1）であった[11]。後述するように施設の衛生環境は極めて悪く、そのためワシントン州幼稚園協会から改善勧告がだされ、シアトル市衛生局からは環境改善がなされないことを理由に閉鎖命令を受けた。その結果、宮小児園は1925年10月に1度解散し、園児の多くは新たに設立されたシアトル小児園に移った。1927年1月宮武は独自にタマ小児園を新設するが、1932年10月1日、シアトル小児園と合併してシアトル・タマ小児園となった[12]。宮武の人物像については不明な点が多い[13]。

シアトル小児園　　これが本章の対象とする小児園で、シアトル日本人社会の総力を集めて創られた託児所である。宮小児園の閉鎖に伴い父母の切実なる思いとシアトル在留日本人の総意によって1925年7月17日シアトル小児園維持会が発足、経営の母体となった。1932年10月タマ小児園と合併し、シアトル・タマ小児園となる。

　以下、宮小児園の閉鎖問題とシアトル小児園の発足経緯について詳しく見ていこう。

2　宮小児園の閉鎖問題とシアトル小児園維持会の発足

(1)　宮小児園の実状とワシントン州幼稚園協会の閉鎖勧告

宮小児園の実情　　上述したように宮小児園（シアトル小児園とも称していた）は、1924年11月現在、95人の園児を収容していた。しかし、

さすがに手狭になったのだろう、翌年1月、

> 当小児園は今迄南第六街に設けありしが狭隘を告げ申込の児童を収容する
> 能はざりしが今回日本病院跡を借受け候。就ては児童依托の申込に応じ可
> 申候間此段広告候也。
>
> 　一月五日
>
> 　　　　　　　　　　　　　　南第十二街日本病院跡　　宮小児園[14]

という移転広告をだし、日本病院が所有していた敷地建物の跡地に移っていた。

　日本病院は1907年、仏教開教師の藤井芳信が中心となり、仏教信徒その他
を株主として組織された病院で、白人の病院に入院したくても費用がなく、英
語もままならない日本人労働者のために開業されたものであった。創立当初は
出稼ぎ日本人の疾病を手当する病院として大いに利用されていたが、その後日
本人医師による開業も増え、日本人社会が拡充し、構造的に変化しはじめたた
め「最早特別に日本病院の存在を必要とせざるに至りたる」として、1924年8月、
株式組織の解散を決めた。解散時の入院患者数は9名で、その内訳はアメリカ
人1名、中国人1名、他が日本人であった[15]。敷地と建物はシアトル市の東南
部のこだかい丘の上にあった。そこに宮小児園が移ったのである。

　しかし託児環境は決して良くはなかった。1924年4月、ワシントン州幼稚園
協会（Washington State Kindergarten Primary Association）がシアトルの日本
領事にあてた宮小児園閉鎖勧告書には、同小児園の様子が次のように記されて
いた（抜粋）。

> Six years ago, there was started a Japanese day nursery. At first it
> was very small, and the building and equipment were negligible. As
> the number of children increased, additional room was needed, until
> finally it came to occupy its present quarters, a former shop building.
> There were one hundred children cared for. They begin to arrive as
> early as six-thirty in the morning, and some remain as late as seven
> in the evening. Their ages vary from four and one-half months to five
> years. Some children who attend the public schools in the vicinity are
> there a outside of school hours. The conditions are deplorable, for too
> many being crowded into a small space, with neither sanitation nor

facilities for such work.

　The nursery occupies four storerooms, which have bare, dirty floors, no ventilation, little light, no heat and no sanitation provisions. The yard at the rear is below the street grade, and has, consequently, constant seepage of water. No provision is made for lunches, the children eating cold lunches. The only sleeping accommodations are two small cribs and a temporary bed made on a table, to supply all the one hundred children. The insanitary conditions have already caused the illness of teachers, workers and children, relief for which can be obtained only be immediate weekly visits of a nurse[16].

　これによれば宮小児園は生後4カ月余りの乳児から5歳の幼児および学童も含め100名あまりの子どもを、早朝の6時30分から夜7時まで、4つの小さな部屋で託児していたが、床にはカーペットもなく木肌がむきだしのままで汚れており、室内の換気も悪くて薄暗い。昼寝のためのベッドも不十分で、テーブルで寝かせていたという。また温かい昼食をこしらえるための厨房設備もなく、裏庭にはいつも水が溜まっている。こうした不衛生な環境のため教職員や子どもたちも病気になっていたようである。

　このように宮小児園の劣悪な環境を指摘した幼稚園協会は、シアトル市衛生局（The Board of Health）によって同小児園は閉鎖されねばならないと進言すると同時に、今後も小児園経営を継続するならば、少なくとも1階には事務室、トイレのついた最年少児用の託児室、完全な設備をもった幼稚園室、食堂と台所、2階にはトイレと浴室、きちんと仕切られた寝室、伝染病の疑いのある児童を隔離する病室、地下室には運動場と暖房設備を置き、全ての床には掃除しやすい軍艦用リノリュウムを敷き詰め、屋外には雨天でも遊ぶことのできる屋根付きの小屋それに砂場や遊び場にふさわしい遊具が備えられねばならないとした[17]。

北米日本人会社会部の対応　ワシントン州幼稚園協会から閉鎖勧告を受けた日本領事はただあわてふためくばかりで、なすすべもなくこの問題を北米日本人会社会部に通報した。領事から連絡を受けた北米日本人会社会部は1925年4月27日、小児園問題の討議を開始し、ここに

おいて小児園問題が初めてシアトル日本人社会全体の問題となったのである。当日の重要な発言を列記すれば以下の通りである。

　　　（奥田平次）デーナスリーとせざるべからず。幼稚園としては不可なり。幼稚園なれば美以教会其他の教会にあれど、労働者の為めに幼児を托する場所を要するなり

　　　（竹内幸次郎）宮君は親を主とし親の便宜を計る為になしつゝあるものにして子供を主としたるものに非ず

　　　（伊東忠三郎）我等は宮小児園を眼中に於て協議を進めざるべからず[18]

　宮小児園が生後半年にも満たない乳児を預り、早朝から夜半まで託児していたのは、シアトルという都市部で共稼ぎする日本人夫婦または母子家庭の便宜をはかろうとしたためであった。そうした宮小児園を閉鎖し、新たに幼稚園を創ったとしても、一般の教会付属幼稚園と同様の託児条件——預かる子供は四歳児以上、託児時間は午前10時から午後3時過ぎまで——としたのではとても親の便宜にはならないと考えられた。その結果、「我等は宮小児園を眼中に於て協議を進めざるべからず」「デーナスリーとせざるべからず。幼稚園としては不可なり」という基本方向が確認されたのである。

　しかし「デーナスリー」（day nursery）すなわち託児所として託児業務を継続するための条件は厳しかった。1925年5月15日、シアトル市衛生局から宮小児園に対して出された改善条件は次の8項目で、「来週中に出来なければ直ちに閉鎖を命ず」という過酷なものであった。

　　一、床を作り直す事。
　　二、トイレット二つ。
　　三、児童の為のトイレット、三つ。
　　四、児童各自の衣類を置く区隔したる押入（児童数だけ備ふる事）。此は病気の伝染を予防する上に必要なり。
　　五、食堂として用ふるキッチンを適当に清潔に作る事。
　　六、児童の為めのベッド又はカウチ。
　　七、水飲み場（現在、宮小児園にて用ひ居るtin cupは法令違反なり）。
　　八、卓子、椅子等児童の常に接触する家具器具等は少くも一週二回石鹸水にて洗ふ事（伝染病予防）[19]

　市衛生局の命令を受けた宮武は、提示された条件に準じて小児園の継続をはかり、託児者（父母）の代表および教会代表者を招き、独自に後援会を組織し、改良に必要な資金1,500ドルの募集をはじめたが、見通しは決して明るいものではなかった[20]。

(2)　シアトル小児園維持会の発足

託児父母による
請願署名
　事態を重く見た父母は、1925年6月29日、請願署名を北米日本人会に提出し、小児園の閉鎖問題が単に父母や宮武個人の問題ではなく、日本人社会全体の問題であることを強調し、以下のように北米日本人会の方策を強く懇願した。

　　謹啓　宮武氏の小児園存廃問題突発以来既に数ヶ月、其の間州当局と市衛生課との同園に対する態度と同事業経営に関する注文の真意の存する所誠に捕捉しかぬる者之あり、為めに吾等父兄にありても遂に問題に関する善後を去就の程も決しかね居折柄、最近突然市衛生局より来月を以て同小児園閉鎖の厳命に接し、園主宮氏は此の際断然と其業の経営を断念する意志固きものある赴きに候も斯くては吾々在留民の生活上重大なる結果を見る事明らかにして目のあたり誠に憂ふ可きものも之あり。父兄は直ちに何等かの方法を講じ度も問題は父兄の箇人問題の如く事業は宮氏の箇人事業の如くにして然も実際は同胞一般の社会的一大問題なるを以て焦眉に迫る本問題の善後に就いては将来とも貴会とも協力して何らかの方策を講ずるを至当かと存じ茲に事態に関する方策御指導に預り度父兄連署を以て此の段懇願仕候　謹白　　　　　　　　　　　　　　　　　　敬具
　　　　千九百二十五年六月二十九日
　　　　北米日本人会　御中[21]

　北米日本人会社会部部長竹内幸次郎の報告（7月9日の臨時社会部会）によれば署名は49名であったというが、今日JANA史料として残っている署名用紙には（多くの抹消、加筆の跡があり、判然としない箇所もあるが）大人の名で65名、子どもの名で17名分の署名を見ることができる。閉鎖勧告がだされた当時、宮小児園に子どもを託していた父母の数は不明だが、各家庭から子どもを1人ずつ託していたとしても100人の子どもで100家族となる。大人の署名が65名

ということは、宮小児園に子どもを託していた父母の約3分の2に相当する。決して少なくない数である。

**シアトル小児園
問題相談会**　父母の請願署名を重く受け止めた北米日本人会は、労働、教育、社会の各部員ならびに役員を集め、7月7日、父母代表者を交えた協議会を開催した。協議の末、宮小児園とは全く別の小児園を発足させることとして、以下の方針が決まった。

> シヤトル日本人小児園〔宮小児園のこと〕は市衛生局より六月三十日限り閉鎖の命令あり。其後交渉の結果、一週間の延期を許されたるも永久に許さるべきものに非ざるを以て善後策を相談攻究したる結果、小児園後援会を組織し経営する事に決す。
> 一、後援会の組織は北米日本人会社会部が担当する事。
> 一、小児園は宮武氏の手を離れて独立経営する事。
> 一、後援会組織完成する迄凡向ふ三ヶ月間シヤトル小児園を現在の儘に置く事を衛生局に交渉する事。
> 一、小児園を後援会の手に渡す事に就いては宮武氏は異議なき事を言明す[22]。

この決定に従い北米日本人会会長の奥田平次は7月8日、シアトル市衛生局に対して宮小児園の閉鎖を90日間延期してもらう以下の請願書を発した（抜粋）。

> After due consideration we accepted and decided to remove the nursery to the Japanese School building at 16th Ave. So. and Weller St., they are building a new addition for which contracts let July 7th, building to start July 14th, and finished within 90 days.
> When the new addition finished, we may be able to get use of the part of old building which is ample for our purpose, properly fitted and asked by you.
> Therefore, we ask you to allow the present place to continue till the school building is finished.
> We are anxious to get away from present condition, but this is the only means we can think of[23].

90日間の延期理由は、ウエラー街1414に増築中であるシアトル国語学校の

新校舎完成までに90日かかるためというもので、新校舎が完成すれば、旧校舎の一部を借りて小児園を営もうとしたからであった。

シアトル小児園　　ついで7月9日、臨時社会部会において社会部が小児園維
維持会の発足　　持会の産婆役となることが決まり、17日実業倶楽部において小児園維持会組織相談会が開催された。そしてこの日、正式にシアトル小児園維持会が発足したのである。同相談会はシアトル小児園維持会会則を決め、役員を選出。会長に北米日本人会社会部部長で大北日報社長である竹内幸次郎を、副会長には安部清蔵（日本人組合教会牧師）、会計に小倉康生（仏教会開教師）を選んだ。この他に監督2名、評議員10名を選出した。シアトル小児園の英語表記についてはローマ字のまま The Seattle Shoni En とした[24]。

　さて、このように小児園設立にむけて日本人社会はすばやい動きをみせたが、こうした日本人側の動向をシアトル市当局はどのように見ていただろうか。JANA 史料に残されているシアトル警察局女性保護課調査官（Woman's Protective Division—Seattle Police Department Office of Superintendent）の報告書は、この点を知るひとつの手掛かりとなる。

　シアトル警察局女性保護課調査官の報告書とは、シアトル市長エドウィン・ブラウン（Edwin J. Brown）の要請を受けた同調査官による宮小児園の実態調査報告で、宮小児園の劣悪な環境を確認するとともに、すでに同小児園が日本人教会および有力者の監督下にあること、新園舎が完成するまでの90日間、第12街の現地での託児業務を市衛生局が許可したことを確認したと報告したものである。その全文は以下の通りである。

Woman's Protective Division—Seattle Police Department Office of Superintendent

July 28th, 1925

Edwin J. Brown
　Mayor, City of Seattle
　Seattle, Wash.
Dear Sir: ---

　As your request of July 15th, we inspected the Japanese Day Nursery located at 416-12th So.

The rooms were clean, but nothing provided for the real comfort of the children. Only one bed and this was a home made box affair. These children are, with exception of four or five, all the age when they should have an afternoon nap. The playground in the rear is not fenced in, making it easy for the children to get out of the street and under passing automobiles. It is a place devoid of comfort and convenience.

In conferring with Mr. Frasch of the Health Department, he stated conditions had improved greatly in this home since they had threatened to close it up. The Health Department have taken the matter up with prominent Japanese Church people and business men and have advised them that if they wish to run a Japanese Day Nursery it must be governed by the same rules that apply to the Seattle Children's Day Nursery on Broadway. This, they have agreed to do and to take it out of the hands of Mr. Mea, the Japanese who now runs it, although they will employ him at a salary to run the place, under their direction,

With this understanding the Health Dept. has consented to grant them permission to continue the school at its present locality for ninety (90) days, when their new quarters will be ready for occupancy.

The Japanese homes of children who attend this school which we visited were clean and comfortable, and much better than the conditions in the day nursery.

Respectfully yours,

Mrs. W.E.HARRIS, Supt.

by J.E. BRIGS

investigator

K.M. SLUSSER

Supervisor of Dances[25].

シアトル市内にあって──マイノリティにすぎない日本人社会の小児園問題に対して、市当局がこれほどまでの査察網を広げていたことは留意されるべきだろう。1920年代のアメリカニズムと幼稚園政策が密接に連動し、日本人社会の頭上にまで覆い被されていたことをうかがわせる史料である。

3 シアトル小児園の開設

(1) シアトル国語学校の校舎を借りて

国語学校との協議　宮小児園にかわる新たな小児園の設置を決めた北米日本人会が、その一時的な設置場所として校舎増築中の国語学校校舎を予定していたことは既にみた。そのうえ校舎新築工事が完了するまでの90日間、宮小児園で託児業務を継続させてもらうよう市当局に請願し、許可を得ていた。そしてその間に北米日本人会社会部が「産婆役」となりシアトル小児園維持会が発足したのであった。

　市当局と日本人会との間でこうした重要な取決めがなされていたにもかかわらず、シアトル国語学校と小児園の間では校舎借用について正式な交渉はなされていなかった。国語学校側の正式な了承を得る前に北米日本人会ならびに小児園維持会は、市当局による強制的な宮小児園の閉鎖をまぬがれるため、いわば見切り発車的に国語学校校舎の借用を予定していたのである。国語学校側との正式な交渉は1925年8月13日に始まり、小児園・国語学校両幹部による協議の結果、校舎借用条件として以下の諸点が決まった。

　　一、明後年三月まで現在の校舎のメーン・フロア四室を貸すこと
　　二、レント〔rent、家賃のこと〕を要せざること
　　三、ヂャニター〔janitor、用務員のこと〕、水代等実費を申し受くること
　　四、学校本位なれば小児園を併置したる為に学校事業に差支を生ずることを発見せば併置を断ること[26]

校舎の借用は永久的なものではなく、2年間という期限付きであった。校舎

は国語学校第1期の校舎のうち階下教室2間と男女生徒のトイレ、同第2期校舎では階下2間、第3期新築校舎ではキッチンの使用が認められた[27]。

　この校舎提供条件は同年8月28日に開かれたシアトル国語学校総会において異議なく可決され、「この問題は全部円滑に進捗した」[28]。

父母の要求　　　国語学校による校舎の一部提供が正式に決定された28日、小児園維持会は遊戯場設備費、小児用ベッドなどに要する費用735ドルの補助を北米日本人会に請願すると[29]、日本人会社会部は翌日、「新設のシアトル小児園に対し金六百弗を設立費の一部として補助すべき事」を満場一致で可決した[30]。こうしてシアトル小児園は10月上旬の開設に向け、家屋と設備の面においてワシントン州幼稚園協会および市衛生局が求める基準を満たしていった。残る課題は託児時間や経営理念などのソフトな面であった。

　1925年9月20日、小児園父兄会で託児料、託児時間等の協議がなされ、託児料金については経常費の財源を捻出する一方法として「託児料一人に付一ヶ月平均七弗と成し機宜に応じ此れを変更する事」で一致した。この時、父母より「今日迄各父兄が他の幼稚園より比較的料金高き宮小児園に託児したる理由は長時間託児し父母の便宜なりし為にして此点十分考慮あり度き旨」陳情があったと議事録に残されている。父母が宮小児園に期待していたこと、そして新たに設置設立される小児園に父母たちが期待したことは、父母の便宜をはかってもらえる長時間託児であった。この要求に対して小児園維持会会長の竹内は「勿論、児童の保育、衛生上に重きを置くと同時に父兄の便宜を計るべきである旨」説明していた[31]。

　国語学校との交渉によって施設の借用をはかり、父母との協議で彼らの便宜を満たすことを確認したシアトル小児園は、1925年10月6日、国語学校内に開園された。

(2)　シアトル小児園の内実

開園1週間の状況　　　ここで開園後1週間の状況をみてみよう。『大北日報』は小児園の様子を以下のように報じている。

　産婆役たる北米日本人会社会部の手を離れ父兄を中心とする維持会後援の下に独立したシアトル小児園が国語学校内に始業せられて以来既に一週間

を経過したが日を経るにつれ設備も順を追ふて進み園児も現在男児五十六名女子四十一名計九十七人を算するに及び尚日々増加しつつあり。同園は広大な園児収容二室に寝台二十五個を据へた寝室の外に事務室と台所を備へ屋外の運動場は百四十六坪遊戯機械を備へ真に子供の楽園たる名を恥かしめぬ理想に近かきものである[32]。

　97人の子どもたちを世話する職員は主事松藤久吾、保育担当宮武で、それに芦田、平林、松藤、中島の4人の女性が保母として保育に当たった。

　懸案の託児時間は、9月20日の父母相談会の際、朝7時より夕方6時過ぎまでとされていたが、開園1週間後の時点では登園午前7時半、9時、10時半、退園午後4時、5時、6時とフレキシブルな時間が設定された[33]。父母の求める託児時間にきめ細かく応えようとした姿勢がうかがえる。

　事務室の一角にはピアノと並んで薬の棚が設置され、軽いケガの応急手当ができるとともに、井出欽一、鈴木準吉両医師を顧問医とし、週1回検診を行うこととした。新設のキッチンには正午のランチ、間食の菓子、1週2回のスープの献立が張られ、給食設備も整った。弁当を持たずに来る子には1日10セントの昼食料を徴収し給食を出した。託児料金（月額）は2歳児9ドル、3歳児8ドル、4歳児6ドル、5歳児5ドルと託児児童の年齢に応じた料金が設定された。平均7ドルである。兄弟姉妹を2、3人託児する父母のためには2～3割引きの特典が設けられた[34]。

父母の職業　このようにしてシアトル小児園は開設されたが、どのような仕事を持つ父母が子どもを託していたのだろうか。宮小児園に子どもを託していた父母の職業に関する実態調査をもとにこの問題を考えてみよう（**表4-4**を参照）。

　同調査は、宮小児園に閉鎖問題が持ち上がった1925年7月、北米日本人会社会部が独自に調査したもので、宮小児園に託されていた子どもの相当数がシアトル小児園に移ったと考えられるもので、小児園と関りをもった父母の実態を知る貴重な手掛かりである。

　氏名のはっきりしている父母の総数は67名（このうち6名については子どもの情報が不明）、2名が寡婦である。北米日本人会員は23名、非会員44名。3分の2は非会員であった。職業では理髪業が父母合わせて11名ともっとも多く、つ

表4-4　シアトル小児園父母住所姓名簿（社会部調査作製）

日本人会会員	職業	県別	父母姓名	子供数	託児男（年齢）	託児女（年齢）	備考
○	（母）理髪 （父）洗濯	福岡	N.K	2		文代 (3)	
○	ホテル業	山口	N.R	4	克己 (5) 宏 (3)		
○	（父母）理髪業	福岡	T.K	2	治夫 (5)		
○	（母）理髪 （父）洗濯	山口	Y.R	2	克己 (2)	秀子 (4)	
○	洗濯業	和歌山	M.S	2	孝志 (3)	美代子 (9)	
○	理髪業	広島	Y.S	2		文子 (5) てる子 (3)	
○	理髪業	山口	S.J	1		綾子 (2)	7月より託児中止
○	果実店	広島	S.S	3		さち子 (4)	去る6月中旬より宮小児園へ託し居らず
○	（父母）マーケット働	栃木	O.G	3	三郎 (4)		
○	飯屋就働	神奈川	K.K	1	和雄 (2.6)		父は目下無職（7月21日）
○	ホテル業	滋賀	O.J	2	友一 (3.6)		
○	ホテル業	滋賀	A.A	4	信良 (5)	ひさゑ (3)	
○	グロサリー経営	広島	M.I	2	勇夫 (4.8)		
○	洋食店経営	愛媛	N.K	1		幸子 (1.6)	
○	洋食店働	愛知	I.H	1		君江 (2.6)	8月末一家帰国の予定
○	理髪業	福岡	O.H	3		ふじ子 (4.7)	こども2人は在日本
○	商業銀行員	三重	N.N	1	定男 (4)		
○	洋食店経営	岡山	Y.K	1	勉 (4)		
○	ホテル業	広島	N.H	2	博之 (6) 俊之 (5)		小学校通学中なるも退校後宮小児園へ託
○	鉄道働	滋賀	H.G	2	文雄 (5) 利治 (3)		
○	ホテル業	広島	O.Y	2	善孝 (4.6)		
○	ソーミル働	熊本	K.N	1		初枝 (5)	製材所働
○			I.Y				
	（父）ホテルポーター （母）チェンバー働	愛知	S.Y	2		まさ子 (3)	客室清掃
	（父母）理髪業	群馬	S.Y	3	房明 (3.11)		
	（父）青物ペドラー （母）手袋製造所働	栃木	A.K	3	賢一 (一)	かず子 (3)	
	果実店経営	滋賀	H.S	5	勇三 (3)	末乃 (5)	寡婦

表4-4 （続き）

日本人会員	職業	県別	父母姓名	子供数	託児男（年齢）	託児女（年齢）	備考
	（母）理髪業（父）田舎働	茨城	S.H	2		みち (6)	
	ホテル業	広島	T.I	3	志郎 (5)満 (4)		
	洋食店	佐賀	E.I	2	博 (4.2)		使用人3名
	飯屋	熊本	H.S	4	深 (4)		
	（母）ホテル業（父）セクション働	広島	S.T	2	寅雄 (4)		
	洋服洗濯業	福岡	O.I	1	義正 (4)		
	鉄道働	神奈川	T.K	2	春蔵 (5)		元東京楼主人、類焼の為め失業、鉄道働（7月21日）
	ホテル業	愛知	A.Y	1	憲 (1.6)		
	そば屋	熊本	U.Y	1	安成 (2)		
	菓子職人（さがみ屋就働）	大阪	I.N	2		しづ子 (7)ゆり子 (5)	しづ子は小学通学の送迎、ゆり子は9月より託児止
			S.S				South Park の人なるもシアトルに出た、左記の場所に約40日間滞在中、児童を託したる由
	元白人音楽店働き、無職	福岡	O.M	4	清 (5)		
	家内働（米人薬種店）	広島	H.K	2	稔 (6)		通学託児、9月頃帰国の予定
	（母）洋食店働	岡山	N.K	1		愛子 (1)	
	マーケット働	岡山	N.T	3		百合子 (4)撫子 (1)	全部3人の児を託し得るならば母も終日の仕事に就きたき希望なりと
	マーケット働	鳥取	N.T	2		朱子 (4)八重子 (2)	
	洋服洗濯業	三重	S.T	3	宏一 (4.5)		
	夏期中田舎働き、冬期は一定の職なし	熊本	H.E	2			寡婦
	洋食店働	広島	S.M	4		みちゑ (5.6)	
	洋食店働	愛知	I.H	2	勇 (4)俊男 (1.6)		8月末一家帰国の予定

表4-4 （続き）

日本人会会員	職業	県別	父母姓名	子供数	託児男(年齢)	託児女(年齢)	備考
	グロサリー経営	鳥取	K.Y	1	一雄 (5)		
	洋食店働	福岡	H.R	3		文子 (6) 愛子 (5) 貞子 (3)	
	靴商	和歌山	K.K	3	秀男 (5) 利明 (3)		
	元地方へ日用品行商	熊本	Y.K	1		敏子 (5)	
	キャナリー働	熊本	S.N	2	澄男 (5)		
	洋食店経営	愛媛	K.T	1	高助 (3)		
	洋食店料理人	福島	S.T	1	正 (4)		
	ホテル業	熊本	M.K	5	猛 (5) 享 (5) 双子		
	(父) 洋食店働 (母) 理髪師	神奈川	S.S	2	英二 (5)		他の一人は在日本
	(父) ガーデナー (母) チェンバー働		H.S	4		せい (2)	
	労働	高知	S.T	3	治男 (4.10) 衛 (3.7) 智 (2.5)		
	洋食店		N.T				日本人会に対して誤解あり
	ジャンク働	滋賀	T.C	2	正勝 (4.6) 長夫 (2)		
	ジャンク働	岡山	J.M	2	巌 (3.6) 克己 (2)		
	古物商	山口	A.S	3		文子 (6) 道子 (4)	文子、帰国入学のため小児園へ託す
			K.Y				
			H.K				
	マーケット働	広島	O.H	2		一江 (4)	
			O.S				
	家内労働	広島	K.K	1		久子 (4)	戸別訪問中Kミセスより託児ある旨申し出られ偶然に発見記入

〔典拠〕JANA③-595～601より作成。

（注1） 本名簿は北米日本人会社会部による1925年7月の調査。

（注2） 姓名の表記はアルファベットの頭文字を姓．名の順とした。

（注3） 子供の年齢で3.7とあるものは3歳7カ月を示している。

いでホテル業従業員10名、洋食店従業員9名、洗濯業、マーケット働きの各5名と都市部でのサービス産業に従事するものが多い。所得水準まではわからないが、なかには従業員を雇い洋食店やグロッサリーを経営する者もおり、必ずしも低所得者層が多いとはいえない。子どもの数は2、3人という家庭がもっとも多く、そのすべてもしくは1人、2人を託児してもらっていた。上述した父母相談会での発言にもあったように、父母の要求は、学校に上がる前の3～5歳児の面倒を見てもらっているあいだ、心おきなく仕事に従事できることであった。その意味で他の幼稚園より託児料金が高くても良しとしていたのである。

「健康第一」主義　開園1カ月後、収容園児は93人となり、5歳児がもっとも多く36人であった。そのため託児料の平均も5.50ドルとなった。保育方針は、ベリーゲザート公立小学校（Bailey Gatzert Elementary School）の校長メーハン（Ada Mahon）の助言もあって、児童の健康と善習に重きを置き幼稚園式の教育は第2とするものであった[35]。

開園9カ月後には収容園児も119人に増えた。その年齢別内訳は1歳児（特別）1人、2歳児7人、3歳児32人、4歳児26人、5歳児53人であった。

同園創立当時は健康不良児多く皮膚病児も少なくなかったが食事を精選し野菜その他の児童に必要なる栄養分を与へ睡眠運動等に注意の結果、健康不良児は殆ど皆無となり見るからに丈夫な児童が多い[36]

夏期は殊に戸外運動を奨励し一週二回は自動車にて海浜に送り数時間自由に遊ばせてゐる。（中略）同園は内部の整理と係員の熟練とともに漸く社会に認められその標語の健康第一は他の教育主義に比して児童の将来を利益する処多く公立学校入学後成績がよいと学校当局者に賞賛されてゐる。同園では今年九月入校期に公立学校へ送る多数の園児の成績に興味を持ってゐると[37]

こうして小児園が掲げた「健康第一」の標語は着実な成果をあげていったようである。

財政状態　小児園は、創立するにあたり設備費や送迎用自動車の購入資金などで約2,000ドルの負債を抱えて業務を始めたが、託児料だけでは毎月100ドル余りの不足を生じるため、1926年1月から北米日本人会社会部より月額50ドルの補助を受けた[38]。その後、小児園の経営は「健康第一」主義の

表4-5 シアトル小児園会計収支　　　　　　　　　　　　　　　　　　（単位：ドル）

年月	1925年11月	1926年7月	1926年8月	1926年10月	1926年11月
収　入	502.50	820.10	861.70	647.60	658.96
支　出	608.00	731.33	812.05	597.94	612.76
計	▲105.50	88.77	49.65	49.66	46.20
創立費負債残高	1,953.52	648.00	558.42	197.62	197.62

〔典拠〕　　　　JANA③-518　『大北日報』5109　『大北日報』5148　『大北日報』5189　『大北日報』5220
（注）収入は「別途会計収入」（寄付金、演芸会収入等）を含まない。
　　　▲は赤字収支であることを示す。
　　　『大北日報』の数字は号数である。

成果も評価され、託児数も増加したことで経営は順調となった。ただし園児が公立幼稚園や小学校に入る9月期は託児数が減少するため、収入も減少という増減をくりかえした。創立当初1年の会計収支を示したのが**表4-5**である。1926年10月には創立当初の負債を返済するため演芸会を開催し、演芸会の総収入522.25ドル、総支出86.19ドル、差引利益436.06ドル。ここから出演者謝礼47ドルを差引いた残金389.06ドルを負債返済に充てていた[39]。

(3) シアトル小児園の新築移転とその後

園舎新築　　　国語学校の校舎借用期限も残すところ8カ月余りとなった1927年1月27日、小児園は総会を開き、満場一致で園舎新築を決定した[40]。1月31日には日本館において実川延十郎一座による小児園新築資金寄付金芝居が興業され、小児園新築の話題作りに興を添えた。3月には5名の建築委員会（奥田平次、伊東忠三郎、有馬純義、神部利治、天野正十九）による敷地調査もなされ、移転準備は着々と進んだ。

1927年12月4日、シアトル小児園はウエラー街1414の国語学校敷地内からメイン街1020の新園舎へ移転した。オープンハウスの模様を『大北日報』は「意外の好天気に三百五十十人の参観者あり。維持会役員及職員は一々案内をなし食堂にて茶菓を饗した。遊戯場、食堂、寝台、便所等総て市衛生局監督の下に設備されたものであり又た庭園の戸外遊戯もよく整ひ参観者は何れも満足を表した」[41]と伝えていた。またオープンハウスに列席した『大北日報』の記者梧街・中島勝治は、そのコラム「別口雑記帳」において新築された小児園を「理想の

園舎」として紹介し、その設備を以下のように記していた。

　日光の潤沢と空気の清潔と土地の乾燥とは児童保健の三大条件だ。シヤト（ママ）ル小児園はファーストヒルの頂上、スミスビルデングと対話が出来るやうな高台にその園舎を購ふた。

　日光は朝から夕まで恵みの光を園舎の窓に差し込む。百二十五呎（フィート）四方の広い敷地に大きな栗の樹やひばりやハリーなどの常緑樹や落葉樹が弥（いや）が上にも空気を清めてゐる。

　（中略）二つの大きな遊戯室の後ろに二室の食堂とキッチン。二階の二室は小供の寝室。二十ばかりの可愛らしいベッドにシーツやピローや毛布は綺麗で、明るいルームに塵ひとつない。

　食堂の横は新しく建った小供用の便所と水飲場。男女別々に分ち、床はコンクリート。清潔法に叶ってゐる。同所は裏の運動場からも出入出来るやうになってゐた。

　広い運動場にはブランコ、スライド、扠ては屋根つきの大きな砂遊場も設けてある。「高台のせいか雨が止むと直ぐに乾くので、子供を戸外で遊ばせられます」と保母の説明。

　（中略）この日参観者の総員三百五十人。意外に沢山なお客と関係者は喜んでゐた。どうか小児園を同胞児童の楽園たらしめたい[42]。

　新しい園舎が、ワシントン州幼稚園協会ならびにシアトル市衛生局から示された厳しい設置基準を十分に満たしていたことがうかがえる。メイン街1020番はエリオット湾とワシントン湖に挟まれた南北に細長い街シアトルの南端部ほぼ中央に位置する高台で、シアトルの名所スミスタワーを見下ろす地にあった。

　〔子供二人をつれてシアトル小児園へと出掛けました〕歩を進むるに従ひ私共の住居附近とはちがひ道路さへ一階級上のやうな気がして気持よくテリー街まで参りました。

　あたりは住宅区域とていとも静かにしかも高台の事とて土地は燥き得も言へぬ心地にて、園舎を一瞥しますとワシントン街あたりでは見る事も出来ない立派な庭木が十幾本に行儀よく植えられ一見私共労働者の住居とは別天地の思ひがしました。

図4-3 シアトルの日本人街と小児園の所在地概略図

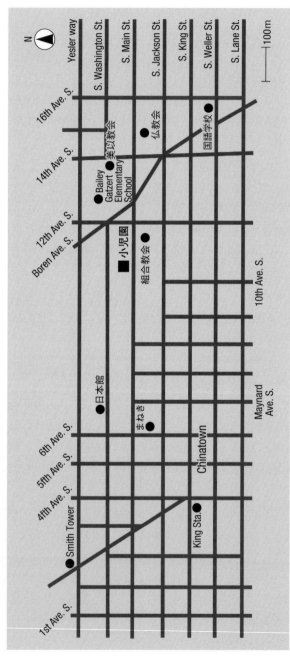

（注）宮小児園は、1922年第9街→1924年第6街とメイン街の角→1925年第12街日本病院跡と移転し、解散した。
シアトル小児園は1925年にウエラー街1414の国語学校内に開園し、1927年にメイン街1020へ移転した。
この図は1927年現在の国語学校と小児園の位置関係を示している。著者作成

　園内に入りますと御説明を伺ひつゝ遊び場、食堂、キチン、便所と拝見しましたが、何処も何処も綺麗に清められ、設備の完全せるには一驚を喫しました。

　次に二階を見せて頂きましたが、此処は寝室で、見るから可愛らしいベビーベッドが整然と列べられ、空気の流通光線と申分なき理想的の寝室に天使の如き幼児のすやすやと眠れる様は如何ならんなど思ふだに天国の様だと実にうれしく思ひました。

　運動場も見よとの事にて子供の手を取りつつ庭へ下りますと私の手をふり切る様にしてブランコに飛び乗り一生懸命で危いと思はるゝ程に操って夢中になってゐます。此処も室内と同じく何もかも至れり尽せりで真に理想的小児園とはかゝる処をいふならんと思はれました[43]。

　これは小児園を参観した「一園児の母」の感想である。当時、シアトルに在住する日本人の多くはエリオット湾へと傾斜していくシアトル市街地の南端ワシントン街、メイン街、ジャクソン街の500〜600番台周辺に集住しており、そこはキングステーションやユニオンステーションにも近く、場末の繁華街という観をなしていた。また周囲には「ピンクカーテン」と称された歓楽街もあった。こうした日本人街を見慣れているものからすれば小児園の設置された高台は別天地と映ったわけである。

　小児園が設置された場所は元々、仏教会（仏教青年会）、仏教婦人会の敷地で[44]、近くには日本人組合教会（1043 Main St.）、日本人美以教会（1302 Washington St.）もあり、日本人移民にとって一種の文化ゾーンを形作っていたところであった。小児園と同番地には仏教会日曜学校、日本語中学校、ロータス倶楽部など仏教会関連団体があった[45]。

　移転してから半年たった1928年6月24日、小児園の園庭でバザーが催された。『大北日報』はその様子を次のように伝えていた。

　小児園の園遊会開かれ仏教及聖公両婦人会及びロータス青年会少女の料理になるすし、サンドウィッチ、ハッドドッグなどの売店は中々の売行きにて、来賓は三々五々園内の緑樹の蔭に孰れも広い庭園の設備を賞せぬものはなかった。午後六時の閉会までに約千人の来会者あり御馳走は早くも売切れの盛況だった[46]。

『大北日報』ではこの記事を節目としてシアトル小児園に関する報道がめっきり減っていった。このことは、シアトル小児園の存在が日本人社会にあってあまりにも日常的なものになってしまったことを物語っている。

シアトル・タマ小児園　1932年10月1日、シアトル小児園は宮武のタマ小児園と合併し、シアトル・タマ小児園となった。宮武はシアトル小児園の設立当初、保育担当職員として同小児園の運営に従事していたが、自らの理念に基づく小児園経営の念やみがたかったのだろう、その後シアトル小児園を辞職し、1927年1月独自に「タマ小児園」（307 6th）を設立していた。しかしその5年後の1932年、託児数が減少したことを機に、シアトル小児園と合併し、シアトル・タマ小児園となったのである。

1932年12月現在の収容託児数はわずかに48人。その内訳は1、2歳児（託児料9ドル）2人、3歳児（同7ドル）7人、4、5歳児（同6.5ドル）6人、公立学校放課後委託の学齢児童30人（うち土曜日のみ委託児童約10人）、それに弁当持参者の3人であった[47]。

1930年代になるとシアトル日本人社会の人口構成は、20代後半と0〜5歳児がともに5%程度ともっとも少なく、逆に10代前半の男女（全人口の17%近くを占める）と40代以上の男女がもっとも多くなり、いびつなひょうたん型を示すようになる[48]。これは20年代前半の日本人社会における出産ブームが一段落し、幼児人口が減少し始めた結果である。このため30年代の小児園は従来の幼児を中心とする保育から公立学校に通う、かつてのベビーブーマーを迎え入れる学童保育へとその性格と役割を変えていったのである。

むすび

本章は、これまで本格的に論じられることのなかった1920年代後半のシアトル日本人社会とその歴史的特質を考察するため、分析の対象に〈子ども〉とりわけ「幼児」の問題を取り入れた試みであった。可能な限り基本史料を提示したのは、シアトル小児園をはじめ、多くの保育団体に関する研究が「未踏査」な分野であるためで、同時代史料に即し、事実の再構成を心掛けたことによる。

　ここではシアトルの日本人社会が総力を挙げて小児園を設立したことの意味を
示すことでむすびとしたい。
　その第1は、シアトル小児園の設立はシアトルという都市部において、接客・
サービス産業に従事し、共稼ぎしている日本人一世という「親」たちのニーズ
を満たす取組みであったということである。小児園が設立された直接的な契機
はシアトル市衛生局からの託児環境の抜本的改善という行政指導にあり、そし
てこの点において小児園の保育方針はあくまでも〈子ども〉が主とされ、〈子ど
も〉の健康を増進することが第1の課題とされていた。この意味において新た
に設立された小児園は〈子ども〉たちにとって理想の「楽園」となった。だが小
児園を維持・運営していくうえでの論理は常に親の便宜をはかることが最大の
課題とされていたのである。この論理は1930年代になり、幼児人口が減りは
じめ、学童が増え、小児園が事実上、学童保育所となったとしても変わりはな
かった。小児園に期待された社会的役割が、シアトルで働く親たちの利益、共
稼ぎする日本人のニーズを満たすことにあったからである。
　第2は、ホスト社会との共存をはかるための十分条件としてシアトル小児園
が位置づけられていたことである。日本人社会はホスト社会（シアトル市衛生局、
ワシントン州幼稚園協会）が推進するアメリカニズムの一環としての幼稚園政策
ならびに行政指導を可能な限り受容し実現しようとした。それは排日要因とさ
れかねない多くの幼児問題（健康管理、劣悪な幼児教育環境、ストリートチルドレ
ンなど）を主体的かつ積極的に除去・改善することで、ホスト社会の要求を受
入れる良き隣人たること、隣人になりうる能力があることを示そうとしたから
であった。この意味で、シアトル小児園の設立運動は、1920年代後半に日本
人社会で展開された一連の社会事業・社会運動——共同募金運動や児童の健康
促進・伝染病予防キャンペーン、結核撲滅運動などと通底する取組みであった
と位置づけることができる。所与の条件下で可能な限りの質的充実を図るとい
う20年代後半の日本人社会にみる新たな定住戦略の典型的なケースであった
のである。
　第3は、小児園が小児園維持会を生み財政補助を担った北米日本人会、シア
トル市当局との交渉ならびに宮小児園の救済に尽力したキリスト教会、シアト
ル小児園に建物と敷地を提供した国語学校と仏教会など、日本人社会が30年

余りにわたって築いてきた多くの団体、組織力が結集されたところに生まれた団体であったことである。1920年代後半、日本からの移民が全面的に禁止されていたため、日本人社会の多くは市民権を持つ二世の成長に自らの将来を託すようになっていた。その思いが既存の諸団体による横の連帯を強め、シアトル小児園の迅速なる設立を支え、一般在留民からの寄付金や義援金を結集させる推進力となっていた。この点において、シアトル小児園は日本人社会というエスニック・コミュニティの中にあって30年来育まれてきた共同性の上に新たに築かれた社会的結合の産物であり、ホスト社会と日本社会の双方に開かれた団体であったといえるものであった。

●註

1 ユウジ・イチオカ「第二世問題──二世問題への日本人移民の見方の変化　一九〇二‐一九四一」（ユウジ・イチオカ『抑留まで　戦間期の在米日系人』（彩流社、2013年）

2 坂口満宏『日本人アメリカ移民史』第1章「移民のナショナリズムと生活世界──シアトル日本人社会形成小史」参照

3 同『日本人アメリカ移民史』第2章「北米の日本人移民と二つの国家──外国人土地法との闘いを中心に」参照

4 JANA史料が収録されているマイクロフィルムの表記については、たとえばある史料がJANAのAcce. No.1235-2, Reel No.3の186コマ目に収録されているならば、JANA③-186と略記する。

5 『大北日報』1922年11月14日

6 『教界時報』1922年2月24日

7 『大北日報』1924年8月28日

8 『大北日報』1922年1月18〜21日

9 外務省記録 (I-5-0-0-3)『在外本邦人社会事業関係雑件』

10 同上

11 JANA③-186

12 前掲『在外本邦人社会事業関係雑件』

13 宮小児生「野辺地天馬氏を迎ふ」『大北日報』1925年7月9日では「（野辺地天馬）氏は僕と郷里は同じで盛岡を出ては東京にのみ住居せられ僕は浮雲の如く今日西明日は東と定まらぬ世渡りをなせど……」と述べている。

14 『大北日報』1925年1月5日

15 『大北日報』1924年8月20日

16 JANA③-573

17 JANA③-573〜574

18 JANA③-235～241

19 JANA③-580

20 JANA③-245

21 JANA③-546～547

22 JANA③-550～551

23 JANA③-549

24 JANA③-603～609

25 JANA③-575

26 『大北日報』1925年8月14日

27 JANA③-587～588

28 『大北日報』1925年8月29日

29 JANA③-589～590

30 JANA③-263～264

31 JANA③-616～618

32 『大北日報』1925年10月13日

33 『大北日報』1925年9月21日

34 『大北日報』1925年10月13日

35 『大北日報』1925年11月4日

36 『大北日報』1926年7月3日

37 『大北日報』1926年8月4日

38 JANA③-275

39 『大北日報』1926年10月19日

40 『大北日報』1927年1月28日。またこの日には役員選挙もなされ会長に奥田平次、副会長に池聴水、会計に藤本利一が選出された。

41 『大北日報』1927年12月5日

42 同上

43 『大北日報』1927年12月7日

44 『北米年鑑』第1 (1910年)「附録在米日本人住所姓名録」参照

45 『北米年鑑』(1928年版)「北米年鑑住所録」参照

46 『大北日報』1928年6月25日

47 前掲『在外本邦人社会事業関係雑件』

48 S. Frank Miyamoto, *Social Solidarity among the Japanese in Seattle*, University of Washington Press, 1984, p.38 Figure Ⅳ.

第5章

バンクーバーの日本人健康相談所とその結核治療・撲滅活動

〔典拠〕外務省外交史料館所蔵、外務省記録『在外本邦人社会事業関係雑件』
（I-5-0-0-3）所収「日本人健康相談所委員会」に関する領事報告

はじめに

　本章は、世界恐慌の影響下にあった1932年に発足し、1942年のカナダ政府による総移動政策によって閉鎖を余儀なくされるまでの11年間、カナダのバンクーバーにあって日本人と日系人のための結核予防、各種医療・救済活動に従事した日本人健康相談所の歴史を概観するものである[1]。

　1930年代の世界的不況は、カナダに住む日本人にも深刻な影響を及ぼした。工場の閉鎖や事業の縮小は容赦なく失業者を生みだし、従来なら失業者の少ない夏期にも職につけない者が相当多数にのぼった。カナダ日本人会によれば日本人失業者は1,500人に達するといわれたが、日本人会でもその実数の把握はできていなかった。そのうえ、カナダに住む日本人と日系人の肺結核に罹患する割合は他国人に比べても高かった。それだけに、1930年代の日系人社会では失業・貧困問題と結核の治療・撲滅対策とが急務の課題となるのであった。

　日本人健康相談所は、こうした1930年代の初頭にあって、カナダに住む日本人と日系人のために無料の診療所を設置したいとしたバンクーバー合同教会の要求と日本人と日系人に肺結核患者が多いことから予防運動を起こしてくれないかとしたバンクーバー市衛生課の希望が一致したところに生まれたものであった。健康相談所の目的は、バンクーバー市衛生課の日本人部として市の衛生事業を援助し、在留日本人に対して衛生思想を普及し、健康の増進を図ることにあった。この目的を実現するため、バンクーバーにあった各種日本人団体から委員が集まり、行政とともに事業に取り組み、健康診断による結核の早期発見から慢性伝染病に対する予防注射の実施、患者の家庭訪問に至るまで、多くの点において実績を残したのであった。

　本章では、まず1930年代のカナダに在住していた日本人の人口と「病」に関する統計を概観し、そのうえで日本人健康相談所の発足にいたった経緯、活動事例、活動を進める上で直面した課題についてのべていくことにする。

1 1930年代のカナダに在住していた 日本人と「病」に関する統計

カナダに在住していた まずは1930年代後半の人口と生業についての概観
日本人人口 をしておこう。表5-1に見るように、1938年当時、カ
ナダ全土に在住していた日本人（カナダ生まれの二世も含む）の数は2万2,840人で、
その96％にあたる2万2,000人余りがブリティッシュ・コロンビア州（以下、
BC州と略す）に集住していた。そしてそのBC州においてはバンクーバー市内
に8,000人余り、スティーブストンというサケ漁の盛んな地域に2,000人余り、
そのほかはBC州内の山間部やバンクーバー島などの沿岸部におよそ1万1,000
人の人びとが点在していたことになる。

BC州における日本人・ 1930年代のカナダにあって、もっとも恐
中国人・白人結核死亡率の比較 れられていた病気は結核であった。表5-2は、
バンクーバー市の衛生局が1941年に発表したもので、30年代を通してBC州

表5-1　ブリティッシュ・コロンビア州の在留日本人数および本業者数（1938年）（単位：人）

在留邦人区及本業者表 ブリティッシュ・ コロンビア州	戸数 （家長または 独立生計者数）	男	女	合計	本業者数*
バンクーバー市	2,067	4,568	3,869	8,437	3,119
スティーブストン	545	1,199	952	2,151	633
その他の州内地方	3,630	6,762	4,725	11,487	3,599
合　計	6,242	12,529	9,546	22,075	7,351
平原三州およびユーコン領	236	461	268	729	225
東部諸州および北西領	16	27	9	36	25
総　計	6,494	13,017	9,823	22,840	7,601

＊本業者数中、職業不明及失業者436人を含む。

〔典拠〕ブリティッシュ・コロンビア大学所蔵Japanese Canadian Research Collectionマイクロフィルム
Reel 4、XXIV.B.4、Dr. Masajiro Miyazaki Collection所収「昭和13年4月現在　加奈陀在留邦人
調査表　加奈陀日本人会」より作成。ただし縦書きの漢数字を横書きに直し、「晩香坡市」をバ
ンクーバー市、「ステブストン」をスティーブストンと改めた。「平原三州」とは、アルバータ・
サスカチュワン・マニトバの3州、「東部諸州」とはオンタリオ・ノバスコシア州など東部の州
を指す。

表5-2 ブリティッシュ・コロンビア州日本人・中国人・白人の結核死亡率比較表

年	日本人 1934年人口 約24,000人		中国人 1934年人口 約26,000人		白人 1934年人口 約650,000人	
	死亡数（人）	対1,000人率	死亡数（人）	対1,000人率	死亡数（人）	対1,000人率
1934年	35	1.45	28	1.09	290	0.45
1935年	26	1.06	41	1.65	331	0.5
1936年	25	1	37	1.57	312	0.46
1937年	26	1.02	28	1.26	309	0.46
1938年	19	0.73	39	1.8	274	0.4
1939年	18	0.64	42	1.98	294	0.42

〔典拠〕バンクーバー市衛生局発表の統計記事（『大陸日報』1941年3月20日）より作成。なお、1934年の人口は死亡数を対1,000人率にて除し算出した概数を示したものである。

表5-3 BC州日本人・中国人・先住民・白人の死因別比較表（1937年）　　　　（単位：人）

死因	日本人			中国人	先住民*	白人	合計
	男性	女性	合計				
結核	17	9	26	28	222	313**	589
がん	10	7	17	23	12	956	1,008
1歳未満の乳児	19	11	30	4	194	430***	658
他の要因	55	41	96	164	342	5,124	5,726
死因別合計	101	68	169	219	770	6,823	7,981
死産	4	2	6	1	7	240	254
総　計	105	70	175	220	777	7,063	8,235

　　＊ 原資料において「インディアン」と記載されているものを「先住民」とした。
　＊＊ 表5-2では309人となっていたが、表5-3では典拠通りの数値を記載した。
＊＊＊ 原資料では「420」と記載されているが、合計数から逆算して「430」に訂正した。
〔典拠〕ブリティッシュ・コロンビア大学所蔵Japanese Canadian Research Collectionマイクロフィルム Reel 4、XXIV.B.4、Dr. Masajiro Miyazaki Collection所収「Vital Statistics of Japanese in British Columbia、Compiled from the B.C. Board of Health. By Dr. M. Miyazaki、Canadian Japanese Association」より作成。

　内における日本人・中国人・白人の結核死亡率を比較したものである。
　BC州の日本人は、およそ2万4,000人。このうち1934年を例にとると結核で死亡した人数が35人、これを1,000人当たりでみるならばその率は1.45に当たるという記載である。同様に2万6,000人ほどいたとされる中国人の場合、1934年の死亡者数は28人で、1,000人率に換算すると1.09であった。他方、

表5-4　BC州在留日本人の年次別死因比較表　　　　　　　　（単位：人）

死因＼年	1932年	1933	1934	1935	1936	1937	1938	1939
結核	30	28	35	26	25	26	19	18
がん	6	18	14	10	13	17	13	8
1歳未満の乳児	40	36	32	34	26	30	25	22
他の要因	90	94	101	80	78	96	82	79
死因別合計	166	176	182	150	142	169	139	127
死産	15	10	11	10	10	6	6	11
総　計	181	186	193	160	152	175	145	138

〔典拠〕表5-3と同じ。

　BC州のマジョリティであった白人では、人口65万人のところ、結核でなくなったものは290人で、1,000人率にして0.45となっていた。白人の割合と比較した場合、結核によって亡くなる日本人のそれは白人の3倍余り、中国系と比べても1934年に限れば日本人の死亡率は高い状況にあったことがわかる[2]。

　表5-3は1937年を例としてBC州に在住する日本人・中国人・先住民・白人の死因を比較したものである。これによれば、白人を除き、結核による死者数ががん（癌）によるそれより上回っていたことが明らかである。また、中国人と比べた場合、日本人には1歳未満に亡くなるもの、死産によるものが多かったようである。

　表5-4はBC州に在留する日本人に限定して、その年次別死因の推移を比較したものである。結核を例にとれば、34年をピークとしてその死亡者数が減っていったことがわかる。また、1歳未満乳児の死亡数と死産数も減少傾向にあったことが見て取れる。

　では、なぜ結核による死亡数や死産数は減っていったのか。こうした数値の背後には結核を防ぎ、乳児や胎児の死亡を減らしていこうとした日本人健康相談所による地道な啓発活動があったからではないか——これが本論の立脚する基本的な観点である。

　では、バンクーバーの日本人健康相談所はどのような取り組みを行い結核患者を減らしていったのか、乳幼児の死亡を減らすためどのような啓発活動や健診を行っていたのだろうか。この点について詳しく見ていくこととしよう。

2 日本人健康相談所の発足

日本人合同教会婦人会 1930年代、バンクーバー市内には、市の失業救済所、
衛生部による取り組み バンクーバー市立病院（General Hospital）、カソリッ
ク教会付属病院の聖ジョセフ病院（St. Joseph Hospital）、合同教会付属病院の
東洋人病院（Oriental Hospital）があり、日本人の傷病者や困窮者を収容し、治
療にあたっていた[3]。

　バンクーバー市の失業救済所は1931年8月、あらゆる人種、国民を対象に
一般失業者の救済を目的として設立されたもので、1933年までの被救済者総
数は約3万人、そのうち日本人はおよそ200人と観測されていた。バンクーバ
ー市立病院、聖ジョセフ病院、東洋人病院はいずれも貧困な日本人肺結核患者
等を無料で診療し、入院させていた病院であった。ところが長期の不況はバン
クーバー市立病院の経営状態を極度に悪化させ、肺結核患者の増加は各病院の
収容能力を圧迫していた。こうしたとき、日本人の女性団体によって同胞に衛
生思想を普及し、健康の増進をはかろうとする運動が始まり、日本人健康相談
所の発足にいたるのである。その端緒は1932年4月13日、日本人合同教会の
「婦人会」によって設置された衛生部の取り組みであった（部長：兵頭敏子、委
員：ミス・バード、西川原夫人、下高原信子）[4]。

　他方、バンクーバー市衛生課から日本人患者に対する医療費支出の軽減をは
かるため、日本人社会に専属のクリニックを創設する計画が提起された。それ
を契機に合同教会では婦人会と協力して種々方法を講じ、市の衛生課と交渉し
た結果、マッキントッシュ衛生課長の同意を得て日本人のために「無料診断所」
を設置することになった[5]。以下の史料は開設準備会にむけてバンクーバー市
内の主な日本人女性団体に送られた呼びかけの全文である。

　　拝啓。時節柄、病気に冒されつゝも、種々なる理由で適当なる手当を施す
　　事が出来ず困ってゐられる人々が可成多くある様子です。それで日本人間
　　にも無料診断所が設置出来ないものかと、考へて居ましたところ、幸ひ晩
　　香坡市衛生課では、その計画に同意し、その方の委員を任命し、近く日本

人の便宜の為めに特に新しく無料診断所を開設する事となりました。つきましては、右診断所が、日本人同胞間に有意義に利用され、相互福利増進の一機関たらしめる為に、皆様の御援助を仰ぎたく存じまして、来る5月14日（土曜日）午後8時、ジャクソン街体育館社交室にて、市内日本人間の婦人諸団体の代表者の御来会をお願ひして、準備会を開催いたしたいと存じますから、貴会からも2名の代表者を御遣り下さいますよう特に御案内申上げます。　　　　　　　　　　　　　　　　　　　　　　　敬具。

ジャクソン街202

晩香坡市衛生課　日本人部委員

　1932年5月9日[6]

バンクーバー市の衛生課長マッキントッシュ（Mackintosh）によって一任された日本人部の委員は清水小三郎牧師、小宮山文子、ミス・バード（Florence Bird）、兵頭敏子、下高原幸蔵医師、下高原信子の6名であった。このうち清水小三郎はバンクーバー日本人合同教会の牧師。ミス・バードはパウエルおよびフェアビュー街両方にある合同教会幼稚園の教師で、日本にも7、8年滞在したことのある親日家であった[7]。小宮山文子は同婦人伝道会の記録書記。下高原幸蔵医師は日本人社会でもっともよく知られた医師のひとりで、信子はその妻で、合同教会の女性伝道師であった。兵頭敏子は兵頭英一の妻で、夫婦共に長きにわたり合同教会の有力会員であった。また「労働組合婦人部」の有力メンバーの一人としても活動していた。1961年に刊行された『カナダ日系人合同教会史』は、日本人健康相談所に関わった人物として兵頭敏子と下高原幸蔵を取り上げ、以下のように特筆していた。

　　特に、兵頭夫人は、決して裕福でもなく、6人の子女を持つ家庭の主婦であるにもかかわらず、遠路を電車でクリニックに通い、余暇には家庭、病院に患者を見舞い、慰藉し、心魂を打ち込んで奉仕を続けた。又、下高原ドクターは、日曜日を利用して、赤川牧師の教壇を助けた上、結核予防の手を、遠くフレーザー・バレー各地にのばし、衛生講話、無料診察を多年にわたって実行し、結核菌の早期発見によって、適当な手当を受けた者多数に上った[8]。

ジャクソン街の体育館とは、バンクーバー日本人メソジスト教会の赤川義盈

牧師の呼びかけによって1920年に建てられたもので、バンクーバーの日本人社会を代表するコミュニティ・ホールであった（**図5-1**参照）。ジャクソン街とパウエル街の角に立ち、道を挟んでパウエル・グラウンドと面していた。体育館には長さ70フィート、幅40フィートの屋内運動場、事務室、更衣室、浴室、水泳室、料理室、読書室兼休憩室が設けられていた[9]。ここにいう「読書室兼休憩室」が、準備会の開かれることになった「社交室」に当たるだろう。

開設準備会に参加した団体と健康相談所の活動基本方針　日本人部委員の呼びかけに応じて、5月14日の開設準備会には13団体から26名の出席があった。

日本婦人会	重松、新見両夫人^{（ママ）}
共立語学校母姉会	三井、滝本両夫人、佐藤伝校長
キチラノ語学校母姉会	瀬尾夫人
フェアビュウ語学校母姉会	前川、佐々木両夫人
聖公会婦人会	永野、小平両夫人
本派仏教婦人会	水野、堀田両夫人
本派仏教幼稚園母の会	伊吹、中本両夫人
第二仏教婦人会	江畑、園城両夫人
合同教会婦人会	有門、浜垣両夫人
合同教会夫人伝道会	安仲夫人
合同教会幼稚園母の会	山下、猪瀬両夫人
フェアビュウ幼稚園母の会	益田夫人
傍聴者	民衆社の鈴木俊子、梅月高市ほか2名[10]

参加者は語学校系、仏教会系、キリスト教会系の各女性団体と労働組合関係者で、いずれも各方面で中心的な働きをなしている人びとであり、旧知の仲であった。この会合で以下の基本方針8項目が決まった。

(1) 無料診断所を「健康相談所」と改名すること

(2) 各婦人団体より1名ずつ代表者をだして健康相談所委員会を組織すること

(3) 市衛生課の任命した委員は1年間実行委員とすること

(4) 委員会は必要に応じて招集すること

図5-1　バンクーバーの日本人街と合同教会体育館の位置

〔典拠〕伊藤一男『北米百年桜』（一）（PMC 出版、1984年）、口絵。体育館、内田医院、下高原薬局医院の所在地を◯で囲んだ。

 (5) 兵頭敏子を委員長として当分会計を兼任すること
 (6) 市委員の作成したプログラムを承認すること
 (7) 第5火曜日のある場合には研究会を開くこと
 (8) 婦人諸団体は代表者氏名を6月中に委員長まで通知すること[11]

 こうして1932年5月14日が健康相談所の創立日となり、5月31日にジャクソン街の体育館で開所式が催された。

3　健康相談所の取り組み

**健康相談所の活動事例と
その実績**
　健康相談所の目的は、日本人を対象に無料で健康
診断を行い、結核を代表とする慢性伝染病や各種疾
患を早期に発見し、医師の治療をうけるように指導することであった。そのた
め同所では直接的な治療は行わず、診断と予防注射の実施を中心に、尿検査や
薬品の無料給与、病院や結核患者の家庭訪問、それに日本人一般にひろく健康
と衛生に関する知識の伝達をはかる衛生講習会を行うこととしていた。**表5-5**
に見るように、その活動事例と実績は日を追うごとに増えていった。

　では、無料診断とはどのように行われていたのだろうか。1932年6月7日に
体育館で開催された第1回診断の様子を見てみよう。

　　既報の如く市衛生課日本人部健康相談所では第1回診断を昨日午前10時
　　から体育館で行ったが、場所は委員によって周到に用意されドクターも求
　　診者も満足であった。下高原、内田両医師、市の看護婦二人の外、久保千
　　代子嬢（公認看護婦）と小宮山、下高原、兵頭の三委員が助力したが丁寧
　　に診断して12時迄かゝった。昨日診察を受けた人は10名、そのうち3名
　　は肺結核の疑ひで無料特別診断を受ける為め、ロータリー診断所へ紹介さ
　　れた。来週火曜日午前10時からフエヤビウ合同教会英語夜学校室で次回
　　診断が行はれるが、希望者は成るべく時間迄に出頭されたいと[12]

　内田又三郎医師は1900年にカナダで生まれた日系二世で、トロント大学を
卒業。しかし医者として病院に入れてくれないとのことで日本に渡り1年間骨
接ぎを勉強。カナダに帰ってきて1928年にバンクーバーの日本人街で開業し
た（**図5-1**に見るように、内田医院はパウエル・グラウンドの北側あった）[13]。

　公認看護師の久保千代子はアルバータ州で看護師の資格をとっていたが、バ
ンクーバー市立病院が東洋人看護師の採用を認めていなかったため、下高原医
院に勤務していた[14]。これは東洋人看護師の採用を提案していたマッキントッ
シュ衛生課長のはからいであった（**図5-2**参照）。

　第2回診断を翌日に控えた6月13日の夜、体育館にて健康相談所の委員会が

表5-5　日本人健康相談所の年次別活動実績

事項 ＼ 年度	1932	1933	1934	1935	1936	1937	1938	1939	1940	1941
無料健康診断回数	43	44	46	45	48	48	51	52	49	46
来診者数	371	474	475	523	430	318	536	871	455	411
肺結核と判明した者	12	3	18	—	—	—	—	—	—	—
ジフテリア無料予防接種	405	—	806	237	92	52	35	168	—	—
種痘	29	28	21	—	50	16	17	84	11	27
尿検査	—	61	—	38	21	20	15	75	52	38
血液検査	—	16	—	15	3	20	13	28	19	11
沈殿物検査	—	—	—	—	—	—	—	—	—	6
特別施療	—	—	—	—	—	19	163	9	6	4
扁桃腺手当	—	—	—	—	—	—	3	—	—	—
薬品無料給与	—	72	—	105	69	82	139	234	159	209
患者必需品供与（結核）	—	—	—	—	24	—	52	37	45	94
病院訪問	—	—	101	—	59	—	801	836	738	522
家庭訪問（結核）	—	—	1,496	数百回	—	600	1,070	734	759	1,046
市のクリニックに紹介	79	79	—	169	—	—	5	—	—	—
眼科専門医に紹介	—	—	—	—	1	—	12	15	16	13
歯科医師へ紹介	—	1	—	—	—	—	3	—	—	4
入院施療紹介	—	—	—	—	4	—	—	8	—	—
リリーフへ紹介	—	—	—	—	—	—	6	4	8	—
X線診断紹介	—	—	—	—	113	29	19	43	21	9
当所X線透視診断	—	—	—	—	—	—	32	11	14	16
当所X線撮影診断	—	—	—	—	—	—	12	15	16	13
衛生映画講演会	2	2	4	5	—	—	—	—	—	—
講演会	5	—	—	—	—	—	—	—	—	—
ラジオ放送	—	—	—	2	—	—	—	—	—	—
雑件	—	—	—	—	—	7	16	—	46	50
研究会	5	—	—	2	—	—	—	—	—	—
実行委員会	6	4	4	7	2	—	—	—	—	—
〔典拠〕	7949	8254	8556	8865	9165	9470	山家	9997	10303	山家

（注）典拠欄の数字は『大陸日報』の号数、「山家」はブリティシュ・コロンビア大学所蔵 Yamaga Yasutaro Papers（山家安太郎文書）II.26「健康相談所記録」によることを示す。

図5-2　『大陸日報』〈1932年1月29日〉

筆者撮影

開催された。女性各種団体から17名の出席があり、以下の5項目が決まった。

(1) 健康診断開始に関して予期しなかった費用がかゝったので、加盟諸団体から応分の寄附を乞ふ事

(2) 診断室は設備や其他の関係上体育館は不適当なれば、教会二階の一室に定める事（教会役員会の承認を得て）

(3) 日本人児童の為めプレー・グラウンド開設の件につき、今までの経過報告あり。市公園課に委員会から交渉する事と決し、実行委員としてバード女史、清水牧師、下高原、東両夫人を選定

(4) 目下日本人のため肺結核療養所の必要急なるに鑑み、或る私設病院を是れが為めに当てるべく交渉中であったが、未だ確定しないので同件

は実行委員に一任の事

(5) 各加盟団体は適当なる時期を得て衛生映画を利用して衛生講話会を開催する事[15]

家庭での病気予防と健康診断の必要性を伝えるために

そして委員会終了後、家庭での病気予防と健康診断の必要性を伝えることについての座談会が開催された。なんとしても感染症を防いでいこうとした健康相談所の取り組み目標がよく分かるものであり、今日的観点からみても興味深い内容であることから、全文引用することとする。

家庭への希望

(1) 語学校、日曜学校、幼稚園等の教師及び保姆の如く多くの児童に接近する人々は、特に定期に健康診断をして貰ひたい

(2) 風邪、百日咳、ハシカ等の如き病気に児童がかかった時には、全快するまで隔離する様特に父母の注意を願ひたい

(3) 結核は肺ばかりではないから如何なる種類のものでも結核性の病気は伝染を防止するやう注意してほしい

(4) 病気の子供を連れて子供の多い家庭を訪問する事や病気見舞（特に病室へ入る時）に子供を連れる事などは避けてほしい

(5) 自家の誰でもが流行性の病気に罹った時には隣人友人に知らせて接近しないやうに自覚的に注意してほしい

(6)「私は大丈夫」と自分で極めてしまはないで、時々健康診断を受けて貰ひたい。大丈夫ならば健康診断によって、それを裏書きして貰って置く必要がある[16]

フェアビュー合同教会夜学校で開催された第2回診断（6月14日）では8名が受診、うち2名がロータリー診断所へ紹介された。第3回診断（6月21日）でも8名受診、うち4名がロータリー診断所へ紹介され、1名が結核と判明した。毎回の診断には下高原幸蔵、内田又三郎の両医師があたり、市から派遣された2名の看護師と久保千代子が常時出勤し、小宮山文子、下高原信子、兵頭敏子、ミス・バードらが援助にあたっていた[17]

健康相談所では、肺結核を代表とする慢性伝染病の早期発見にもっとも力点をおいていたが、そのためにはなによりもまず、日本人の意識の中にあった伝

染病に対するさまざまな誤解、健康相談所に対する誤解を解くことから始めねばならなかった。このことは、マッキントッシュ市衛生課長が健康相談所の成績が良好であったとして感謝の言葉を述べた1932年6月22日の「公開文」にもうかがえた。

　日本人健康相談所は市衛生課の監督の下に既に3回日本人医師の奉仕的出張を得て健康診断を行ひましたが、非常なる好成績を挙げました。当衛生課は日本人社会全体のこれに関する協力を感謝し、特に23個の婦人団体と3日本人新聞の同情ある援助に対して、満腔の謝意を表したいのであります。

　これが新しい試みである事を思へば、今まで3回診断に出頭した求診者数は予期以上でありました。たゞに何かの病気を自覚してゐる人々ばかりではなく、健全で何等特別の不快を感じてゐない人々も、この診断所を利用せらるる様に勧告いたします。全然気づかなかった病気を健康診断によって早く発見し、早期に手当を施せば容易に全治するのであるが、確実な徴候を示すまで病気を進ませると、それは治療困難若しくは不可能になるのであります。

　諸病中で日本人が最も注意を払はねばならないのは肺結核であります。それは同病死亡率が日本人間には白人の6倍になってゐるからであります。若し日本人諸君が衛生課の勧告に応じて肺結核と戦ふならば、ヂフテリア及び天然痘に於けるが如く、殆んど絶滅となす事が出来るのであります。健康相談所を利用して引続きこの運動に協力し、以てその目的を貫徹せられん事を切望致します。

　健康相談所の使用してゐる場所に就て誤解のなきように附言しますが、診断所に出入する人々にも、また診断後に同室を使用する人々にも、病気感染の危険は絶対にない事を明言して置きます。他の人々に感染の危険があると認めた場合には出勤医師及び衛生課が適当な処置をいたします。

　　　1932年6月22日

　　　　　晩香坡市役所衛生局〔課〕長　マッキントッシュ[18]

日本人移民の衛生観念向上にむけたさらなる取り組み

　日本人移民の衛生観念を向上させるということは、健康相談所の重要な課題であっただけに、

同所委員会では実に多彩な取り組みを試みた。

　その1は、健康診断の開催記事を随時、『大陸日報』『加奈陀新聞』『日刊民衆』の日本語新聞3紙に掲載し、常に過去の診断実績を具体的に示しながら、来診を呼びかけることであった。また1935年度には石井康バンクーバー領事によるラジオ放送と兵頭敏子委員長によるラジオ放送もなされ、広く健康診断所の利用が呼びかけられた[19]。

　その2は、各種日本人団体と衛生講演会を開催し、子ども連れでも参加できる衛生映画上映を企画したことである。1933年には衛生映画講演会を2回主催し、5回は他の団体による開催を後援していた。そのうち2月4日フェアビュウ（Fairview）夜学校にて催された映画大会には240〜250人の来会者があったという。また2月16日、キチラノ（Kitsilano）生活改善会主催の映画会を後援した時には、「長寿の秘訣」「昔の方法と新しい方法」「斯くして一家は幸福になった」「乳児の養育と日光」という啓発的な映画とともに喜劇を2本上映していた。そして3月9日の日本人健康相談所主催映画会では、衛生映画のほかに「キャプテン・キッドの猫」という子供喜劇2本をプログラムに加え、娯楽づくりにも心がけていた。このように衛生映画講演会は健康相談所の初期の活動として重要な働きをなすものであった[20]。

　その3は、無料のジフテリア予防接種や種痘接種料金の割り引きを行ったことである。1920年代の後半、日本人社会は一種のベビーラッシュに沸き立ち、子どもの出生があいついでいた。そこで健康相談所では、1932年9月13日から3回にわたって、市衛生課の援助を得て生後6カ月から6歳までの子どもを対象にしたジフテリアの予防接種を無料で行うこととした[21]。1932年にジフテリアの予防接種を受けた子どもは、体育館において311人、マーポール（Marpole）で37人、キチラノで73人、合計421人に及んだと報告されている[22]。

　また、通常であれば子ども1人当たり2ドル50セント要する種痘の料金を、健康相談所では1人50セント、2人で75セント、3人なら1ドルと大幅な割り引きを行い、家計に負担を与えることなく子どもへの種痘を実施した。また1934年の7月と8月にはカナダ日本人会、共立語学校と共同してジフテリアの無料予防注射も行うとしていた[23]。

　このような日本人健康相談所のさまざまな取り組みは、たんに文字や言葉だ

けで健康観念の向上をはかろうとするのではなく、伝染病に対する迷信や誤解をとりのぞくためきわめて具体的な活動であったことを意味している。そして、その成果は健康相談所の利用者数の増加となり、そのことは**表5-4**で見たように、結核死亡率の低下として表れていた。また、1938年からは妊婦相談会と癌予防の相談も始まったが、これらもカナダに生きる日本人の具体的な要求に応じる取り組のひとつであった[24]。

4 日本人健康相談所が抱えていた活動上の課題

会場問題　順調かつ積極的な活動を示した健康相談所であったが、活動を進めるなかで常に2つの課題に直面していた。1つは会場問題であり、他は資金問題であった。

　開設当初、相談所は市内3カ所の施設（ジャクソン街体育館、フェアビュー合同教会夜学校、キチラノ語学校）を借りて健康診断を実施してきた。だが体育館では各種運動クラブの練習や大会が開催されることから、定期利用が困難となり、5カ月後には東ペンダー街とジャクソン街角にあった合同教会東洋人病院へ移ることとなった。ところが東洋人病院も1933年1月からバンクーバー市の結核療養所として利用されることになったため、さらにメーン街187の信夫事務所跡へ移ることになった。そこは医療施設のないたんなる事務所であったが、多くの人びとから机や椅子、事務機器や金品の寄付を得たことで、診断を続けることができた[25]。その後1934年5月、再び東ペンダー街の東洋人病院へ移ることとなったが、1935年2月、この病院の全患者が聖ジョセフ病院とバンクーバー市立病院へ移されたため、ようやくこの東洋人病院を常設の健康相談所とすることができたのである[26]。

資金問題　第2の問題は資金であった。開設当初は日本人の健康を診断し、疾患の疑いのある者を病院に紹介することが主な業務であったことから、支出もシーツのクリーニング代程度ですんでいた。しかし、映画大会の開催や有料種痘の割引接種は多くの経費を必要とした。そのため1933年6

表5-6　日本人健康相談所の財政収支　　　　　　　　　　（単位：カナダドル）

項目 ＼ 年度		1932	1935	1938	1941
収　入	繰越金	0	4.82	116.58	19.14
	収　入	159.75	453	971.99	1,307
	収入合計	159.75	457.82	1,088.57	1,326.14
支　出	支出合計	158.09	417.17	1,057.42	1,325.79
繰越金	次期繰越金	1.66	40.65	31.15	0.35

〔典拠〕『大陸日報』1933年7月4日、1936年7月7日ならびにブリティシュ・コロンビア大学所蔵
Yamaga Yasutaro Papers（山家安太郎文書）II.26「健康相談所記録」より作成。

月30日の総会では、第3条組織の項を改めて「本会は本会の目的に賛同する大
晩市日本人婦人諸団体を以て組織す、但し加盟団体は1ケ年1ドルの会費を納
入するものとす」とし、第6条に財政の1項を加え「本会の財源は左の如し（1）
市衛生課の補助金（2）加盟団体の会費及び寄付金（3）一般の寄付金」と規定し
た[27]。「大晩市」とはバンクーバー市を含めた市周辺の意である。

　表5-6は年々増大していった健康相談所の財政規模とその推移を示したもの
である。

日本人奉仕連盟からの　　　3年あまりで収支はいずれも3倍となり、5年で6倍
資金援助　　　　　　　　となった。これだけの財政収支を可能にしたのは、バ
ンクーバー日本人ウエルフェアー・アソシエーション（日本人奉仕連盟、Van-
couver Japanese Welfare Association）からの援助があったからである。

　バンクーバー日本人奉仕連盟とは、バンクーバー・ウエルフェアー・フェデ
レーション（Vancouver Welfare Federation）に加盟する日本人の共同募金団体
のことで、1933年8月25日に結成されていた[28]。バンクーバー・ウエルフェア
ー・フェデレーションは1929年に生まれた慈善事業の統制にあたる団体で、
社会奉仕を目的とする41団体によって構成され、いっさいの人種を超えて社
会奉仕に従事する団体に資金援助を行う組織であった。

　1933年8月にバンクーバー日本人奉仕連盟が発足したことを受けて、日本人
健康相談所委員会は同年9月7日に臨時総会を開き、日本人奉仕連盟との関係
について協議した。その結果、市衛生課マッキントッシュの意見も参考にし、
健康相談所は従前どおり独立団体として活動することとし、日本人奉仕連盟に

は一個の団体として加盟し、協力することとした[29]。そして先に見た委員会規則のうち第6条の財政を改正し、「(1) 日本人ウエルフェヤ協会よりの補助金」との規定を加えることとしたのであった。

　その結果、健康相談所には1934年1月から月々、日本人奉仕連盟からの寄付金が割り当てられ、当初、5カ月で173.4ドルであった寄付金額も年々増加し、1937年度には942.23ドルに及んだ。これは健康相談所総収入の99.7%にあたる額であった。そして1938年6月27日に開催された第6回総会では、日本人奉仕連盟からの割当金が6割5分に増額されたことにともない、病人およびその家族に限り必要な救済を行う救済部を設置することとした[30]。その後は1941年度に専任看護師を雇い入れることにしたが、**図5-3**に見るようにその人件費が総支出の半分以上を占めるようになるのであった。

むすび

　以上のようにバンクーバーにおける日本人健康相談所についてその開設経緯、活動事例とその問題をのべてきた。ここでは同所の活動の特徴を2点示すことでむすびとしたい。

　第1は、健康相談所がバンクーバー市衛生課の指導を受けながらも、自主的に、日本人とカナダ人とが相互に協力し合い、カナダ社会における健康と衛生問題に取り組んだことである。バンクーバー市が結核予防に積極的となったのは、バンクーバー在住者の結核死亡率が他の都市の2倍と多かったことによる。そのため市会や保険連盟、病院関係者は1932年7月4日、カナダ結核予防協会バンクーバー支部の設立を決め、27日にその設立総会を開催した。これには日本人健康相談所からも下高原医師夫妻と兵頭敏子が出席し、下高原幸蔵医師が評議員となった[31]。また1939年には全カナダ癌防止協会の日本人支部となり、その活動を開始した[32]。こうした事例は健康相談所の活動がたんに日本人社会だけの矯風、社会改良にとどまるものでなく、カナダ社会の中で共に生きていこうとした日本人社会の位置と役割を見据えた取り組みだったことを示している。

図5-3　1941年度の「日本人健康相談所会計報告」

JAPANESE CLINIC FINANCIAL REPORT, 1941

日本人健康相談所会計報告

Months 月	Income 収入	Expenditure 支出
January 一月	50.00	15.00
February 二月	———	31.45
March 三月	82.00	51.67
April 四月	50.00	77.40
May 五月	50.00	68.46
June 六月	200.00	33.16
July 七月	350.00	196.52
August 八月	———	165.07
September 九月	175.00	125.63
October 十月	175.00	45.67
November 十一月	175.00	258.13
December 十二月 (Bal 1941)	——— 19.14	227.63
Total	1326.14	1325.79
Balance to 1942	.35	

EXPENDITURES.

SALARIES AND WAGES	Medical	248.00
	Nurse	650.00
OFFICE SUPPLIES	Stationery	8.27
	Printing	3.06
	Postage	9.00
GENERAL EXPENSES	Tax	3.50
	Insurance	37.00
	Telephone	36.04
	Cartage	.30
	Advertising	5.40
MEDICAL SUPPLIES	Drugs	158.38
	Laundry	10.62
	Cleaning Supplies	7.60
	Repairs	10.45
	New Equipment	43.50
	Fuel	21.50
	Gas and Light	41.73
	Carfare	29.50
	Misc.	1.60
	Total 合計	$1325.79

JAPANESE CLINIC

BUDGET FOR THE FISCAL YEAR 1943

Doctors (医師謝礼)	300.00
Social Worker (看護婦) or Nurse	1200.00
Light and Gas (電燈及ガス代)	45.00
Telephone (電話料)	36.00
Laundry (洗濯料)	11.00
Repairs (修繕料)	25.00
Stamps (切手代)	10.00
Printing and Stat. (印刷文房)	15.00
Fuel (薪炭料)	25.00
Carfare (電車賃)	72.00
Janitor Supplies (掃除用品)	10.00
Drugs given away (薬品)	140.00
X-Ray Supplies (X光線用品)	50.00
Rent and Tax (税金家賃)	6.00
Miscellaneous (雑費)	10.00
Insurance (保険金)	40.00
TOTAL 合計	$1995.00

Respectfully submitted

M Oston,

Treasurer.

〔典拠〕ブリティッシュ・コロンビア大学所蔵、Yamaga Yasutaro Papers, II.26「健康相談所記録」所収「日本人健康相談所委員会第拾回総会—1942年2月13日—」

第2は、健康相談所を実質的に維持・発展させてきたのが女性の団体であったことである。設立準備会にみたように相談所は日本婦人会、仏教婦人会、合同教会婦人会をはじめ各地の幼稚園母の会、語学校母姉会など12団体からの代表によって始まり、のちには23団体へと増大していた。委員会や総会には毎回、各団体からの代表が常時15名以上集まっており、1938年の第6回総会では30名を数えていた。顧問の清水小三郎牧師を除けばみな女性であった。日本人以外にもミス・バード、ミス・メリー・オーストン（聖公会婦人会）が加わっていた。実行委員の主要メンバーである兵頭敏子、下高原信子、山下悦子

らはいずれもバンクーバー日本人合同教会婦人会の中心人物であったが、健康相談所の委員会は教会員に限られるものではなかった。ここに集まった女性はみなカナダにおける日本人（日系人）の生活と健康を守るためという目的のもと、献身的に集まった人びとであった。

1942年2月13日に開催された第10回総会を最後に健康相談所の記録はみあたらない[33]。第二次世界大戦の勃発そして1942年に実施されたロッキー山脈への総移動によって、日本人移民社会と同様に、健康相談所の歴史にも幕を下ろすこととなったからである。だが健康相談所が果たしてきた役割とその歴史的意義は、総移動下にあっても忘れられることはなく、「自らと社会全体の福利のために」結核撲滅運動を継続していこうと決意する人びとによって引き継がれていったのである[34]。

● 註

1　本章は、坂口満宏「ヴァンクーバーの日本人健康相談所〔英文〕The Japanese clinic in Vancouver, 1932-1942.」『キリスト教社会問題研究』41号、1992年、91-103頁に加筆修正したものである。また、バンクーバーの日本人健康相談所に関する研究には、カナダ日系人合同教会歴史編纂委員会『カナダ日系人合同教会史　一八九二－一九五九』（カナダ日系人合同教会全国協議会、1961年）48-51頁、Tadashi Mitsui. *The Ministry of the United Church of Canada amongst Japanese Canadians in British Columbia 1892-1949*、STM Thesis Union College of British Columbia、1964年、180-192頁、前田束『赤川美盈』（ジャーナル東京、1972年）85-89頁がある。

　　『カナダ日系人合同教会史　一八九二－一九五九』はバンクーバー教会のとりくんだ医療活動としてスペイン風邪の救済事例（1918年）とともに健康相談所の活動を紹介し、Tadashi Mitsui（三井義）は清水小三郎日記をはじめ教会の基礎資料を駆使しながら1930年代の不況期における教会の失業・貧困対策の一環として健康相談所の活動を位置づけている。ここではこうした先行研究も参照しながら日本人移民社会における救済事業の一類型としてバンクーバーの日本人健康相談所の活動を取りあげる。

2　ただし、1930年当時の日本国内における結核死亡率と比較すると、日本のほうがカナダに在住していた日本人の結核死亡率より高い傾向にあった。京都府を例にその割合を示しておこう。1930年の京都府では人口10万人当たりの死亡率は182で、1940年になると210に増えていた。これを1,000人率に換算すると、1930年で1.82、1940年では2.10に相当していた。詳しくは、池田一夫・灘岡陽子・倉科周介「人口動態統計からみた20世紀の結核対策」『東京都健康安全研究センター　研究年報』54号、2003年、368頁を参照のこと

3　バンクーバーにあった中国人、日本人病院については、Vandenber, Helen Elizabeth Ruth. (2015). *Race, hospital development and the power of community: Chinese and Japanese hospitals in British Columbia from 1880-1920.* University of British Columbia Dissertation. また、カソリック教会付属病院の聖ジョセフ病院（St. Joseph Hospital）については Turcotte, Huguette. (2018). *The Chinese Hospitals Montreal Chinese Hospital、Montreal St. Joseph Oriental Hospital*、Vancouver Mount St. Joseph Hospital、Vancouver. Foundations: The Great Canadian Catholic Hospital History Project, 1, 1-13を参照されたい。

4　『大陸日報』1932年4月14日

5　『大陸日報』1932年5月13日

6　ブリティッシュ・コロンビア大学所蔵Yamaga Yasutaro PapersマイクロフィルムReel 3、II.26「健康相談所記録」所収。なお、引用に際しては漢数字をアラビア数字に置き換えて表記した。以下同じ

7　1933年4月15日晩香坡領事代理野々村雅二発外務大臣内田康哉宛「公第81号」（外務省記録（I-5-0-0-3）『在外本邦人社会事業関係雑件』所収）

8　前掲『カナダ日系人合同教会史　一八九二−一九五九』、50頁

9　前掲『赤川義盈』、87-88頁

10　『大陸日報』1932年5月16日。なおこの会合に参加していた女性の氏名を明らかにしようと試みたが、解明することができなかったため、原文通りに「夫人」という表記を用いた。

11　同上

12　『大陸日報』1932年6月8日。なお、文意を明確にするため、句読点を加えた。以下、同じ

13　ブリティッシュ・コロンビア大学所蔵Japanese Canadian Research Collection マイクロフィルム Reel 6、XXXVIII Mitsuru Shimpo Collection 所収　XXXVIII.B.1「General, q.Uchida、Dr., 1900-」のインタビュー記事を要約

14　『大陸日報』1932年1月29日

15　『大陸日報』1932年6月14日

16　同上

17　『大陸日報』1932年6月15日、同1932年6月23日

18　『大陸日報』1932年6月23日

19　『大陸日報』1936年7月7日。第4回総会を報じた記事による。

20　『大陸日報』1933年2月16日、同1933年3月9日

21　『大陸日報』1932年9月7日

22　『大陸日報』1932年12月1日

23　『大陸日報』1934年6月29日

24　『大陸日報』1938年6月30日

25　『大陸日報』1932年12月30日、1933年1月5日、1933年1月12日

26　前掲 Tadashi Mitsui、190頁。Mitsui は「清水小三郎日記」の1935年2月5日を典拠に上

げている。

27 『大陸日報』1933年7月4日

28 『大陸日報』1933年8月29日

29 前掲Yamaga Yasutaro Papers、II.26「健康相談所記録」所収「1933年9月22日付け　日本人健康相談所委員会　会長　兵頭敏子」名義の書類を要約

30 『大陸日報』1938年6月30日

31 『大陸日報』1932年7月6日、1932年8月1日

32 『大陸日報』1939年3月17日

33 前掲Yamaga Yasutaro Papers、II.26「健康相談所記録」所収「日本人健康相談所委員会　第拾回総会──1942年2月13日」

34 *The New Canadian* 1943年7月10日には「Our Fight Against Tuberculosis結核予防の運動を続けよ　自らと社会全体の福利のために」と題した英文と日本語の論説が掲載されている。そこでは、日本人健康相談所の発足経緯から説き起こされ、「此のたゆまざる努力によって結核予防の運動は可なり奏効し、昨年のエヴァキュエーションとなったのであるが、此の運動は結核撲滅を達成するまで続けられねばならぬものである」と論じられていた。

第3部

二世団体の形成と
その活動

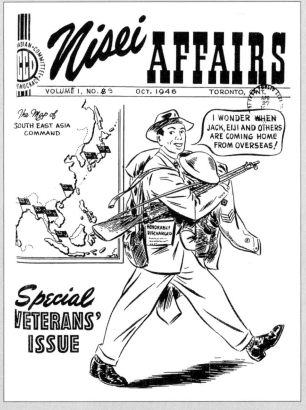

〔出典〕佐々木敏二先生より頂いた *Nisei Affairs* のコピーの一つ、トロント日系カナダ
人のためのデモクラシー委員会（Toronto Japanese Canadian Committee for
Democracy）のミメオグラフ版機関誌 *Nisei Affairs*、1946年8月号の表紙

第6章

二重国籍問題と
ハワイの日系アメリカ人

『日布時事』1926年4月7日

4/3 貴族院議長 徳川家達 茶の会

4/5 駐日米国大使 訪問
　　粕谷衆院議長、東京商業会議所主催午餐会
　　東京府知事 及び 幣原外相 訪問
　　└ 平塚廣義
　　アロハ会の晩餐会

4/6 日本銀行、日本郵船、鉄道大臣秘書 田中武雄

4/7 渋沢栄一の午餐会
　　紅葉館における正金銀行の晩餐会

4/8 星ヶ丘茶寮における太平洋問題研究会主催晩餐会

〔典拠〕国籍法改正に対する答礼のため日本を訪れた一行の動向を報ずる『日布時事』
　　　1926年4月7日（筆者の史料ノート）

はじめに

　1921年から5年間、ハワイにおいて日米問題の解決運動を推進していたマキキ教会の牧師・奥村多喜衛は、その第1期の終わりにあたる1925年、その年の主題を二世の日本国籍離脱運動とした[1]。その動機は前年に日本の国籍法が改正され、抜本的な国籍離脱制度が実施されることになったためで、奥村のねらいは、二重国籍になっていた日系二世に日本国籍を離脱させ、その事実で彼らが「二心なき良市民」[2]であることを排日論者に示そうとしたことであった。

　ここにいう二重国籍とは、日米両国の国籍制度の違いから生じたものだが、それが問題となったのは、一方で国籍をもって人の国家に対する忠誠をはかろうとする考えが強まり、他方で人に自由な国籍の離脱と選択を認める制度がなかったため、スムーズな二重国籍状態の解消がはかられなかったためである。

　周知のように、第一次世界大戦後、アメリカ社会は強度の国家主義に被われた。その思潮は当時準州であったハワイにも波及し、二重国籍状態であった日系二世に日本国籍の離脱を強要する圧力となり、アメリカ合衆国に対して100％の忠誠をせまるプレッシャーとなっていた。ところがその当時、日本に自由な国籍離脱制度はなく、二世たちは「100％のアメリカ市民」になることができず、その葛藤に苦しむこととなった。そしてその葛藤を自らの手で解決する手段として日本国籍法の改正運動に着手するのである[3]。

　アメリカ・ハワイにおける日系二重国籍問題には、1920年代と40年代に大きな局面があり、そのいずれもが日米双方の国家主義の間を揺れ動いた日系人とその家族の歴史を示していた[4]。本章では日系移民の権利獲得運動に分析の視座を置きながら[5]、1920年代のハワイで、日本とアメリカ合衆国という2つの国籍をもった日系アメリカ人二世その人による二重国籍問題の解決運動史を跡づけようと思う。それはまた従来の政府間レベルによる日米関係史という枠を越え、日系移民の眼の高さに立った「日米移民関係史」像を考えてみようとする試みの一つでもある。

1　二重国籍の発生とその法的解決に　いたる経緯──国籍法の改正

二重国籍の発生　1899年に制定施行された日本の国籍法は、出生による国籍の取得について血統主義を基本としたので、父親が日本国籍保持者であれば、その子はどこで生まれても日本国籍保持者になった[6]。他方、アメリカ合衆国では、親が何国人であっても領土内で生まれたすべての子にアメリカ国籍を付与する生地主義を採用していたので、その子はアメリカ合衆国の市民となった。そのため合衆国のテリトリー（準州）であったハワイで日本人を親とする子が生まれた場合、その子は日本の国籍法によって「日本帝国臣民」となり、合衆国の法律によっては「アメリカ市民」になった。二重国籍者である。同様のことはカナダやブラジルなど生地主義を採用する国々でも起こっていた。ところが1899年に制定された日本の国籍法には国籍離脱規定がなかったため、日本国籍を離れることで二重国籍状態を解消することができなかった。そこにアメリカで排日が激化しだし、アメリカで生まれた二世の二重国籍状態までもが日本人を排斥する理由に数えられだした。こうして二重国籍問題は日米関係にも悪影響を及ぼしかねない懸案事項となっていった。アメリカ国籍を放棄するのなら法改正の必要はない。だがあくまでも二世にアメリカ国籍の保持を望むならば、その解決手段は国籍法の改正しかなく、ここに太平洋をはさんでの陳情と院外運動が始まるのである。

1916年の国籍法改正　その運動は1913年にシアトルの北米日本人会から始まり、太平洋沿岸各地の日本人会に波及していった。そして翌年にはポートランドに開催された第1回太平洋沿岸日本人会協議会において、

> 合衆国及英領加奈陀出生日本人児童ノ国籍選択ニ関シ日米加国籍ニ矛盾アリ。為ニ二重国籍問題ヲ惹起シ将来ニ於テ懸念ニ堪エザルモノアリ。太平洋沿岸日本人会協議会ハ該懸案ノ解決ニ対シ最善ノ方法トシテ日本国籍法ノ改訂ヲ期ス[7]

との決議がなされた。さらに1915年の同協議会では北米聯絡日本人会の報告

を基礎に正式な請願書を日本政府に提出することが決まり、同年12月21日付けで『二重国籍問題解決理由書』が枢密院、貴・衆両議院、大学関係者へ送られた。一世にとっての二重国籍問題はアメリカ市民権をもつ二世を名義人にして農地を所有できるかできないかという経済問題に直結するものだっただけに、国境を越え、太平洋をはさんでなされた国籍法改正運動は、まさに死活問題となっていた[8]。

　こうした必死の思いに応えるように、日本では1916年2月、森田小六郎、田村新吉ほか3名によって「国籍選択ニ関スル建議案」が衆議院に提出された。それはアメリカ在住二世の二重国籍状態を放置しておくならば、近い将来、排日主義者によって二世の市民権を奪う法律が制定される恐れがあると説くもので、この建議案は満場一致で可決された[9]。他方、大隈内閣も同議会に「国籍法中改正法律案」を提出し、一部修正の上、可決させていた。それが1916年3月16日に公布され、同年8月1日より施行された改正国籍法である[10]。

　政府による改正の柱は2つあり、その1つが生地主義国出生の二重国籍者の離脱を認める第20条第2項「外国ニ於テ生マレタルニ因リテ其国ノ国籍ヲ取得シタル日本人カ其国ニ住所ヲ有スルトキハ内務大臣ノ許可ヲ得テ日本ノ国籍ノ離脱ヲ為スコトヲ得（以下略）」の新設である[11]。だが第24条第1項には依然として「満一七年以上ノ男子ハ前六条ノ規定ニ拘ハラス既ニ陸海軍ノ現役ニ服シタル時又ハ之ニ服スル義務ナキトキニ非サレハ日本ノ国籍ヲ失ハス」との規定があり、17歳以上の男子は兵役義務を終えないかぎり、容易に国籍離脱ができなかった。そのうえ国籍離脱許可申請の手続きはきわめて煩瑣で、申請するには実に多くの要件を備えねばならなかった。ハワイで出生した日本人の国籍離脱を例にその要件を記すと次のようになる。

(1) ハワイで生まれてアメリカ合衆国市民となったものでなければならない。

(2) 生活の本拠をハワイに定め、ハワイに住所を持っているものでなければならない。

(3) 女子および17年未満の男子については問題がないが、満17年以上の男子が国籍を離脱するには兵役に関する制限がある。徴兵検査を受けて不合格になった者、合格して現役を終えた者、満32年まで海外に

いて徴兵を免れた者は差し支えない（1919年には徴兵猶予年齢が37歳まで延長）。だが満17年以上20年未満の者で徴兵関係が今後どうなるか分からない者、徴兵猶予中の者は国籍離脱ができない。

（4）以上の3要件のほかに所定の手続きにしたがって内務大臣の許可を受けなければ国籍の離脱ができない[12]。

それに子どもに日本国籍を残しておきたいという親の希望も強く、また二世が幼かったという事情もあって、法律が改正されても国籍の離脱を願い出るものはきわめて少数であった。**表6-1**は1922年12月末現在のアメリカ合衆国で出生した日本児童数を示したものだが、17歳以上の男子の割合はホノルルにおいて男子総数の22%近くを占めていたものの、サンフランシスコでは7%、ロサンゼルスやシアトルでは1%前後に過ぎないことが現状であった。また**表6-2**

表6-1　アメリカ合衆国で出生した日本児童数（1922年12月末現在）　　（単位：人）

在外公館	出生児童数	男子	女子	17歳以上の男子	17歳以下の男子
ホノルル	57,469	28,840	28,629	6,248	22,592
サンフランシスコ	19,873	9,898	9,975	683	9,215
ロサンゼルス	17,700	8,800	8,900	50	8,750
シアトル	8,001	4,048	3,953	49	3,999

〔典拠〕外務省記録（3-8-7-28）『帝国々籍関係雑件』より作成。

表6-2　日本国籍離脱許可ならびに不許可数（1923年12月末現在）　　（単位：人）

在外公館		1917	1918	1919	1920	1921	1922	1923	計
ホノルル	許可	3	7	3	12	28	41	85	179
	不許可			1	1		2		4
サンフランシスコ	許可	7	5	3	6	37	136	223	417
	不許可						3		3
ロサンゼルス	許可	2		1	1	15	54	65	138
	不許可						1		1
シアトル	許可		2	9	22	62	67	53	215
	不許可				2				2

〔典拠〕外務省記録（3-8-7-28）『帝国々籍関係雑件』より作成。不許可の事由は離脱届人が17歳以上であること、届出書に法定代理人の同意書を添付していなかったこと、または当該管轄領事館を経由せず直接出願したためなど。

は1917年から1923年末までの日本国籍離脱許可数の推移を示しているが、1920年までは許可を得るものは極めて少なかったことがわかる。申請件数そのものが少なかったのだろう。

1924年の国籍法改正

第一次世界大戦後、アメリカで日系二世の市民権を剥奪しようとする計画や日本に兵役義務のある二世の忠誠心は信じられないというキャンペーンが強められてくると、日本人移民社会はもとより、日本国内においても国籍離脱手続きの簡素化や第24条の修正か削除を求める声が高まりだし、国籍法の改正が緊急の課題となってきた。アメリカ本土においては、南加中央日本人会から1921年バンクーバーに開催される第8回太平洋沿岸日本人会協議会に国籍法修正方申請の件が提出された。それは同法第24条の「満一七年」を「満二〇年」に上方修正し、修正当時満20歳未満の者もその修正の恩典に浴せしむるように修正することを日本政府に稟請し、かつ各政党に申請書を提出しようというものであった[13]。

日本国内では1922年の第46通常議会には植原悦二郎と田中武雄によって第24条第1項の削除法案が出されたが、議事未了となっていた[14]。さらに第48通常議会には山口熊野、清瀬規矩雄、菅原伝、龍野周一郎によって第24条第1項の削除を求める法案が出され、貴族院にも政府提案として第24条の修正法案が出された。しかしいずれも審議未了のうちに議会の解散となっていた[15]

このように日米双方から国籍法の改正に向けた請願交渉は続けられていたが、新たな特徴はハワイ日系市民協会という二重国籍を持つ二世自身の組織によってさまざまな請願運動がなされたことである。この点については後に詳しくのべることにする。

国境を越えてなされた院外運動に後押しされて、1924年7月、第49特別議会に植原悦二郎が第24条第1項の削除を求める法案を提出、加藤高明内閣も離脱制度に関する一部改正案を出し、審議となった。その結果、政府案が可決され、勅令によって12月1日から施行されることになった[16]。離脱制度については以下のように抜本的な改正がなされていた。

(1) 勅令指定国（アメリカ、カナダ、ブラジル、アルゼンチン、チリ、ペルー、1936年にはメキシコが加わる）で出生したことにより当該国の国籍を取得した者は、施行規則の定めるところによって国籍留保の意

　　思を表示しないと、自己の志望により日本の国籍を離脱したものとみ
　　なされ、出生時に遡って日本の国籍を失う。
　(2)　日本国籍の留保をした者と勅令指定国で指定前に出生したことによっ
　　て当該国の国籍を有する重国籍者で、当該国に居住する者は内務大臣
　　の許可がなくても、届出だけで離脱の効力が生じる。
　(3)　兵役に関する制限規定をもうけない[17]。

　すなわち（1）は1924年12月1日以後アメリカ合衆国に生まれてアメリカの
国籍を得た日本人が、生まれた日から14日以内に領事館に出生届とともに日
本国籍の留保をしなければ日本国籍を失い、自然的にアメリカ市民となるとい
うもので、(2)は1924年12月1日以前にアメリカで生まれて二重国籍となって
いる者でも、またその後に生まれて日本国籍を留保したために二重国籍となっ
ている者でも、アメリカ合衆国に住所を有するときは、内務大臣に届けるだけ
で、年齢や兵役に関する制限なくいつでも日本国籍を離脱し、純然たるアメリ
カ市民になることができるとしたのである。

**1924年の国籍法改正
の意義**　　　　　　　　日本政府にとって1924年に国籍法を改正したこと
　　　　　　　　　　　の意義は、今後の国策的海外移住策をスムーズに遂行
するうえで障害となる問題をあらかじめ取り除いたことにある。法が改正され
た時、すでにアメリカでは新しい移民法が施行されていたため、新たな日本人
移民の入国は絶対的に不可能であった。そのため以後の移住先は主として南米
に求められていく。つまり日本政府が24年に法を一部改正したのは、勅令で
指定された国々が、アメリカやカナダなど法の改正を要求してきた日本人移民
の在住国に限らず、広く南米諸国を含んでいることから明らかなように、今後
の国策的海外移住策を遂行するうえでの障害を事前に除去しておこうとした政
治的所産の結果だったのである。しかも国籍離脱の要件を、勅令で指定した国
で生まれ、当該国の国籍を取得した者に限るとしているように、すべての国民
を対象とするものではなく、「国籍選択の自由」を実現したものではなかった。

　では日系二世にとって、この法改正にはどのような意義があったのだろうか。
結論を先取りしていえば、それはなによりも日系二世の「忠誠心」に疑いをい
だくアメリカ人を前にして、自らは正真正銘の「100％アメリカ市民」だと言
い切る法的措置を獲得したことである。そしてこの法的措置は、そのまま二世

たちに向けられていたさまざまな圧力から彼らを解放することでもあった。では、当時、どのような圧力が日系二重国籍者に向けられていたのだろうか。時代をさかのぼり、そのいくつかをみることにしよう。

2　ハワイにおける日系二重国籍者への圧力

100％アメリカニズムの波　　第一次世界大戦の勃発とアメリカの参戦（1917年）は、アメリカ社会に偏狭な国家主義の風潮をうみだし、戦後それは国家や社会に対して完全なる服従と義務を求める思想となり、多様性に富んだアメリカ社会に対して極度の統一を求める思想となってきた。それが「100％アメリカニズム」[18]である。大戦後のハワイにも例外なくこの波は押し寄せ、日系二重国籍者に向けられたさまざまな圧力のイデオロギー的論拠になっていた。ここでは、そうしたプレッシャーの諸相として3つの例を示すことにしよう。

ハワイ大学総長の談話　　まずはハワイ大学アーサー・エル・ディーン（Arthur L. Dean）総長の談話である。

日本人系米国市民たる諸君は孰れに向かひても安んずる能はず。実に板挟みの難境にあるなり。然れ共斯くて此の位置に彷徨するを許されず。即ち諸君は布哇生れ日本人なるや或ひは又日本人系米国市民なるやの位置を明瞭に確定せざるべからず。諸君は仮令米国の外交が日本の其れと衝突する事ありたる際に於ても米国市民として米国に加担し必要の際は全身を挺して米国のため尽す事を得るや否やを確と決する事最も大切なり

余は忠誠に於て希望に於て米国人たる日本人青年が標幟を明瞭にして日本人社会と別個特殊の一社会団体を組織せん事を提案す。斯る明瞭なる標幟を持する団体は尠からず日本人系米国市民の立場を明瞭ならしむべし[19]

ハワイ大学といえば当地における最高学府であり、多くの日系二世が学ぶ大学である。その総長によって日系二世は明確にアメリカを選ぶことを迫られたのである。だが1920年の時点では日本の国籍法の改正はなされておらず、17

歳以上の男子学生に日本国籍を離脱する法的手段はなかった。それだけにこの
談話は教育的配慮や提案というよりも、総長の名による命令もしくは脅迫に近
いものとしてうけとめられたことだろう。

米国軍人団の米化運動　　　　　日系二世の立場を明確にさせる団体を組織せよと
いう提案に関連してみのがせないのは、1920年2月に
組織されたアメリカ軍人団ホノルル市第一支部米化運動委員会の取り組みであ
る。それは日系二世のより一層の「米化」を促進させるために「日系米国市民
協会」を組織し、16歳以上の日系市民を加盟させ、アメリカに対する忠誠を誓
わせようとする運動で、同市民協会に入会すべき人々に次のような誓約書に署
名させようというものである。

　予（姓名）は予の生国帰化国たる米国に対する予の本務を感じ米国市民
　たるの特権を体得し米国及び米国政府に一意忠誠を表すると共に日本に対し
　ては何等忠誠の意志なきを公表するの希望を以て茲に亜利加合衆国の憲
　法を奉じ国旗を尊重し如何なる場合に於ても日本よりも米国を尊重し二重
　国籍を排除し日本人系米国市民として百パーセントの米国人たらしむべく
　之に全力を傾注すべき事を宣誓す[20]。

　アメリカ軍人団がこのような「100％アメリカニズム」を強要したのは、第
一次世界大戦に応募入隊した日本人移民一世が戦時帰化法によって帰化を許さ
れたにもかかわらず、日本国籍の離脱が認められなかったため二重国籍となっ
てしまい、かつては大戦の英雄であっても一転して敵国の兵士になる可能性が
あるとみなされたからである。そして、これはすべての徴兵適齢期にある日系
二世にも向けられた疑惑でもあった。そこで排日団体であるアメリカ軍人団は、
自らの組織する団体に二世を取り込み、宣誓という形式をもちい、忠誠心とい
う目にみえないものを確かめようとしたのである。アメリカの海軍基地をかか
えるハワイにあっては、戦後の日米関係の悪化は日本国籍保持者のすべてを敵
性外国人とみなす風潮ともなっただけに、二重国籍者に向けられた猜疑の念は
いわれなき圧迫であった。

二重国籍者は　　　上記2例は教育者と在郷軍人の立場からアメリカに対する忠
教師たり得ず　　　誠の証として二世に日本国籍の離脱を求めるものであったが、
次の事例は日本国籍を離脱しない限り公務就任権を与えないという行政からの

圧力である。

　なお、1959年までハワイはアメリカ合衆国の準州（Territory）であったことから、当時の日本語文献では準州を県とみなし、しばしば「ハワイ県」と表記していた。

　1920年4月下旬、ハワイ県教育委員会および視学の協議会は、今後県内公立学校教員の標準を高めるとともに二重国籍の解決を促進するという理由から、師範学校入学希望者はアメリカ市民であって、二重国籍を持たないものに限るという資格制限を決めた。そしてそれは、すでに教員として公立学校にある多数の日系市民も二重国籍を解消しない限りその資格を失うというものであった。この問題について師範学校のウッド校長は卒業をひかえている日系人学生数名を招き、次のような注意をのべたという。

　　二重国籍を有する者が公立学校の教員となり能はざるは遅くとも爰半年或は一ケ年の中に実現すべし。然らば諸君は当校卒業後教員となるも其職にあるを得るは此の短期間に過ぎず。故に諸君は教員を志願せず当校卒業後更に大学其他の学校に入学するが可ならん[21]。

　おだやかな進路変更の勧告である。だが国籍を理由に日系人を教職から排除することを当然とする立場であることに変わりはない。あくまでも自らの希望する道に進もうとするならば、二重国籍を解消し、100%のアメリカ市民にならねばならない。だが1920年当時の日本の国籍法は17歳以上の男性の国籍離脱を許してはいない。こうした矛盾と苦悩のなかから、その唯一の解決策として日本の国籍法改正への請願運動が始まるのである。

3　ハワイ日系市民協会の国籍法改正請願運動

国籍問題請願書　1920年初め、ハワイ日系市民協会（The Society of American Citizens of Japanese Ancestry、以下市民協会と略す）は、日本政府に「国籍問題請願書」を送り、その本格的な運動を始めた[22]。その目的は次の一文に明らかである。

吾々は微力の方法なりと雖も現住国に対する忠誠に依りて米日両国間に伝来せる国誼を濃かならしめん事を努めて止まず。故に茲に一同は次期議会に於て日本人の子孫は何等法律上覊束せらるゝことなく各自の欲する国籍を選択することを得せしめ一度び選択したる以後は二重国籍の争議の発生を避け選取国の市民として留まる事を得しむるの法律を制定せられん事を請願するものなり[23]

そして請願の理由は（1）国籍離脱の現行法は国籍の衝突を解決するのには十分ではないこと、（2）外国に於て出生した日本人の子に本国の兵役義務を課してはならないこと、（3）米国の兵役に服したことにより米国の国籍を取得した者は日本国籍を喪失することの3点からなっていた。

以上の理由は日本人系米国市民協会が日本政府並に議会に対して日本が斯かる二重国籍者の国籍の離脱に就き年齢の制限を設けず帰化又は外国兵役に服し或は任意に外国国籍を取得したる者に対して兵役の義務を始め一切の義務を免除し絶対的に日本の国籍を喪失するものとの改正即ち国籍法第二十四条の修正と共に根本的解決を図り二重国籍者の不利を救済せられんことを請願する所以なり[24]

と、いずれも1916年改正国籍法の不備をつき、兵役義務の無効を指摘するものであった。

この請願書の注目点は、「国籍唯一の原則」と並び称されるもう一つの原則「国籍の自由」を前面に押しだし、国籍法第24条の改正を求めていることである。

ただし、この請願書が実際に日本政府に提出されたか否かを知る手がかりはなく、その後どのように処理されたかも明らかではない。帝国議会の議事録をみるかぎり、20年、21年の議会で国籍法の改正案が提案され審議された形跡はなく、あるいは内務省・陸軍省などの関係省庁にまでは届いたものの黙殺されてしまったのかもしれない。

ハワイ日系市民協会の発足と活動　　ハワイ日系市民協会は1916年9月頃、ハワイの日系二世の手によって組織された団体である。発足当初は「日本人系米国市民協会」「オアフ日本人系米国市民協会」などと呼ばれており、その名称も定まっていなかった。ハワイの邦字紙『日布時事』によれば1916年9月18日「オアフ日本人系米国市民協会」はホノルルの横浜正金銀行で

集会を催し、茅原華山の日系人批評に対する批判決議を採択（『日布時事』第5369号、1916年9月19日、以下号数を記す）、25日にはローリン・アンドリュース事務所にて3回目の集会があり、会則の第三読会が行われ（第5375号）、10月16日に運動部、職業周旋部、調査部等が設置され、会員も42名になっていた（第5397号）。翌年1月22日には前出事務所で総会が催され、小沢健三郎が会長になった（第5487号）。2月2日にはワイキキの望月倶楽部でビンガム知事、ヒューバー検事らを招いた名士招待会を催している（第5499号）。もう一つの邦字紙『布哇報知』は、この名士招待会を「盛大なる発会式」と報じたが（第1244号、1917年2月3日）、実際この集会を契機に市民協会の活動は本格化し、立場も明確に示されるようになった。ウイルソン大統領が議会で対独宣戦要請の演説を行った1917年4月2日には、アメリカに忠誠を尽くす決議を採択、その決議文を大統領、連邦議会、ハワイ県議会へ送っている。そして海軍現役兵の募集に対しては会員の自由意思にまかすことにしている（『日布時事』第5558号）。

　ちなみに市民協会にはホノルル部のほかにヒロ、コハラ、カウアイにも支部を設けており、『日布時事布哇年鑑』1927年度版によれば1927年には会員数も181名に達していた。表6-3は上述したハワイ日系市民協会の活動を一覧するため表記したものである。

圧力に対する市民協会の抗弁　市民協会は先の請願書を公表した後も、日系市民にのしかかるさまざまなプレッシャーをはねのけるため、さまざまな運動を続けた。ハワイ寄港中の合衆国下院議員団に帰化不能外国人から生まれた子どもの市民権を奪う法案に反対する声明を送ったこと（1920年9月25日）、アメリカ軍人団第2回年会にハワイ出生証明書の効力をもとめる決議を発したこと（1921年9月）、渋沢栄一に随行して渡米した頭本元貞に国籍法改正への努力をもとめる陳情書を送ったこと（1922年1月19日）などがそれである[25]。だがそのいずれからも期待した成果を得ることはなかったようである。その間にも日系市民に対するさまざまな圧力は強まっていった。しかしかれらとても不当な圧力に屈するばかりではなく、不当な非難には的確な論理による抗弁を試みていた。1922年9月のアメリカ軍人団第3回年会へ提出した以下の「陳情書」は、そうしたかれらの基本姿勢を明確に物語るものである。

　　我等日系市民ハ日本ノ法律ヲ無視シテ迄モ米国ノ風俗習慣ニ従ハント努力

表6-3　ハワイ日系市民協会の活動略史

年	月日	事項	典拠
1916年	9月18日	オアフ日本人系米国市民協会の集会。茅原華山の批評に対する批判決議をあげる。	『日布時事』5369号
	9月25日	弁護士ローリン・アンドリュースの事務所で第3回集会、会則の第三読会その他について協議する予定。	『日布時事』5375号
	10月16日	集会。運動部、職業周旋部、調査部等の設置が決まり、資金を求めるために演芸会を催すことなどが議論される。新たに会員になるもの6名で、会員数42名となる。	『日布時事』5397号
1917年	1月22日	ローリン・アンドリュースの事務所で総会。役員改選、徴兵問題について議論される。会長小沢健三郎。	『日布時事』5487号
	2月2日	ワイキキの望月倶楽部においてビンガム知事、ヒューバー検事をはじめとする内外名士招待会。『布哇報知』1244号は「盛大なる発会式」と報道。	『日布時事』5499号
	4月2日	アメリカの参戦に際して日系市民協会はアメリカに対して忠誠を尽くす決議を採択し、大統領および中央議会、ハワイ県議会へ決議文を送致。海軍現役兵募集の件については会員の自由意思にまかす。	『日布時事』5555号　『日布時事』5558号
	5月3日	オアフ日本人系米国市民協会定期総会。	『日布時事』5584号
1918年	1月27日	オアフ日本人系米国市民協会定期臨時総会。85名の会員中、出席者15名で禁酒反対決議。各界から批判でる。	『日布時事』5850号
1919年	12月	総会決定にもとづき①日本政府に対する徴兵令改正請願書②アメリカ政府に対するハワイ出生証明の効力承認請願書の起草に着手。	『日布時事』6494号
1920年	2月19日	日本政府に提出された国籍問題請願書の全文が『日布時事』に連載される。	『日布時事』6565号
	9月25日	アメリカ合衆国下院に対して日系市民の市民権を剝奪する法律の制定に反対する声明を提出。	外交史料（3-8-7-28）
1921年	5月3日	ハワイ生まれ日系人に関する日本力行会会長永田稠の論説に対して抗議の声明を発表。	『日布時事』6989号
	9月	アメリカ軍人団ハワイ支部第2回年会に決議文を送り、アメリカ政府によってハワイ出生証明が認められるべく法律の制定を請願。	外交史料（3-8-7-28）
1922年	1月19日	頭本元貞に陳情書を発し、二重国籍問題の解決につき東京の有力者への配布を依頼。	外交史料（3-8-7-28）
1922年	9月	アメリカ軍人団ハワイ支部第3回年会に対し、日系市民に対して市民たるの権利を行使し得べき公平なる機会を与えられるよう陳情書を送る。	外交史料（3-8-7-28）

年	月日	事項	典拠
1924年	5月16日	国籍離脱申請者の年齢制限撤廃をはかる国籍法の改正成立を求める決議。	外交史料（3-8-7-28）
	12月1日	改正国籍法の実施日につき日系市民協会、ハワイ日本人学生協会共同主催による二重国籍終焉記念会。	外交史料（3-8-7-28）
	12月	手数料1ドルで国籍離脱手続きを行う。	『日布時事』8257号
1926年	3月16日	日系市民協会、日本人学生協会、汎太平洋同盟会日本人親交倶楽部主催晩餐会。国籍法改正によって生じた利益と特権とに関する感謝を日本の議会に及ぼすことを決議。	渋沢史料（246-14）
	3月22日	春洋丸で訪日答礼団出帆（築山長松、丸山信治、山城栄一、西川勇、栗崎市樹）。日本の議会、政府、財界有力者等を訪問したのち各地を見学。	渋沢史料（246-14）『日布時事』8723号『日布時事』8739号
1927年	6月	市民協会、ハワイ日系公民協会（Hawaii Japanese Civic Association）となる。	『ハワイ報知創刊七十五周年記念誌』『日布時事布哇年鑑』

〔典拠〕『日布時事』の数字は号数、外交史料（3-8-7-28）は『帝国々籍関係雑件』、渋沢史料（246-14）は渋沢史料館所蔵『布哇知人往復』である。

シツヽアルニ拘ラス我等ハ二重国籍ヲ有スルノ理由ニ依リ県政府ノ或方面ハ援助ハ愚カ劔突ヲ喰ハシツヽアルナリ。県教育局ハ県師範学校ノ生徒ニ対シ二重国籍所有者ハ教育局ニテ採用セスト声明セシコト之ナリ。二重国籍ヲ有スルコトハ毫モ我等ノ過失ヨリ来リシモノニ非ラサルナリ。斯ク教育局ハ日系市民ヲ排斥シツヽアルニ他方外国人タル日本生日本人ヲ公立学校ノ教師ニ採用シ居レリ。日系市民カ米国ニ対スルヨリハ日本ニ対シ忠誠ニシテ日本トノ関係ヲ持続セシ為メ日語学校ニ通学スルモノナリト云フ運動ハ市民ニ対シ犯罪的不正義ト云ハサル可カラス。

　布哇出生日本人ノ多クハ其出生カ日本官憲ニ登録セラレ居ルハ事実ナリ。故ニ若シ日系児童カ日本ニ忠節ナリトセハ唯シ丈ケ位ノモノナリ。

　日系市民ノ日本国籍離脱者カ県内僅カニ二百名ニ足ラサルコトヲ指摘スト雖之レハ日本ノ法律カ十七歳以上ノ男子ノ国籍離脱ヲ許ササルカ為メナリ。而シテ十七歳以下ノ児童ハ其何ニ国ノ市民タルカノ責務ヲ未タ自覚セサルナリ。故ニ諸君カ其不都合ヲ詰責セントセハ斯ル法律ノ作製者ヲ責

ムヘキナリ。我等ニ其責任ヲ課スルヲ得サルナリ。従来ノ国籍離脱者ハ其
児童ノ両親ニ依リ為サレタルモノニシテ米国市民タルヲ得サル両親カ其児
童ヲ完全ナル米国市民タラシメントセシハ其数僅少ナリト雖喜ブベキコト
ナリ。又布哇出生日本人カ日本領事館ニ其児童ノ出生届ヲナサザル者多数
ナルヲ聞ケルカ之レ彼等カ二重国籍ノ煩（わずらい）ヲ避ケント欲スルノ証拠ナラスヤ。
吾人ハ確信ス。日本児童カ丁年ニ達セシ時其如何ナル国ニ忠節ヲ誓フヘキ
ヤヲ問ハレンカ。彼等ハ総テ米国ナリト答フヘシト[26]

1924年の国籍法改正と市民協会

さて、日本の議会における国籍法の改正は、アメリカ本土やハワイからの請願運動にもかかわらず、第二次護憲運動の渦中にあって、一向に進展をみせていなかった。1923年には第48回議会衆議院に清瀬規矩雄、菅原伝、山口熊野、龍野周一郎の4名によって第24条第1項の削除をもとめる議案が出され、清浦内閣からも貴族院に国籍法中改正法律案が提出されていたが、特別委員を選出しただけで議会の解散となった。アメリカ本土の日本人社会では、外国人土地法の試訴が連邦最高裁で完全敗訴となっていた。それだけに二世の市民権にかける期待はいっそう大きく、排日攻撃にさらされている二重国籍状態を解決する国籍法の改正に必死であった。そのためアメリカとカナダの日本人移民社会は第15回総選挙に、国籍法改正に尽力してくれる代議士を太平洋の対岸から送り込む運動を展開し、植原悦二郎や坂井大輔の当選を果たすのである[27]。

これに対してハワイでは、1924年4月2日、布哇婦人有権者同盟（League of Women Votes of the Territory of Hawaii）が、

米国に於て出生せる日本人が取得せる二重国籍は、誤解及び猜疑の原因となり、惹（ひい）て日米両国間の親和関係に有害である。此二重国籍は米国生れの日本人の当然にして且つ自由なる発展を甚しく阻害するものである。日本政府は徴兵年齢中の米国生れの日本人の国籍離脱に関しては何等の規定をも設けて居らぬ。故に吾布哇婦人有権者同盟は米国に於て出生したるが為に米国市民権を有する日本人は、十五歳以前には両親若くは法定の後見人の意志により、又十五歳以後には年齢の差別を設けずして自己の意志によりて国籍を離脱し得る様日本の国籍法を改正されん事を熱心に希望するものである[28]

との「決議」を貴族院議員東郷安に送り、日米関係委員会その他の団体に働きかけ、是非とも国籍法の改正がなされるようにと希望してきた。

　市民協会も総選挙直後の5月16日、国籍離脱申請者の年齢制限撤廃をはかる法案が再度、6月の特別議会に提出されるようにと、決議文を東郷安、衆議院議員田中武雄、ホノルル総領事山崎馨一に送り、関係方面への伝達を懇願していた[29]。アメリカ本土の一世たちとは異なって、日本の政界に縁故のない市民協会にとっては、二重国籍問題に理解を示す代議士にみずからの思いを伝えることだけが彼らのなしうる精一杯の運動だったのである。

　国籍法の改正は植原悦二郎らの尽力もあって第49特別議会で実現し、改正法は1924年7月22日に公布され、12月1日より施行されることになった。

　待望のその日、市民協会、ハワイ日本人学生協会（The Japanese Students' Association of Hawaii）は「二重国籍終焉記念会」を開催し、列席者は500名に達した[30]。そこで市民協会書記の野上猛は改正法律を制定した日本の議会と法案の通過を確実ならしめた多くの人びとに対する感謝決議を読み上げ、アメリカ合衆国と準州のハワイに生まれたすべての日本人児童に日本国籍の離脱を勧めることを宣言、会を閉じた[31]。この集会を機に市民協会はもう一つの差別問題であるハワイ出生証明承認問題に着手するとともに、わずか1ドルで国籍離脱手続きを行うことのできるサービスを始めた。

国籍離脱者の増加と市民協会の訪日答礼団　改正国籍法は、出生届を県衛生局に出し、領事館に日本国籍の留保届を出さなければ二重国籍にならないとするものである。それが「自然的国籍離脱」である。総領事館の発表によれば、1924年12月1日より25年11月30日までのハワイ出生日本人および日本国籍離脱届数は**表6-4**のとおりであった[32]。

　1923年までのホノルル管内における国籍離脱者総数がわずかに179人であったこと（前掲**表6-2**）と比較すれば、24年から25年までの1年間で日本国籍を離脱した者が1,828人に達したことは、改正国籍法の効果を如実に示すものであった。その後は**表6-5**が示すように、「自然的離脱者」が増加し、日本の領事館に出生届を提出するものが減少してきたこともあって、ハワイにおける二重国籍者となるものの割合（B/Aの欄）は急速に減少していったといえる。

　ただし、ここで留意しておくことは、領事館に出生届を出す件数は減少して

表6-4　ハワイ出生日本人数および日本国籍離脱届提出者数（1924年12月1日〜1925年11月30日）
（単位：人）

ハワイ県衛生局への出生届数		領事館への出生届と共に日本国籍留保届数		自然的日本国籍離脱者数		日本国籍離脱届提出者数		国籍離脱者総数	
男	2,605	男	1,894	男	711	男	374	男	1,085
女	2,419	女	1,751	女	668	女	75	女	743
合計	5,024	合計	3,645	合計	1,379	合計	449	合計	1,828

〔典拠〕『日布時事』1926年1月7日

表6-5　ハワイにおける国籍離脱者数の推移
（単位：人）

年	届出による離脱	自然的離脱	衛生局届出出生数 (A)	領事館届出出生数 (B)	B/A (%)
1925	487	1,392	4,878	3,486	71.5
1926	538	3,593	6,165	2,563	41.6
1927	336	2,995	5,211	2,216	42.5
1928	366	3,025	4,900	1,875	38.3

〔典拠〕『日布時事布哇年鑑』1926〜30年より作成

きたものの、領事館に出生届を出すことで日本国籍の留保をしようとした保護者が一定数存在していたということである。1928年の時点で領事館へ出生届を出していたものは1,875人であった。その結果、二重国籍となっていた児童の割合は38％余りであった。こうした児童が成長してくると、保護者たちは日本国籍保持者であることを利用して子どもたちを日本の学校へ留学させたが、その後日本人移民社会において一世の高齢化が問題となってくるとアメリカ国籍を保持している若者を呼び戻せという「帰米運動」が展開されるようになった。こうしてハワイやアメリカ本土では「帰米二世」と呼ばれ、カナダでは「帰加二世」と呼ばれる一群が出てくることになるのである。

　こうした成果をふまえ市民協会、ハワイ日本人学生協会、汎太平洋同盟会日本人親交倶楽部（The Japanese Good Relations Club of the Pan-Pacific Union）の3団体は、1926年3月16日、ハワイ東洋人市民出生証明確認運動を進めていた委員5名の歓迎会と近く訪日する「二重国籍解決答礼団」の送別会を兼ねた連合晩餐会を開催した。そこでも「一九二四年の改正国籍法によりて与へられ

たる利益と特権とに対し、日本帝国議会に衷情を披瀝し深く感謝の意を表す」[33]との決議を採択していた。そしてその決議は「答礼団」として日本を訪問する5名の二世すなわち築山長松、丸山信治、山城栄一、西川勇、栗崎市樹に託された。3月22日、彼らを乗せた春洋丸は一路日本をめざし、ホノルルを発った。こうして発足以来10年近くに及んだ市民協会の二重国籍問題解決運動にもピリオドが打たれたのである[34]。

むすび

今日においても日本と諸外国の国籍制度の違いから二重・三重国籍をもつにいたった日本人は多数存在している。とくに1985年の国籍法の改正によって父母両系血統主義という画期的な制度が採用されたことと日本人の海外活動の進展にともなう国際結婚の増加が、二重または三重の国籍を所持する日本人を多くした。また1990年に改正された入国管理法が日系人に対して日本に定住できる在留資格を認めたことも、ふたつのパスポートを所持でき、故国と日本を往復できる二重国籍者を増大させることになった。「二重国籍」という言葉は、決して過去のものではなく、今後ますます耳にする機会を多くする国際理解のキーワードの一つである。それだけにわたしは今日のようにヒトの国際的交流がさかんになった時代であればこそ、「二重国籍」という言葉から連想されるマイナス・イメージを払拭し、2ないし3つの文化的領域を行き来できる可能性を秘めた二重・三重国籍者のメリットを積極的に認めようとする意見に賛成である[35]。

ところがこうした重国籍者に対して日本政府は、「国籍唯一の原則」をふりかざし、日本国籍を「選択」させる（実際は外国国籍を放棄させる）ことで、多重国籍状態の解消をはかろうとしている。だが「国籍唯一の原則」という考えそのものが、「国籍」をもって個人の国家への永久忠誠をはからんとした国家主義の時代の産物である[36]。そしてその考えは、国籍を理由に外国人の公務就任権を否定する論理につながっている。

実際、重国籍状態が問題となるのは、国家が兵役の義務を課したり、外交的

保護権を行使する場合である。今日の日本に兵役の義務はないが、本章でのべたように、1899年以降制定・施行された国籍法のなかで帰化や国籍離脱に関する条項に兵役の諸制限があったのも、国籍をもって兵士の絶対的服従心を確かめるすべとしていたからである。それはアメリカ合衆国でも同様であった。それが日系二世たちの葛藤の根本原因、すなわち2つの国籍を背負ったがために2つの国への兵役義務と忠誠義務を背負わされるという奇態に悩むことになったゆえんである。

　二世たちは自らの葛藤の解決手段として日本の国籍法改正運動にとりくんだが、残念ながらそれは当時の思潮であった「国籍唯一の原則」を否定するものではなかった。二世たちは国籍は国家への忠誠を示すものという考えを前提に、そしてひたすら日本国籍を自由に離脱する権利を獲得し、アメリカ国籍ただ1つの所持者となり、その事実をもって自らの忠誠心の所在を証明したいという心情で行動していたからである。その意味でその当時の二世たちに国民国家の枠組を相対化するような視点をもとめることは困難である。

　だがそうした性格の運動であっても、彼／彼女らが国籍法の改正を要求するにあたり、日本の議会と政府に年齢や兵役の義務という制限を認めることなく「各自の欲する国籍を選択する」（「国籍問題請願書」）自由を求めたことは重要である。それは「ひとたび臣民なれば永久に臣民たり」という「忠誠非解消」[37]の思想を相対化するものであり、個人の権利として国籍離脱の自由を公然と要求したからである。この主張は合衆国太平洋沿岸部の日本人会によってなされた一連の請願要求にも共通するものであって、人の国際的移動によって獲得された体験的権利意識のあらわれといえるかもしれない。

　では、太平洋のかなたから求められた「国籍離脱の自由」は1924年の改正国籍法で日本国民一般の権利として実現したといえるのだろうか。答えは否である。24年の法改正はあくまでもアメリカ、カナダなど勅令で指定された国々に生まれ、当該国に住む二重国籍者に限って兵役の義務にかかわりなく日本国籍の離脱を認めたものである。それは排日を憂慮した例外的措置であって、外国に帰化を望む日本人男性一般には適用されなかったからである。

　そこで問題となるのは、24年の法改正を「100パーセントアメリカ人」になるための法的措置の実現として素直にうけとめ、その喜びを「答礼団」を派遣

してまで表現した二世たちが、24年改正法がもっている重要な側面、すなわちハワイの二世たちは日本の国籍制度にあっては例外的な存在であり、例外的に処置されたのだという側面への認識がなかったことである。当時の日本では二世やアメリカ本土の一世たちが要求した意味での「国籍選択の自由」は実現していなかっただけに、もし二世たちが生活の拠点を日本に移していたなら、彼らとて例外的存在ではいられなかったのである。それがため、この後、日米関係の悪化にともない日本各地で新たな国籍事件——1930年代のドル高を背景に、日本に留学していた二世に対し、警察や憲兵がアメリカ国籍の放棄を強要し、強引に日本国籍の回復を求める事件——が頻発することになるのである[38]。

●註

[1]　奥村多喜衛『布哇に於ける日米問題解決運動』（1937年）、68頁

[2]　同上

[3]　二重国籍問題に対するアメリカ本土の日本人社会の動きをまとめたものでは竹内幸次郎『米国西北部日本移民史』（大北日報社、1929年）の第4篇第4章「二重国籍問題と北米日本人会」が詳しい。ハワイにおける同問題については開国百年記念文化事業会編『日米文化交渉史』五移住編（洋々社、1955年）459-463頁、ハワイ日本人移民史刊行委員会『ハワイ日本人移民史』（1964年）339-340頁などがある。またユウジ・イチオカ「『第二世問題』1902年〜1941年」（同志社大学人文科学研究所編『北米日本人キリスト教運動史』所収、1991年、PMC出版、733-750頁）、茂義樹「シドニー・ギューリックと排日法案」（前掲『北米日本人キリスト教運動史』所収、572-575頁）、坂口満宏「二重国籍問題解決運動史——太平洋沿岸日本人会協議会のとりくみをめぐって」（『アメリカ日本人移民史』第7章）を参照されたい。

[4]　日本の国籍制度との関係における二重国籍問題は1924年を契機に一応の解決をみるが、その後には1940年10月14日ルーズベルト大統領によって署名され、1941年1月12日より施行されたアメリカの新しい国籍法の問題がある。それはアメリカで出生または帰化によってアメリカ市民権を獲得したアメリカ市民でも、外国に対して忠誠の誓約をするか、またはこれに類似する宣言をした者、外国軍隊に従軍した者、外国で選挙投票を行った者などはアメリカ国籍を喪失するというものであった。この新国籍法は日系市民の日本滞在期間の制限をつめるなど、日系市民の権利を侵害するものである。この問題については『日布時事布哇年鑑』（1941年）236-237頁が詳しい。

[5]　アメリカ本土およびハワイに在住する日本人移民の権利意識に着目したものに新井勝紘「自由民権期における在米・在布日本人の権利意識」（『国立歴史民俗博物館研究報告』第35集、1991年）がある。

6　1899年制定施行の国籍法の内容解説については、田中康久「日本国籍法沿革史」6〜10
　　（『戸籍』462、467〜470号）が詳しい。

7　竹内幸次郎『米国西北部日本移民史』278頁

8　外務省記録（3-8-7-17）『国籍法ニ関スル疑義伺雑件』

9　建議案の内容および審議議事録については『帝国議会衆議院議事速記録』31、450頁

10　内閣総理大臣大隈重信、内務大臣一木徳郎の提出。法案および審議内容については『帝国
　　議会貴族院委員会議事速記録』5、333-342頁および『帝国議会貴族院議事速記録』32、
　　188-189、290-291頁

11　国籍法中改正法律「大正五年法律第二七号」（『戸籍』298号）参照。もう一つは日本人女性
　　が外国人男性と結婚したことにより日本国籍を喪失すると定めた第18条を、無国籍とな
　　ることを避けるため、夫の国籍取得を条件とするように改めたことである（田中康久「日
　　本国籍法沿革史」12、『戸籍』472号）。

12　『布哇日本人年鑑』第17回、布哇新報社、1921年、36頁

13　米国西北部聯絡日本人会『会務及会計報告』1921年3月1日〜1921年8月31日、71頁

14　『帝国議会衆議院議事速記録』42、363-365頁

15　『帝国議会貴族院議事速記録』44、速記録第6号、110-111頁

16　法案および審議内容については『帝国議会衆議院委員会議録』40、167-188頁

17　田中康久「日本国籍法沿革史」13、『戸籍』477号

18　米山裕「第二次世界大戦前の日系二世と『アメリカニズム』」（『アメリカ研究』20号）

19　『日布時事』1920年1月1日、新年号其の2

20　『日布時事』1920年5月15日

21　『日布時事』1920年5月16日

22　同請願書は要約されて『布哇日本人年鑑』（第17回、1921年、167-173頁）に収録されて
　　いる。そのためこれまでこの請願書は、1921年に日本政府に提出されたものとされてき
　　た（『日米文化交渉史』5移住編、460頁、『ハワイ日本人移民歴史』339-340頁など）。と
　　ころが同請願書の全文はすでに1920年2月19日付けの『日布時事』に掲載されていた。
　　このことは同請願書がおそくとも1920年2月初めまでに成文化されていたことを示す証
　　左であり、日本政府への提出年月を推定する根拠にもなる。ただし、外務省記録および
　　公文雑纂などに同請願書を見出しえていないので、確実な日付は断定できない。なお『布
　　哇日本人年鑑』によれば同請願書の起稿は法学士で弁護士の渡辺純造とある（168頁）。

23　『布哇日本人年鑑』168頁

24　同上、173頁

25　外務省記録（3-8-7-28）「帝国々籍関係雑件」

26　同上。ただし句点ならびに改行をほどこした。

27　ワシントン大学図書館マニュスクリプトセンター所蔵マイクロフィルム Japanese Asso-
　　ciation of North America Selected Records Accession、No.1235-2、Reel No.2-639〜
　　716コマ

28　渋沢史料館所蔵（246-12）『布哇知人往復』

29 前掲『帝国々籍関係雑件』。東郷安は第48回議会における貴族院の「国籍法中改正法律案特別委員」の一人であった(『帝国議会貴族院議事速記録』44、速記録第6号、111頁)。

30 前掲『帝国々籍関係雑件』ならびに『日布時事』1924年12月2日

31 同上

32 『日布時事』1926年1月7日

33 渋沢史料館所蔵(246-14)『布哇知人往復』

34 日系市民答礼団の訪日記事については『日布時事』第8739、8765、8767、8773号参照

35 国際結婚を考える会『二重国籍』(時事通信社、1991年)、161頁

36 中井清美『定住外国人と公務就任権』(柘植書房、1989年)第5章

37 『国籍法〔新版〕』(法律学全集59-Ⅱ、有斐閣、1989年)、19頁

38 鈴木忠一「国籍訴訟」(『法曹時報』第6巻第3号)に憲兵または警察の強迫によって日本国籍の回復を申請させられたケースが多数紹介されている。

第7章

帰米二世をめぐる断章
——シアトル帰米日系市民協会の組織と活動を中心に

[典拠]「帰米日系市民協会」の創立を報じる『大北日報』1932年10月17日（筆者の史料ノート）

はじめに

　　生活に疲れ思想にひしがれ追ひたてられる飢えた犬のやうに蹌踉と太平洋
岸を歩む、帰米日系市民とは米国の経済的崩壊期に輸入された一種変態的
な民族である──高見澤哲

　「移民と国境・国籍・アイデンティティ」という問題群の中から、ここでは
1930年代の帰米二世を取り上げ、その思いと組織活動の実際を考えてみよう。
主たる対象は1932年にアメリカの帰米二世の団体として最初に組織されたシ
アトル帰米日系市民協会である。まずはいくつかの統計を俯瞰しながら帰米二
世の概要を把握し、ついでシアトル帰米日系市民協会の設立経緯、組織と活動、
全米日系市民協会との関係に及びたいと思う。

1　いくつかの統計から

二世の人口と　　　　まずはここで1930年代のシアトルを中心とした日系二
「帰米二世」の数　　世の人口と境遇について数量的に確認しておこう。**表7-1**
が示すように、1934年12月現在でシアトル、タコマ地域に居住していた日系
二世の人数の男女比はほぼ1対1であった。

　また、1934年のシアトル学務局調査によれば日系学童（20歳未満）の総数は

表7-1　1934年12月現在　シアトル、タコマ地域居住日系二世の人数　　（単位：人）

地域	男	女	合計
シアトル	2,037	1,942	3,979
タコマ	339	347	686
オーバン	320	377	697
タマス	5	37	42
合　計	2,701	2,703	5,404

〔典拠〕外務省記録（k.1.1.0.9）『日系外人関係雑件』第2巻による。日本の外務省による調査。

図7-1『大北日報』〈1934年1月9日〉「統計上より観たる帰米日系市民」（部分）

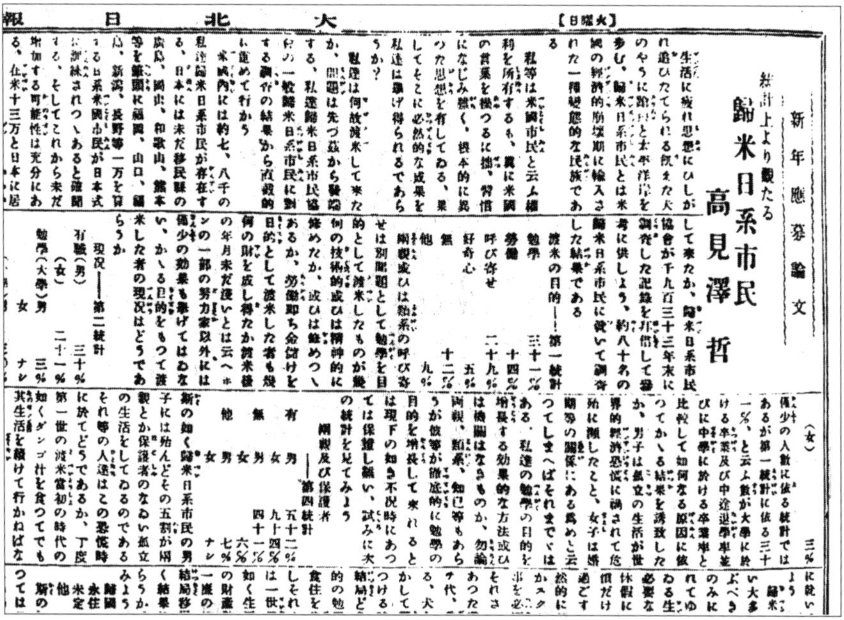
大北日報　【火曜日】

新年應募論文

統計上より觀たる
歸米日系市民
高見澤哲

生活に疲れ思想にひしがれ追ひたてられる飢えた犬のやうに蹌踉と太平洋岸を歩む、歸米日系市民とは米國の經濟的崩壊期に輸入された一種變態的な民族である

私等は米國市民と云ふ權利を所有するも、眞に米國の言葉を操つるに拙、習慣になじみ難く、根本的に異つた思想を有してゐる、果してそこに必然的な成果を私達は擧げ得られるであらうか？

私達は何故渡米して來たか、問題は先づ茲から發端する、私達歸米日系市民協會の一般歸米日系市民に對する調査の結果から直截的に進めて行かう

米國內には約七、八千の私達歸米日系市民が存在する、日本には未だ移民縣の廣島、岡山、和歌山、熊本等を筆頭に福岡、山口、福島、新潟、長野等一万を算する日系米國市民が日本式に訓練されつゝあると確聞する、そしてこれから未だ増加する可能性は充分にある、在米十三万と日本に居

……して來たか、歸米日系市民協會が千九百三十三年末に調査した記録を拝借して参考に供しよう、約八十名の歸米日系市民に就いて調査した結果である

渡米の目的――第一統計

勉學	三十一%
勞働	十四%
呼び寄せ	二十九%
好奇心	五%
無	十二%
他	九%

兩親或ひは親系の呼び寄せは別問題として勉學を目的として渡米したものが幾何の技術的或ひは精神的に修めたか、或ひは修めつゝあるか、勞働即ち金儲けを目的として渡米した者も幾何の財を成し得たか渡米後の年月未だ淺いとは云へホンの一部の努力家以外には僅少の効果も擧げてはゐない、かゝる目的をもつて渡米した者の現況はどうであらうか

現況――第二統計

有職	（男）	三十%
	（女）	二十一%
勉學（大學）	男	三%
	女	ナシ
	（女）	三%

僅少の人數に依る統計ではあるが第一統計に依る三十一%、と云ふ數が大學に於ける卒業及び中途退學率並びに中學に於ける卒業率と比較して如何なる原因に依つてかゝる結果を誘致したか、男子は孤立の生活が世界的經濟恐慌に禍されて危殆に瀕したこと、女子は婚期等の關係にある爲めと云つてしまへばそれまでゞはある、私達の勉學の目的を増長する効果的な方法或ひは機關はなきものか、勿論兩親、親系、知己等もあらうが彼等が徹底的に勉學の目的を増長して來れるとは現下の如き不況時にあつては保證し難い、試みに左の統計を見てみよう

兩親及び保護者――第四統計

有	男	五十二%
	女	九十四%
無	男	四十一%
	女	六%
他	男	七%
	女	ナシ

斯の如く歸米日系市民の男子には殆んどその五割が兩親とか保護者のない孤立の生活をしてゐるのである、それ等の人達はこの恐慌時に於てどうであるか、丁度第一世の渡米當初の時代の如くダンゴ汁を食つてでも其生活を續けて行かねばな

……に就い　よう　歸米　い大多　よべき　のみに　れてゆ　ゐる生　必要な　休暇に　憤だけ　過ごす　然的に　かヌク　非を必　それさ　あつた　ナ代、　る、犬　かして　つける　結局ど　的の勉　食住を　しそれ　は一世　如く生　の財産　一攫の　結局移　く結果　らうか　みよう　歸國　永住　米定　他　斯の　つては

筆者撮影

2,821人（男1,328、女1,493）であったことから、シアトルに在住する二世の7割余りは未だ選挙権登録をなし得ない年齢層であった。ちなみにワシントン大学に在学する学生数は98人（男59、女39）であったと記録されている。

一方、学生以外の青年二世は、以下の各種職業に就いていた。

農耕、園芸、畜産	257人	銀行、会社、商店員	184人
工場労働者	32人	その他各種職業	187人

二世の職業はやはり一世が切り拓いてきた農業や園芸業を引き継ぐものが多く、ついで移民コミュニティを地盤とする商店や販売業の店員、新聞や雑誌記者になるものが多かった[1]。

では、こうした数字のなかに「帰米」と呼ばれることになる「二世」はどれくらい含まれていたのだろうか。残念ながらその詳細を知る手がかりはきわめて乏しいといわざるをえない。日系二世の出生数またはその二重国籍の割合（日本国籍保持率）などは、届けられた記録によってその実数をある程度知ること

ができる。また二世による訪日観光団のように組織的かつ短期的にアメリカから日本へ出入国したものなどもその動態把握は容易である。

しかし「帰米」という行動は決して組織的に管理されたものではなかった。アメリカから日本へ渡った時期にしても滞在先にしても多様であり、その滞在期間はもとより、日本からアメリカへ帰ってきた日時と居住先においても極めて各人各様であった。それだけに帰米二世に関する実態的な動態調査は、滞在先の日本においても帰国後のアメリカにおいても困難だったと思われる[2]。その意味であくまでも推測の域をでないが、帰米日系市民協会の会員数から類推してみるところ、ワシントン州にあっては1934年頃ならば、二世人口の3~4%程度、およそ200~300人ほどだったのではないだろうか。

その後、周知のように1930年代後半になるとアメリカにおいて国籍法の改正問題が懸念され、日本各地の海外協会や在米の日本人会による帰米奨励運動が展開されたこともあり、帰米の数は増加をたどった。『在米日本人史』は1940年頃までにアメリカ太平洋沿岸3州に約1万人が帰米したと推定している[3]。**表7-2**の統計によれば1940年10月現在、太平洋沿岸3州の日本領事館管内に居住していた二世人口の合計は6万1,000人余り（そのうち二重国籍保持者は38%の2万5,384人とされていた）。その6分の1の約1万人が帰米体験者であったと

表7-2 世代別在米加日本人・日系人人口（1940年10月1日現在）　　　（単位：人）

世代 管轄領事館	一世	二世	二世の人口比 （%）	計
シアトル	6,068	9,495	61	15,563
ポートランド	4,350	3,367	44	7,717
サンフランシスコ	17,388	25,760	60	43,148
ロサンゼルス	28,114	22,841	45	50,955
ホノルル	34,661	122,188	78	156,849
シカゴ	536	753	58	1,289
ニューオルレアンズ	393	155	28	548
ニューヨーク	2,064	594	22	2,658
バンクーバー	8,049	11,966	60	20,015
合　計	101,623	197,119	66	298,742

（注）濃い網掛けは太平洋沿岸3州。二世人口欄の（%）は管轄領事館内ごとの人口比。
〔典拠〕外務省亜米利加局第一課『時局下ニ於ケル在米加邦人ノ現状並其ノ対策』（1941年5月）

仮定するなら、シアトル領事管内で1,580人余り、以下、ポートランド560人余り、サンフランシスコ4,300人余り、ロサンゼルス3,800人余りが幼少期を日本で過ごし、その後アメリカに帰ってきたという帰米体験をもつ二世であったということとなるだろう。しかしながら、これらはあくまでも推測の領域である。

帰米二世による調査から　さて、ここに極めて興味深い調査事例がある。それは会員数が100名に達したシアトル帰米日系市民協会が、1933年の暮れ、約80名の帰米二世に対して5つの問いを投げかけ、その結果を高見澤哲が「統計上より観た帰米日系市民」としてまとめあげ、1934年1月9日の『大北日報』に発表したものである[4]（**図7-1**参照）。

第1の問いは「如何なる目的を抱いて私達は渡米してきたか」であった。それに対する回答は**表7-3**の通りである。3割の者が「勉学」と答え、他の3割が「呼び寄せ」をその理由としていた。この数値を分析して高見澤は、両親や親類の呼び寄せによって帰米した者はそれなりの庇護を受け、自らの目的実現を有利にすることができたが、実際のところ「ホンの一部の努力家以外には僅少の効果もあげてはゐない」と厳しい現実を指摘する。

ではアメリカに帰る以上、アメリカの学校で勉学に励みたいと思っていた者の現実はどうだったのだろうか。**表7-4**が示すように、大学へ行って

表7-3　帰米二世：渡米の目的

勉学	31%
労働	14%
呼び寄せ	29%
好奇心	5%
無	12%
他	9%

〔典拠〕高見澤哲「統計上より観たる帰米日系市民」（『大北日報』1934年1月9日）。

表7-4　帰米二世の現況

	男	女
有職	30%	21%
勉学（大学）	3%	0%
勉学（中学）	30%	39%
勉学（小学）	14%	36%
無職	23%	0%
他	0%	4%

〔典拠〕表7-3と同じ。

表7-5　米国における学歴

学校種別	卒業/中退	男	女
大学	卒業	0%	0%
	中退	0%	2%
中学	卒業	6%	5%
	中退	16%	3%
小学	卒業	46%	38%
	中退	17%	9%
無	—	9%	3%

（注）合計が100%にならないが典拠どおり。
〔典拠〕表7-3と同じ。

表7-6　帰米二世の両親および保護者の有無

保護者の有無	男	女
有	52%	94%
無	41%	6%
他	7%	0%

〔典拠〕表7-3と同じ。

表7-7　日本に帰るか米国に永住するか

帰国（日本に帰る）	53%
永住（米国に永住）	17%
未定	11%
他	13%

（注）合計が100％にならないが典拠どおり。
〔典拠〕表7-3と同じ。

　勉学中の者は極めて少なく、3割の男性は職についていた。職の無い者も多かった。幼少期にアメリカを離れ、英語の環境から遠ざかっていたことから語学の壁もあったことだろう。注目すべきことは、**表7-5**に見るように、5割以上の男女は小・中学校に在籍していたが、そのすべてが卒業に至るとはかぎらなかったことである。

　学業支援においては彼／彼女らを日本からアメリカに呼び寄せた両親や親類の援助が期待されるはずである。しかし現実は、**表7-6**が示すように、帰米二世の男性にあってはその41％が両親も保護者もいない者、すなわち「孤立の生活」に身をおく者であった。

　　それ等の人達はこの恐慌時に於てどうであるか、丁度第一世の渡米当初の時代の如くダンゴ汁を食ってでも其生活を続けて行かねばならない状態にあるのだ。目的の勉学も夢に書いたものは今は生活に追はれてゐるもの如何に多い事だらう。私達同志はそれを目撃しそのことに就いてよく聴く。それに反し女子の大部分は両親あるひは保護者等の無風圏内にゐる[5]。

　世界的な恐慌期にあっては、勉学よりもなにより生きていくための生活を最優先させざるを得なかった。これが帰米二世を取り囲む厳しい現実であった。

　それだけに最後の問いは「日本に帰るか米国に永住するか」（**表7-7**）であった。1934年の時点でアメリカでの永住を望む者と答えた者はわずか17％であった。

　　斯の如く五割の人口にとってはアメリカに居る時代は結局一時的な腰かけ時代に過ぎないのではないか。（中略）帰米日系市民の平均年齢が十九才前後であるから前途は未だあると云へるとは云へ、帰米日系市民はこれからどうして行くのか、多くの疑問を残してペンを擱かう[6]。

「帰米日系市民とは米国の経済的な崩壊期に輸入された一種変態的な民族である」と、やや自虐的な思いを響かせて高見澤は自らを規定した。だがそれで何かが解決されたわけではなかった。自らの存在を確認し、意味づけしようとすればするほど新たな疑問に行き着き、新たな自分探しが始まるからである。そしてそうした疑問が自己の生き様に共鳴し、苦労をわかちあえる仲間の存在に眼を向けていくことになる。こうして帰米体験を持つものでなければ感得し得ない思いは、互いの境遇をわかりあえる場と結びつきを求め、帰米二世は独自の連絡団体を築くことになった。それが帰米日系市民協会である。以下、シアトル帰米日系市民協会の創立事情をあとづけることにしよう。

2 シアトル帰米日系市民協会の創立

創立までの助走　　帰米日系市民協会に関する研究は極めて少なく、同協会に言及するものもそのほとんどは『在米日本人史』の以下の記述を典拠としていた。

　〔1932年シアトルの〕元老奥田平次並に労働雑誌社宮田主計らは帰米市民の指導者ら相図って自ら後援者となり、当時『黎明』と呼ぶ独立雑誌を発行してゐた黎明社と同じく帰米団体である銀星倶楽部を合併せしめて、前記帰米日系市民協会を組織せしめた。同会はその当時既に百二、三十名の会員を擁してゐた[7]。

　これに続けて『在米日本人史』は、1935年にロサンゼルスの羅府日系市民協会に帰米部が設立されたこと、翌年サンフランシスコの帰米3団体のうち大日本青年会、学生倶楽部が発展的に解消し、日系市民協会に合同していったこと、36年にはシアトルで開かれた第4回全米日系市民協会の大会に帰米市民の代表も参加し、帰米としての政治運動が提案されたことを記している。しかし『在米日本人史』にあってもこれ以上、帰米日系市民協会の創立過程や活動の実態にふれるものではなかった。

　そこで以下では、『大北日報』を拠りどころにしてシアトル帰米日系市民協

会（以下、帰米協会と略す）の創立過程をあとづけておくことにする。まずは創立に至るまでの助走の様子である。「帰米日系市民協会声明書」はその道程を次のように語っている。

　　北米合衆国に日本人同胞が移民としてあの広大なアメリカの原野に最初の鍬を入れ、アメリカ文明の基礎とも云はれる鉄道の今日の隆盛将た又大農業国としてのアメリカの今日の名声に貢献せんが為めに労働しながら其の第二世を育英する事は尚当時の彼等にとっては難事だったに違ひない。必然の結果としては二世を日本に送る事にした。そして日本に育った彼等、即ち我々第二世は父母の下を離れ長じて嘗て父母の住ひし国アメリカに戻って来た。此の人達の数は幾何級数的に増加し其言葉、其習慣其思想等の点に於て異ったアメリカ育ちの第二世と結びつくには相当の苦心と時日の必要に気が付かなければならなかった。同じ日本人同志殊に故国を離れ異郷にある同胞の融和結合がこんなにまで難しくあらうとは誰しも想像しなかっただらう。だが最後にぶちあたった問題は悲しいかな「あはない」との言葉で表はすより外にない事だった。そして斯うした帰米第二世の殆んどが、アメリカに親のある人の少い（或は親戚に、知己に、友人に頼って来た人の少ない）彼等をして少しでも「慰め」とするものは何かお互ひ日本育ち同志の交際ではなかったか。悲しい事の幾分でも人に話す事とへ人が自分の境遇なり心境なりに事実同情して具れなくても話した同志は幾分でもこの悲しさの晴らされた様に思ふだらう。嬉しい時だって同様だ。こうした人達の三々伍々の集まり、同趣味の人の集ひの現はれが「レイメイ」であり「ギンセイ」であった。だが此の二つを以てしても尚帰米第二世の全部を包含する事は出来なかった。必然的に起って来るものは何か、即ち之等を一丸とした或る一つの団体ではあるまいか。包含し得る「集り」それが我々と言ふ帰米日系市民協会なるものだ[8]。（下線は坂口、以下同じ）

「レイメイ」（黎明）とは文芸を趣味とするものの同人で、雑誌『黎明』を発行していた[9]。「ギンセイ」（銀星倶楽部）は野球のクラブである。『在米日本人史』が記していたように、帰米二世の境遇に心を痛めていた一世たちは、帰米市民とアメリカ育ちの日系市民との融和策を模索したところ、帰米側の独立希望が強かったことから帰米団体の合同を促すこととし、1932年10月1日にその最

初の会合即ち帰米日系市民協会設立準備会を催し、帰米協会の設立を17名の準備委員に一任したのである[10]。17名の設立準備委員は以下の通りであった。

　　宮本辰雄、服部秀雄、結城富雄、熊本幸雄、有賀太郎、日比谷隆美、日比谷正三、海田巌、岡丸正三、松本進、野沢克己、松浦嘉朗、狩野輝光、中山正義、中本博、緒方條治、黒河幸一郎[11]。

　なお、一世の団体である北米日本人会商業会議所の教育部では1932年9月から本格的に日系市民と帰米市民との融和策の検討を進めており、この日の会合には奥田平次、宮田主計、天野正十九北米日本人会商業会議所教育部長らが参加していた。

帰米協会の創立　　1932年10月15日を創立総会の日と決めた設立準備委員会は、既存のシアトル日系市民協会との協調をはかるため、10月11日、錦華楼に協議会を開いた。当日の参加者は帰米協会側4名（宮本、海田、有賀、日比谷）、日系市民協会側4名（荒井、坂本、西村、服部）で、立会人として有馬北米日本人会商業会議所会長、天野教育部長、伊東米国西北部聯絡日本人会会長が出席した。席上、市民協会側は帰米協会の発足に難色を示したが、意見交換の末、市民協会のなかに連絡機関として帰米部を置き、両協会より5名の委員を派遣すること、合議の上で協力しながら活動していくことという折衷案を受け入れ、最終的には帰米協会の独立を認めることとなった[12]。『大北日報』は、この2つの団体の合意を賞賛し、「今回両協会の握手は、同胞有識者憂ゆる、二様市民間の意思懸隔を、或る程度までの融和に歩を進めたものである。（中略）両協会の握手は、市民運動に対する、一つの歴史的事実として、大に慶せねばならん、目標は主義主張でない協力一致だ」[13]と最大限の評価を与えていた。しかし市民協会側にはわだかまりがあったのだろう、当日参加していたにもかかわらず、ジェームズ・坂本好徳が主催する雑誌『クーリエ』（The Courier）には、この日の合意事項についてはもとより、両協会によって協議がもたれたことについてさえ一切報じられてはいなかった[14]。

　こうした助走を経て勢いを得た帰米側は、最後の踏み切りとして先に示した「帰米日系市民協会声明書」を発表したのである。先の引用に続く後半部は以下の通りである。

　　本会の目的、主旨は「会員相互間の福利増進、親睦を計り以てよりよき社

会の現出に資せんとする」にある。然るに既往の「日系市民協会」との対
立問題を同胞社会に云々せられ、両者間が同主旨同意見なら別に新しきも
のを作る必要を認めぬとも思はれ、また日会教育部の「第二世相互間の親
睦を計る会」にも審議せられし通りアメリカ育ち第二世と日本育ち第二世
との間の溝を更に大なるものにせぬかとも危まれ、種々なる疑惑、殊に桑
港日系市民協会の本会に対する抗議云々をせられ尚且つ敢然生れ出たのは
何故か。少なくとも「あはない」もの同志を無理にあはすより「あふ様に
して」合せて行くのが我々誰れしも願ふ所ではあるまいか。勿論我々は身
命を賭しても「合はせんが為め」に且つ第一世先輩諸氏は基礎の上に高層
建築を営む為めにはよきアメリカ市民としてよりよき社会出現に資せんが
為めに苦労を惜しむものでない。

　乞ふ諸氏よ我々帰米第二世は問題を起すを好むものにあらず、細胞の結
合のうまぬ場合同性質のものをあつめ合ひ、大きくして結合を計らん云ふ
のが我々の念願であり主旨である。

　重ねて云ふ賢明なる在米同胞諸氏よ。乞ふ刮目して我等の意ある所を諒
とせられん事を　　　　　　　　　　　　　　　　　　　準備委員会[15]

「帰米」という体験をもつものだけで結束したいという願望は、アメリカを
離れて日本にいても、アメリカに帰ってきても孤独で身の置き所のなかった
彼／彼女らの素直な心情であったのだろう。随所に出てくる「あはない」とい
うその一言に帰米二世の思い、自己と他者を意識的に区別しようとした思いが
込められていた。

　ここに自らの立場を闡揚した帰米二世は、1932年10月15日北商ホールに帰
米日系市民協会の発会式兼総会を開き、公然と活動を開始した。総会に出席し
た帰米協会側の会員数は60余名と伝えられている[16]。発会式ではシアトルの日
系市民協会を代表してジェームズ・坂本がスピーチをしたようであるが、この
日の出来事についてもやはり『クーリエ』には一行もの言及がなかった。初の
総会では役員選挙が行われ、初代会長には宮本辰雄が選ばれた。

　こうしてシアトル帰米日系市民協会はその姿を現すに至った。では帰米協会
はどのような活動を行ったのだろうか。以下、その組織と活動の実態を示すこ
とにしよう。

3　シアトル帰米日系市民協会の組織と活動

組織体制　　帰米協会は発足したもののその組織はあまりにも脆弱で、文字通り走りながら体制を築きあげていくというものであった。創立後2週間にして帰米協会は早くも臨時総会を開き（1932年10月29日）、2つの重要事項を決めた。1つは経済的基礎を固める寄付金募集の演芸会であり、もう1つが女子部の設置であった。初めての演芸会によって325ドル90セントの寄付金を集め、これがその後の活動資金となった。

　総会は春と秋、定期的に開かれ、秋の総会で役員が改選された。1932～37年までの役員一覧は**表7-8**の通りである。1933年5月の総会で会則を改正し、文芸部に加えてハーモニカ、弓道、水泳の各部を新設した。弓道部は毎週2回シアトル弓道会場で稽古を行った。のちにはテニス部が、36年4月には野球部が設置された。

　こうした活動規模の拡大に応じて事務所も1933年メナード街317→36年南8街124→37年南6街216と移転した。会員数については不詳だが、毎回の総会出席者数が30～60名であったことから、その数倍の60～120名程度だったことだろう。

女子部の創設　　帰米協会の創設準備と並行するように女子部の設置が検討されていたようで、帰米協会が発足して間もない1932年10月30日には早くも女子部創設の相談会が開かれた。集まった女性は16名、帰米協会の役員は7名であった。11月6日帰米協会女子部の創立総会がもたれ、ここに女子部が発足した。発足当初の役員は以下の通りであった[17]。

　　部長：本田まさ子
　　副部長：宮本恵美子
　　委員：村上千鶴子、鎌田まさ子、高木鑑子、高木千代子、佐々木生子、横
　　　　　山ます子、勝呂愛子
　　女子部議長：米村とし子
　　（帰米協会への役員）

表7-8　シアトル帰米日系市民協会の総会開催時期と役員の移り変わり

総会開催年次		1932秋季	1933	1933秋季	1934	1934秋季	1935	1935秋季	1936	1936秋季	1937	1937秋季
総会開催月日／時季		10.15	春季	10.1	春季	10.7	春季	9.15	春季	9.20	春季	9.12
設立準備委員	役職											
宮本辰雄	会長	宮本辰雄		日比谷隆美		海田　巌		熊本幸雄		狩野輝光		狩野輝光
服部秀雄 結城富雄 熊本幸雄	副会長	日比谷隆美 海田　巌		海田　巌 今武田万理子		熊本幸雄 高木千代子		遠藤　希 勝呂愛子		黒河幸一郎 大村紀江		古川義一 大村紀江
有賀太郎	幹事長			遠藤　希		遠藤　希		柏野正一		柏野正一		廣澤重雄
日比谷隆美 日比谷正三 海田　巌 岡丸正三 松本　進 野澤克己	幹事	岡丸正三 有賀太郎 服部秀雄 黒河幸一郎 久保三千雄		緒方條治 野澤克己 宮本恵美子 横山ます子		古川義一 森ハルエ 小浦アヤ子		古川義一 宗方　豊 高木千代子 大村紀江		三原　実 原田利夫 宗方　豊 高木千代子 黒田節江 森　泰樹		海田　巌 宗方　豊 柳田光之 森　春枝 久保久江 小浦綾子
松浦嘉朗 狩野輝光 中山正義	会計	結城富雄 松浦嘉朗		斎藤敬二 佐々木生子		斎藤敬二 黒田節江		斎藤敬二 黒田節江		倉西秀子		原田義人 倉西秀子
中本　博 緒方條治 黒河幸一郎	書記	狩野輝光 野澤克己		狩野輝光 佐来村義子		北村東一郎 大村紀江		服部秀雄 倉西秀子		小田健次 久保久江		柏野正一 木原幸子

〔典拠〕『大北日報』各年度総会報道記事より作成。ただし記事ごとに異なる姓名の表記を統一した。

　　　副会長：本田まさ子
　　　幹事：高木鑑子、米村とし子、宮本恵美子、鎌田まさ子、村上千鶴子
　　　書記：勝呂愛子
　　　会計：佐々木生子
　　　評議委員：海田喜代子、青木雪子、岡野たま子、国弘しげ子、国弘八重子
　　財源を確保するため女子部も基金募集演芸会に店を出し、毎年4月には独自
　のバザーを開くなど、積極的な活動に取り組んだ。34年9月からは毎週木曜日、
　日光楼において日本料理の講習会を開いていた。また35年2月3日には座談会
　を主催し、「一、帰国か永住　一、帰米女子の長所短所　一、結婚問題」を論
　ずるなど、帰米協会と異なる視点から、二世の女性のみならず、一世の女性と

の結びつきを強める活動を展開していた[18]。

バレー帰米日系市民協会　さて、シアトルにおける帰米二世の活動と連動するように1932年12月18日、タマス（Thomas）にも帰米日系市民協会が発足したので、ここで触れておこう（発会式は1933年1月8日）。この帰米協会はシアトル〜タコマ間に広がる農業地帯であるホワイトバレーに居住する帰米二世によって創られた団体であったことから、バレー帰米日系市民協会（以下、バレー帰米協会）と呼ばれた。その「綱領」は以下の3カ条であった。

一、実を以て会員相互の親睦を図り剛健なる思想を涵養し社会の進展に貢
　献すべし

二、現実と阻隔せざる方案の理論的価値を確保し人格的に表現すべし

三、私的偏見確執は断然之を制し天地の正道に基くべし[19]

ホワイトバレーの帰米二世もシアトルのそれと同様に、その創立声明を発するに先立ち、バレー日系市民協会と話し合いを行っていたが（1932年の12月7日）、市民協会側が当初からその独立に難色を示していたこともあって折り合いがつかず、バレー帰米協会は独立、市民協会側はそれを非公式に承認するという立場をとっていた。

バレー帰米協会もシアトルのそれと同様の役員構成をとっており、文芸、社会、運動、協調の各部を置き、月並会を開いていた。バレー帰米協会発足当初の役員は以下の通りであった[20]。

会長：井芹重雄、副会長：古田実、第2副会長：河上静子

幹事：野村英生、会計：小畑覚、議長：角岡栄

このようにワシントン州内に2つの帰米協会が発足したことから、シアトルの帰米協会は1933年9月24日、タコマ、ヤキマ方面の帰米二世に呼びかけ、西北部帰米日系市民懇談会を催した。これは全米日系市民協会との融和を図ると同時に広く帰米二世の結集を目指したもので、帰米二世のネットワーク化をはかる聯絡帰米日系市民会の設立、二世の職業問題、市民権の行使問題等が議論された[21]。

機関誌の発行　シアトル帰米協会の活動のなかでも重要な位置を占めていたものに機関誌の発行と財源確保を目的とした演芸会の開催

があった。まずは機関誌から見ることにしよう。

　帰米協会の前身に文芸同人「黎明」があったことはすでに述べたが、帰米協会にあってその中心メンバーが文芸部を興し、機関誌『黎明』33年号（1933年1月）を発行していた。同誌を一読した『大北日報』の中島梧街は、その印象を以下のように記していた。

　　彼等若人の日常生活を見て一種寂しい感じを催ほすものは、一人二人であるまい。而してこの寂しみは、若人の家庭生活の欠陥に帰せねばならない。（中略）帰米日系市民の機関誌なる『黎明』を見ても（中略）その間に親子愛の冷却、家庭生活の不平を見免^{（ママ）}がすことは出来ない。実に同情に溢えぬ^{（ママ）}次第[22]

　機関誌とはいえ『黎明』は、両親・保護者がいないがため「孤立の生活」を余儀なくされていた若者たちの心情を綴る文面によって埋められていたようである。

　その後帰米協会は、1933年12月26日、新たな機関誌としてその名も『帰米市民』（謄写版刷り）の発行を開始した。「米国に於て特殊の立場にある帰米市民の思想が意識的に盛られてゐる」[23]と『大北日報』は紹介するが、詳細は不詳である。ついで翌年2月26日に『帰米市民』2月号が刊行されたが、定期発行には至らなかったようである。そして1936年に至って「よりよき機関誌」の刊行をめざす積極方針が採られるようになり、広く投稿を呼びかけ、会員のページも拡充させ、季刊発行の体制も整っていった。そして1936年の秋季号は、同年9月に後述する第4回全米日系市民協会（JACL）大会がシアトルで開催され、帰米協会と市民協会との合同問題が議論されただけに、同問題に関する論説も含めて170ページの冊子となっていたという。ちなみに1936年当時の編集委員は以下の11名であった。

　　原田義人、菊地某、北村東一郎、久保久江、熊本幸雄、倉西秀子、三原実、小田健次、大村紀江、鴫原博、吉田某[24]

演芸会の開催　　もう1つの大きな取り組みは、活動資金を募る演芸会の開催であった。会費だけで活動費用を満たすことのできなかった帰米協会は、市民協会と競うようにして、積極的に演芸会を開いていた。その評判は上々で、「日本で教育をうけた帰米日系市民は自然新興の日本の最近の空

気を吸ってるだけに日本の文化を米国に紹介するには格好の地位と伎倆を持ってゐる」[25]と評されていた。それだけに帰米協会の演芸会を支援する一世たちも多く、演芸会は移民社会での恒例行事となっていた。

1935年1月27日にはシアトルのスポーツクラブ太陽倶楽部と合同で「東北冷害義捐金募集新春大演芸会」を開催し、その純益金178ドル75セント、日本円にして500円余りを日本に送っていた。また1937年10月には日本の将兵に送る慰問金作りの演芸会を開催し、純益金170ドル44セントを日本の恤兵部に送っていた[26]。

4　日系市民協会との合同問題

第4回全米日系市民協会 (JACL) 大会での討議　　1936年9月3日から7日にかけてシアトルで第4回全米日系市民協会の大会が開かれた。この大会には帰米二世問題を討議する分科会が設置され、ロサンゼルス、サンフランシスコ、シアトル各地の帰米組織の代表者が一堂に会し、日系市民協会との関係のあり方、合同問題が討議されるとあったことから、早くから注目を集めていた[27]。帰米協会では8月以降、同大会に提案する課題の討議を進め、以下の5点を大会に提起した。

(一) 帰米日系の全米市民協会及び沙港（シアトル）市民協会に対する組織関係の問題は、大会の決定を参考として来る帰米日系秋季総会で市協との合同問題に対する最後決定を見る筈。

(二) 加州聯合移民委員会幹事マクラッチーの非憲法的反帰米市民案に対して大会から調査抗議する事。

(三) 移民法以前（一九二四）に渡米し米国内にずっと居住してゐる日本人に帰化権を与へる事。

(四) 日本人をユニオンに入れるな、職場にはユニオンメンを使へと運動を起したユニオンに対して調査し、我々の職場の安全を計る事（可能の場合は日本人がユニオンに入る事を条件とする）。

　（五）日本人に政府支給の救済費を与へるやう、市協大会が常に準備する事[28]。

　サンフランシスコの帰米団体であった大日本青年会と学生会は、1936年8月、JACLの幹部サブロー・キド（城戸三郎）、新世界朝日の記者村山有らの働きかけによって発展的解消を遂げ、市民協会に合流することを決めていた。またロサンゼルスの帰米組織は1935年に発足したばかりであったが、それは当初から羅府市民協会の帰米部として設置されたものであった[29]。それだけに帰米協会としてもっとも活動歴の長いシアトル帰米協会の去就が注目されていた。大会2日目の9月4日、羅府市民協会帰米部の部長田辺英二ら4名を招待した歓迎会が錦華楼で開かれた。この会合においても帰米協会と市民協会との合同問題をめぐって激論となり、議論は深夜まで及んでいた。

　注目された帰米日系問題の分科会は、田辺英二が司会し、各支部、帰米協会（シアトル代表は小田健次と大村紀江）から出された議題を討議し、その結果を大会に提出し、JACL幹部立会いのもと、決議として発表されることとなった。帰米問題に関する主要決議は以下の2項であった。

　　一、全米本部を通じ各地市協支部と同地の既設帰米市民団体との合同を希望し、今後若し或地方にて独立帰米市民団体の創立ある場合はこれを排す。
　　二、沙都帰米市民協会の即時合流を希望す[30]。
（ママ）

　JACLの主流は、あくまでも帰米組織の分立を望まず、組織の一本化を求める立場であった。

日系市民協会との合同を否決し、独立を維持　態度決定を迫られたシアトル帰米協会は、1936年9月20日の秋季定期総会でこの問題を決することにしたが、案にたがわず激しい討論となった。そして無記名投票の結果、26対8で「現状維持」が多数を占めた[31]。この総会で会長に選ばれた狩野輝光は、日系市民協会との合同を否決し、独立維持となった理由を次のように語っていた。

　合同の是非に就いても区々の議論があるが若し合同に決したとしても必ず現在の帰米協会は其の儘姿をかへて存在する可能性が多く却って有名無実に了るを惧れる。合同は時期尚早で懸案の儘現状維持と決したものであらう[32]。

これ以降、シアトルでは帰米協会と市民協会が併存したまま日米戦争そして日系人強制収容の時代に至ることとなるのだが、その間にあっても帰米協会はおおむね従来どおりの活動を続け、恒例となっていた演芸会、バザー、ダンスパーティー等を主催していた。また、1936年に創刊された日系文学雑誌『収穫』の第3号（1937年9月）は糸井野菊を中心に編纂されたものだが、同誌には狩野輝光、倉西秀子、野澤克己、小田健次、大村紀江ら帰米協会の主要会員たちが健筆をふるっていた[33]。強制収容所においてはどのような活動をしていたのか、さらなる調査が求められている。

むすび

　日系アメリカ人史研究において「空白の1930年代」が説かれて久しい。本小論も及ばずながらそうした研究の空白を埋めようと試みたものである。

　空白の時代像を描くには何よりも歴史叙述の基となる基礎的史実の確定が不可欠である。本小論が、『大北日報』というきわめて限られた資料に依拠しながらも、多くの人名と組織の動静を年代記的に叙述したのも、同時代の記録を通じて帰米協会の「実像／虚像」の双方を浮き彫りにしたいと考えたからにほかならない。

　本小論が、今後の帰米二世研究の「踏み台」となり、新たな史実の発掘が進むことを願ってやまない[34]。

● 註

1　1934年のシアトル学務局による調査の数値は外務省記録（k.1.1.0.9）『日系外人関係雑件』第2巻による。

2　日本滞在中の二世人口を算出することの困難さや帰米奨励運動の展開については粂井輝子「1930年代の帰米運動——アメリカ国籍法との関連において」（『移住研究』No.30、1993年3月）が詳しい。

3　『在米日本人史』（復刻版、PMC出版、1984年）、1118頁

4　以下の統計数値および引用はみな高見澤哲「統計上より観たる帰米日系市民」（『大北日報』1934年1月9日）による。

5　同上、高見澤哲「統計上より観たる帰米日系市民」

6 　同上

7 　『在米日本人史』1118-1121頁

8 　『大北日報』1932年10月13日。適宜、句読点をおぎなった。

9 　シアトル帰米日系市民協会創立当初、同協会の機関誌は『黎明』であった。1933年1月に『黎明』33年号が発行されている（『大北日報』1933年1月9日）。

10　『大北日報』1932年10月3日

11　同上

12　『大北日報』1932年10月12日

13　中島梧街「別口雑記帳」『大北日報』1932年10月13日

14　*The Courier*については1932年9月以降の紙面を検索した。

15　『大北日報』1932年10月13日。適宜、句読点をおぎなった。

16　『大北日報』1932年10月17日

17　『大北日報』1932年11月7日

18　『大北日報』1935年1月28日

19　『大北日報』1932年12月12、20日

20　『大北日報』1932年12月20日

21　『大北日報』1933年9月22、25日参照

22　中島梧街「別口雑記帳」『大北日報』1933年1月26日

23　『大北日報』1933年12月26日

24　『大北日報』1936年11月8日

25　『大北日報』1935年10月24日

26　『大北日報』1935年2月5日、1937年11月12日参照

27　帰米協会は、JACLの大会に先立つ1936年4月の総会で、同大会への支援金15ドルの支出を決め、代表者の派遣を決定していた（『大北日報』1936年5月4日）。

28　『大北日報』1936年9月4日。ただし、文意の通じにくい箇所については『在米日本人史』1120頁を参照して修正した。

29　『大北日報』英文欄 "TANABE URGES KIBEI TO MERGE WITH JACL BODY" 1936年9月5日参照

30　『大北日報』1936年9月9日。ただし、適宜、句読点をおぎなった。

31　『大北日報』英文欄 "KIBEI LEAGUE HAS OPEN DISCUSSION" 1936年9月21日

32　『大北日報』1936年9月21日

33　『日系アメリカ文学雑誌集成』第1巻（不二出版、1997年）参照。また、帰米二世による文学活動については、水野真理子『日系アメリカ人の文学活動の歴史的変遷』（風間書房、2013年）第3章、第7章を参照されたい。

34　マージナル・マンという概念を用いて「帰米二世」という生き方にアプローチした研究に森本豊富編著『移動する境界人――「移民」という生き方』（現代史料出版、2009年）がある。

第8章

The New Canadian に見る
戦中・戦後の日系カナダ人団体
——1942〜1967

〔典拠〕「トロントの日系カナダ人のためのデモクラシー委員会」の考えを論じたキンジー・タナカの論説とそれを報じた *The New Canadian* 1944年12月9日（筆者の史料ノート）

はじめに

　1941年12月、日本のアメリカ、イギリスへの宣戦布告によって太平洋戦争が勃発すると、イギリス連邦の一員であったカナダと日本との間に戦争が始まった。1942年1月8日、カナダ政府は戦時特別法を発令してアメリカと同様に日系人の強制収容策を推し進めた。カナダではブリティッシュ・コロンビア州（以下 BC 州）の沿岸から100マイルの地域が戦時防衛区域と定められ、そこに居住している日本人と日系カナダ人は自主的に立ち退いて BC 州の内陸部へ移るか、アルバータ州、マニトバ州などの道路建設現場や砂糖大根の栽培地へ行って事業に従事することが求められた。しかしその数は少なく、多くの人びとは BC 州ロッキー山脈の東部にあったゴーストタウンへ向かった。1941年3月から年末にかけて王立カナダ騎馬警察（マウンテッドポリス）が行った日本人・日系人の登録調査によれば、その国籍別内訳は**表8-1**が示すように、そのおよそ6割はカナダ国籍をもつ市民であった。

　日系カナダ人の強制収容問題ならびに同問題のアメリカとの比較・異同については、すでに優れた研究があり、多くの事実が明らかにされているので、ここでは本章にかかわる歴史的前提として2つの点について指摘しておこう[1]。

　第1は、カナダでは立ち退きに際して財産が押収されただけでなく、政府の委託をうけた敵性財産等管理委員会（カストディアン）によって日系人の資産が強制的に売却され、換金されたことである。資産は不当に安く見積もられ、保管料や手数料までもが差引かれたため、本来の資産の持主の手許にほとんど財

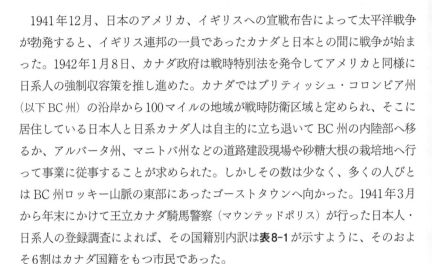

表8-1　カナダにおける強制収容の国籍別内訳（1941年）　　　　　　　（単位：人）

国籍別	人数	％
日本国籍者	10,700	43
カナダ生まれ（カナダ国籍）	6,328	25
カナダへの帰化（カナダ国籍）	7,483	32
アメリカ市民（アメリカ国籍）	14	0
合　計	24,525	100

（注）1941年3月から年末にかけてマウンテッドポリスが行った日本人・日系人の登録調査による。
〔典拠〕*The New Canadian* 1944年11月11日。

産は残らなかった。アメリカでは強制収容所の共同食堂にいけば無料の食事が出されたというのに、カナダでは被抑留者みずからが貯金やわずかに残った資産で食料や衣服、雑貨品など生活に必要なものすべてを自給しなければならず、経済的負担が重くのしかかっていた[2]。ここに第2次大戦後の日系カナダ人がすぐさま財産損害賠償問題に取り組まねばならなかった原因があった。

　第2は、1945年の春になるとアメリカの日系人たちは太平洋沿岸地域へ戻ることができたが、カナダの日系人たちは戦争が終わってもロッキー山脈の東へ「分散」するか、日本への「送還」を希望するかのどちらかを選ばなければならなかったことである[3]。45年初頭には一時の思いや圧迫から日本への「送還」を希望し、申請書に署名したものは1万813人におよんだが、その後日本の敗戦という現実を知るにつれて申請を撤回したいとする人びとが増え、46年までに申請を撤回した人は6,313人に達した。日系人の国外追放に反対するカナダ人団体や二世組織の抗議を受けたカナダ政府は、その送還政策を47年1月に撤廃したが、それまでに5回にわたり計3,964人もの人びとが日本へ送還されていた[4]。この送還政策の不当性を問う闘いが、カナダ各地に点在していた日系人を結束させる緊急課題となったのである。

　日本への「送還」を望まなかったとしてもBC州を出て東部へと移動しなければならないことにかわりはなく、心の休まる日はなかった。1941年と47年のカナダに於ける日系人の分布の変化は、**図8-2**が示すとおりである。多くの人びとがBC州に隣接するアルバータ州そしてオンタリオ州のトロントやロンドン、ハミルトンなどの都市へと移っていった。BC州沿岸部への帰還が許されるのは1949年4月のことであった。

　戦争勃発以後、日系カナダ人は財産の没収、強制移動、日本への送還、東部への再移動と、文字通り激動の日々を余儀なくされたが、そうした日系人にとって唯一ともいうべき情報源が、日本語と英語で書かれた新聞 *The New Canadian* であった[5]。*The New Canadian* は1939年バンクーバーに創刊されたが、開戦以後の立ち退き政策に従ってその編集局は1942年12月から45年7月まではBC州のカズロー、45年8月から48年5月まではマニトバ州ウイニッペグ、それ以降はオンタリオ州のトロントへと移っていった。文字通りその足跡は日系人の道程そのものであった。

図8-1 *The New Canadian* 1942年4月18日の表紙

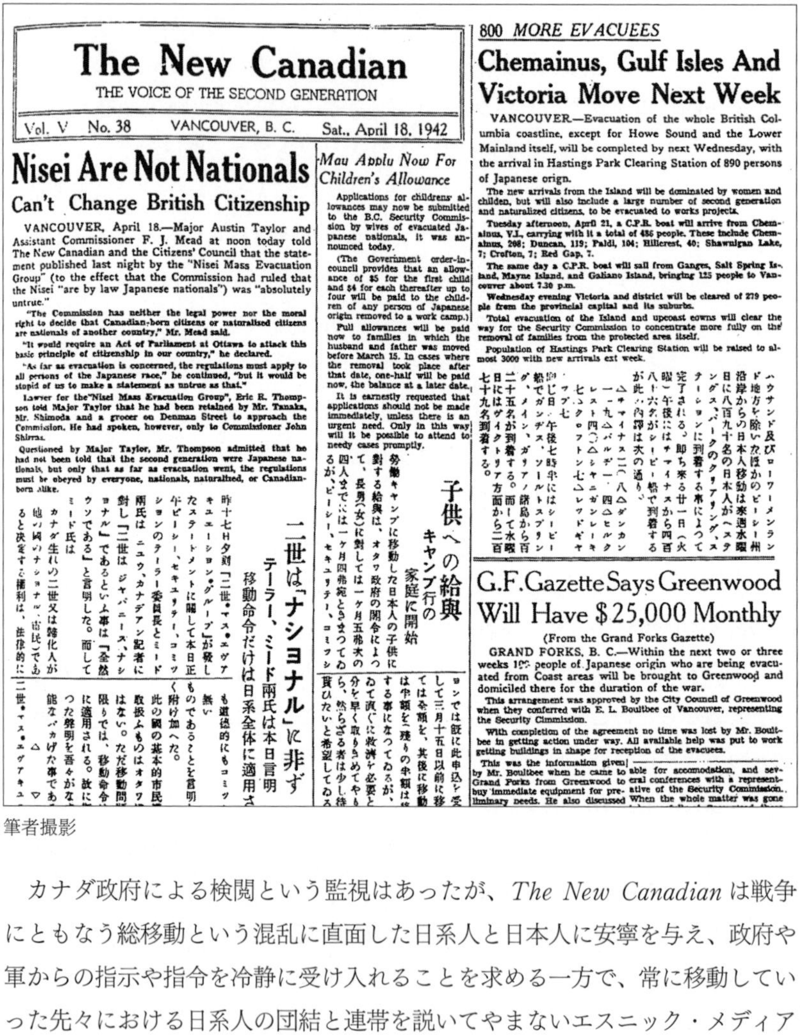

The New Canadian

THE VOICE OF THE SECOND GENERATION

Vol. V No. 38 VANCOUVER, B. C. Sat., April 18, 1942

Nisei Are Not Nationals

Can't Change British Citizenship

VANCOUVER, April 18.—Major Austin Taylor and Assistant Commissioner F. J. Mead at noon today told The New Canadian and the Citizens' Council that the statement published last night by the "Nisei Mass Evacuation Group" (to the effect that the Commission had ruled that the Nisei "are by law Japanese nationals") was "absolutely untrue."

"The Commission has neither the legal power nor the moral right to decide that Canadian-born citizens or naturalized citizens are nationals of another country," Mr. Mead said.

"It would require an Act of Parliament at Ottawa to attack this basic principle of citizenship in our country," he declared.

"As far as evacuation is concerned, the regulations must apply to all persons of the Japanese race," he continued, "but it would be stupid of us to make a statement as untrue as that."

Lawyer for the "Nisei Mass Evacuation Group", Eric R. Thompson told Major Taylor that he had been retained by Mr. Tanaka, Mr. Shimoda and a grocer on Denman Street to approach the Commission. He had spoken, however, only to Commissioner John Shirras.

Questioned by Major Taylor, Mr. Thompson admitted that he had not been told that the second generation were Japanese nationals, but only that as far as evacuation went, the regulations must be obeyed by everyone, nationals, naturalized, or Canadian-born alike.

二世は「ナショナル」に非ず
テーラー、ミード兩氏は本日言明
移動命令だけは日系全体に適用さ

昨十七日夕刻「二世・マス・エヴァキュエーション・グループ」が發したステートメントに關して本日正午ピーシー、セキュリチー、コミッションのテーラー委員長とミード兩氏は ニュウ、カナデアン記者に對し「二世は ジャパニーズ、ナショナル」であるといふ事は「全然ウソである」と言明した。而してミード氏は
カナダ生れの二世又は歸化人が他の國のナショナル、市民であると決定する權利は、法律的にも道徳的にもコミッ
無い
ものであることを言明
く附け加へた。
此の國の基本的市民
取扱ふものはオタワ
はない。ただ移動問
限りでは、移動命令
に適用される。故に
つた發明を吾々がな
能なバカげた事であ
△ ▽
二世・マス・エヴァキュ

May Apply Now For Children's Allowance

Applications for childrens' allowances may now be submitted to the B.C. Security Commission by wives of evacuated Japanese nationals, it was announced today.

(The Government order-in-council provides that an allowance of $5 for the first child and $4 for each thereafter up to four will be paid to the children of any person of Japanese origin removed to a work camp.)

Full allowances will be paid now to families in which the husband and father was moved before March 15. In cases where the removal took place after that date, one-half will be paid now, the balance at a later date.

It is earnestly requested that applications should not be made immediately, unless there is an urgent need. Only in this way will it be possible to attend to needy cases promptly.

子供への給與
キャンプ行の家庭に開始

勞働キャンプに移動した日本人の子供に對する給與は、オタワ政府の閣令によつて、長男(女)に對しては一ケ月五弗次の四人迄には一ケ月四弗宛ときまつてゐるが、ピーシー、セキュリチー、コミッシ
ョンでは既に此申込を受
して三月十五日以前に移
ては全額を、其後に移動
は半額を、殘りの半額は後
する事になつてゐるが、
ゐて直ぐに救濟が必要と
分を早く取りきめてやり
ら、然らざる者は少し待
貰ひたいと希望してゐる

800 *MORE EVACUEES*

Chemainus, Gulf Isles And Victoria Move Next Week

VANCOUVER.—Evacuation of the whole British Columbia coastline, except for Howe Sound and the Lower Mainland itself, will be completed by next Wednesday, with the arrival in Hastings Park Clearing Station of 890 persons of Japanese orign.

The new arrivals from the Island will be dominated by women and childen, but will also include a large number of second generation and naturalized citizens, to be evacuated to works projects.

Tuesday afternoon, April 21, a C.P.R. boat will arrive from Chemainus, V.I., carrying with it a total of 486 people. These include Chemainus, 208; Duncan, 119; Paldi, 104; Hillcrest, 40; Shawnigan Lake, 7; Crofton, 7; Red Gap, 7.

The same day a C.P.R. boat will sail from Ganges, Salt Spring Island, Mayne Island, and Galiano Island, bringing 125 people to Vancouver about 7.30 p.m.

Wednesday evening Victoria and district will be cleared of 279 people from the provincial capital and its suburbs.

Total evacuation of the Island and upcoast eowns will clear the way for the Security Commission to concentrate more fully on the removal of families from the protected area itself.

Population of Hastings Park Clearing Station will be raised to almost 3000 with new arrivals ext week.

ハウサンド及びローワーメンランド地方を除いたほかのビーシー州沿岸からの日本人移動は來週水曜日に八百九十名の日本人がヘスタングス、パークのクリアリング、ステーションに到着する事によつて完了される。即ち來る廿一日(火曜)午後にはチマイナスから四百八十六名がシーピーア船で到着するが此の内譯は次の通り。
△チマイナス二〇八△ダンカン一一九△パルデー一〇四△ヒルクレスト四〇△シャニガンレーキ七△クロフトン七△レッドギャップ七
同日午後七時半にはシーピー船でガンヂス、ソールトスプリング、メイン、ガリアノ諸島から百二十五名が到着する。而して水曜日にはヴイクトリア方面から二百七十九名到着する。

G.F. Gazette Says Greenwood Will Have $25,000 Monthly

(From the Grand Forks Gazette)

GRAND FORKS, B. C.—Within the next two or three weeks 1[illegible] people of Japanese origin who are being evacuated from Coast areas will be brought to Greenwood and domiciled there for the duration of the war.

This arrangement was approved by the City Council of Greenwood when they conferred with E. L. Boultbee of Vancouver, representing the Security Cimmission.

With completion of the agreement no time was lost by Mr. Boultbee in getting action under way. All available help was put to work getting buildings in shape for reception of the evacuees.

This was the information given by Mr. Boultbee when he came to Grand Forks from Greenwood to buy immediate equipment for preliminary needs. He also discussed

able for accomodation, and several conferences with a representative of the Security Commission. When the whole matter was gone

筆者撮影

カナダ政府による検閲という監視はあったが、*The New Canadian* は戦争にともなう総移動という混乱に直面した日系人と日本人に安寧を与え、政府や軍からの指示や指令を冷静に受け入れることを求める一方で、常に移動していった先々における日系人の団結と連帯を説いてやまないエスニック・メディアであった[6]。

本章は、こうした性格を持つ *The New Canadian* に掲載された記事を拠りどころにして、これまでの先行研究では概略的にしか語られてこなかった戦中・戦後の日系カナダ人団体の動向について地域、年次、史料的典拠の3点に留意しつつ考察し、史実の確定を図ろうとするものである。その主たる対象は、

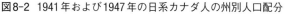

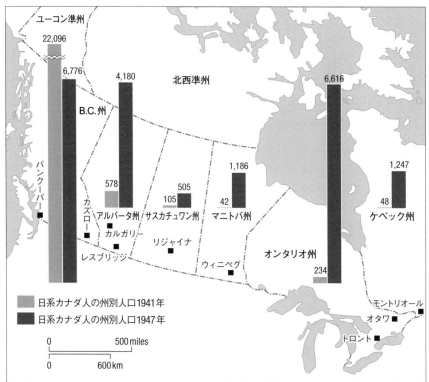

図8-2　1941年および1947年の日系カナダ人の州別人口配分　　　　　　（単位：人）

〔典拠〕ロイ・ミキ、カサンドラ・コバヤシ著『正された歴史──日系カナダ人への謝罪と補償』（つむぎ
　　出版、1995年）40頁の地図に地名を追加した。

トロントに生まれたデモクラシー委員会、送還問題対策と各地の市民権擁護運
動、全国日系カナダ市民協会の発足経緯とその後の活動事例である。

1　トロント・デモクラシー委員会の発足と各地の日系団体

日系カナダ人のための協同委員会　　　1942年4月から政府による日系人の立ち退き策が始まると、若い二世のなかには思い切って東部を目指し、

オンタリオ州北部の道路工事や州南部の砂糖大根畑の仕事に向かうものが現われ、トロントへ流入する青年も増えてきた。しかし戦時中でもあり、日系人に対する風当たりは厳しく、仕事はおろか住宅を探すことも難しかった。こうした日系人を支援するため、1943年6月16日、トロントのキリスト教関係者によって組織されたのが「日系カナダ人のための協同委員会」（The Co-operative Committee on Japanese Canadian 以下、協同委員会）であった[7]。

　当初、同委員会では日系人のために住宅を探すこと、就職の世話をすることを目的としていたが、日系人が直面している問題がこれだけでないことを知ると総移動に関する資料を集め、1944年春には『愛国心と経綸に対する挑戦』（*A challenge to Patriotism and Statesmanship*）と題するノーマン・ブラックの論文を1万部発行し、ゴーストタウンにおける日系人の状態に関して広く注意を喚起した。ついで同年6月にカナダ政府が日系市民の参政権を禁ずる戦時領選挙法の修正案を提出するとただちにこれに反対する運動を展開した。45年以降も日系カナダ人に課せられた諸制限を取り除くことに尽力し、日系人追放政策への抗議と裁判闘争、総移動による日系人の財産損害賠償問題への支援活動を続けていくのである。

トロントの二世委員会　協同委員会が組織されておよそ半年後、トロントへ移動してきた日系二世の男女数人がそれぞれでグループをつくり、協同委員会の活動を支える運動を始めた[8]。それが、43年12月3日、カールトン合同教会に設立会議を催した「トロントの日系カナダ人のために働く二世委員会」（Nisei sub-Committee to the Co-operative for Japanese Canadians）である。その目的は文字通り、協同委員会のサブグループとして活動し、トロントにやってくる日系人の連絡役となり、あわせて日系人問題に関心をもつ団体・個人にはたらきかけ、日系人を制束するさまざまな制限の撤廃を訴えることであった[9]。以下はその最初の委員である。

　　クニオ・シミズ、ジョージ・タマキ、ジョージ・タナカ、ロジャー・オバタ、ロイ・シノブ、エイジ・ヤタベ、メアリー・サエグサ、ケイ・カトウ、ミュリエル・キタガワ、キミ・タキモト

　いずれもが後の日系社会において指導的役割を果たしていく青年男女であった。

　しかし *The New Canadian* を見る限り、1943年の末までの彼／彼女らの活動はきわめて小さな記事にすぎず、その主張と活動の実際が大きくかつ具体的に報じられるようになるのは44年になってからである。その1つが日本の赤十字社から送り届けられた食料品を無分別に分配しようとしたカナダ政府に対する抗議表明であり、もう1つが戦時における選挙法の修正運動であった。

　日本食の分配問題とは、交戦中の日本から送り届けられた味噌、醬油、緑茶をカナダ政府がカナダ生まれの日系市民と日本人一世との区別もせず、一律に分配しようとしたことに抗議したもので、その主張は、二世委員会を代表してロジャー・オバタ、ケイ・オダ、ジョージ・タナカの3名が市内の新聞各紙に発表した以下の声明に明らかである。

　　トロント市内の日系カナダ人は斯る品物が吾々に提供されると云ふことは大なる侮辱であって、それは吾々をしてファシスト的な考へ方に同情をもたせようと試みるものであると推断せしめるものである。吾々はカナダ人としてファシストの侵略者に対する聯合国の勢力の中に整列することを欲するものであるのだ。

　　（中略）日本から送られて来た品物を日系市民にも分配することをカナダ政府が是認したといふことは政府が日本人ナショナルとカナダ生れの市民とを区別することをしないといふ明証である。（中略）吾々の大部分が必要としてゐるところのものは政府が吾々をカナデアンとして全的に認めるといふ意志表示と行動を吾国家の指導者からして貰ふことである[10]。
　　　　　　（ママ）

このように主張したことに対して *The New Canadian* はその社説で、

　　右の出来事は、少くとも戦時中はデモクラチックな市民権を人権の故に没却するといふが如き政府当局の態度にも関連してゐるといふ点で見逃せないのだ。今は既に殆ど忘れられたかの如くなってゐる二年前の政府の声明――カナダ市民としての権利は擁護するも、カナダに生れカナダの教育を受けた二世が猛烈なる抗議をなすに非ざれば全然無視されるといふ状態にあることを忘れてはならないのである。

　　　右の如き状態にあることを考へるとき、今回の東部に於る若き人々がとった行動は、それに対する方策とに誠に重要なる意義があるといはねばならない[11]

と述べ、全面的に支持した。しかしその一方で彼らがあまりにも原則論に立っていたため、一世のなかには一部過激な二世による「醤油事件」として憤りを感じたものも多く、誤解と混乱を招いたことも事実であった[12]。だがこうして登場した二世委員会が、その後の日系カナダ人団体の活動を切り結ぶ中心勢力となっていくのである。

二世委員会から　　　**第2の取り組みは、戦時における選挙法の修正運動でデモクラシー委員会へ**　あった。1944年6月、カナダ政府が日系市民の参政権を禁ずる戦時における選挙法修正案を提出すると協同委員会はそれに反対する運動を始めた。それに呼応して二世委員会も活動を始め、7月16日には二世委員会の代表としてロジャー・オバタ、ジョージ・タナカをオタワに派遣した。このようにカナダにおける民主主義のあり方を追及する運動に取り組みはじめたことから、この頃より二世委員会は自らの組織を文字通り「トロント日系カナダ人のためのデモクラシー委員会」(Toronto Japanese Canadian Committee for Democracy、以下、D委員会) と称するようになっていった[13]。

　その後オタワ議会において選挙法改正案が審議され始めるとD委員会は各方面に陳情書を送り、同法案第5条中の日系カナダ人の参政権を禁止する条項の削除を求める運動を展開した[14]。協同委員会をはじめ、各方面からの批判に直面したカナダ政府は、1940年の選挙に参加したものだけに参政権を認めるという修正案を出すにいたった。しかし1940年当時、ほとんどの日系人は参政権の認められていなかったBC州に住んでいたため投票に参加したことはなく、その後の総移動で他州へ移り住んだとしても、参政権が認められることはなかった[15]。参政権問題への取り組みを顧みたロジャー・オバタ (D委員会代表委員) は、今後とるべき課題を次のように指摘した。

　　我々は我々の問題に対する政治的関心をモットモッと呼起さねばならぬのだ、今回の問題は今後続々と起るべき問題の手初めである、全国的な組織を持つ事の必要性は一層強調されなければならぬが、吾が委員会も之を其主要プログラムとして居る、議会の討議を聞いて感じた事は、自由主義的信条を以て我々を支持してくれる者が相当多数あるといふ事であり、之に対しては我々も亦彼等の尽してくれてゐる事に鋭き関心を持ってゐる事を示さねばならぬ点である[16]。

　全国的な組織作りの必要性を痛感したD委員会は、まず自らの組織体制の強化に乗り出した。44年11月、彼らは連日その規約をめぐって討議を重ね、その過程で得られた議論と確信をもとにキンジー・タナカが「この道を進む吾等　日系カナダ人デモクラシー委員会」（英文タイトルは The Committee for Democracy）と題する論説を *The New Canadian* に寄稿した[17]。いわばD委員会の結成宣言とでもいうべきものである。以下はその主要部分である

　　此の委員会が過去に於てとった行動の中には余りに極端乃至は独自にすぎたといふことがあったと見られるかも知れない。若しカナダに居る二世の間に斯うした気持があるとしても、委員会としては常にカナダ市民として此の国に居住する事を欲する日系カナダ人総ての立場を改善しようとする熱意によって行動したものであることを在来の幹部は確信するのである。吾々は、総てが此の目的達成のために結合し、各団体を支持して同じ線に副った政策遂行のために力を合わせることを要望する。吾々はカナダ政府に対して、吾々は全きカナダ市民権の一つでも欠けてゐたら満足するものでないことを知らせなければならぬ。吾々のために此の事をさしてくれるものは吾々自身以外にはないと思ふ。吾々は、吾々総てに共通する福祉に対して関心を持ち、その達成のために喜んで働く進歩的な思慮のある二世総ての活動的協力を集めなければならぬ[18]。

　かつての「醤油事件」に見られた「極端」なる行動に対して一定の自省と配慮を加えつつも、カナダ市民として当然の行動であったことに確信を持ち、その立場から総てのカナダ市民に共通する福祉に関心を持ち、ともに活動する二世の結集を求めるものであった。タナカの論説が *The New Canadian* に掲載されてから4日後の12月13日、D委員会はオールネーション教会に組織強化に向けた最初の会合を開いた。吹雪にもかかわらず40名余りの二世が集まったという。会合では規約を討議し、以下の執行委員を選んだ。

　　ノラ・フジタ、ロジャー・オバタ、ジョージ・タナカ、キンジー・タナカ、エイジ・ヤタベ[19]

　ついで1945年2月2日に総会を催し、規約を確定して残りの委員を選出する手筈であったが、会長のロジャー・オバタ、通信書記のデーブ・ワタナベ、エイジ・ヤタベ、ルイス・スズキら幹部役員が一斉に他行（すなわちカナダ軍に従

軍）していったため、総会は3月20日まで延期となった。男性幹部が「従軍」
という形でカナダに「忠誠」を表明したこともあって、3月の総会には200名近
い二世が集まり、D委員会に対する期待の高さをうかがわせた。4月8日、従
軍のため欠けた役員を補う選挙をおこない、以下の女性委員が選出された。

　　アイリーン・ウチダ、スミ・コヤナギ、モリー・フジタ、エミリー・ヤマ
　　ナカ、メリー・ニシカワラ、ハッティ・クニモト、チズコ・シマノ[20]

　7月20日にはミメオグラフ版の月刊紙*Nisei Affairs*を刊行し、無料で配布し
た。ここにD委員会は名実ともにその陣容を整えていった[21]。

各地の日系団体　　　　　さて、ここまでトロントのD委員会の発足経緯とその後
の動向について詳述してきたので、以下では1942年から45
年にかけてカナダ各地に結成された日系団体の動きを振り返っておくことにし
たい。まずはBC州からである。

〈**BC州**〉もっとも日系人の多かったバンクーバーでは、1942年3月頃、総移
動命令による混乱に対処するため、帰化人会が組織され、政府の方針に協力し、
すみやかな移動がはかられるよう政府当局者との交渉窓口となっていた[22]。ま
た戦前に結成されていた日系カナダ市民連盟も家族移動者に対する援助等を続
けていたが、幹部委員たちが道路キャンプやロッキー山脈の収容所へと移動し
ていったことに伴い、実質的にその機能を失っていった。42年も中ごろにな
るとそれぞれの移動先で、かつての日本人会関係者や労働組合関係者、日系市
民協会の委員たちが中心となり、キャンプ内の秩序維持と社会奉仕にかかわる
委員会を結成し始めた。以下はその主たる団体の結成時期である。

　　プリンストン　1942年5月27日　キャンプ委員会結成[23]。
　　グリーウッド　1942年6月頃　委員会結成[24]。
　　カズロー　　　1942年6月頃　母の会、婦人会についで男性クラブも結
　　　　　　　　　成[25]。
　　　　　　　　　1943年2月26日には青年男女50余名が集まり、カナダ各
　　　　　　　　　地の二世グループと連絡をとり、共通する問題に関してと
　　　　　　　　　もに行動することを目的とした「二世リバティユニオン」
　　　　　　　　　を組織[26]。
　　サンドン　　　1942年8月14日　日本人委員会の委員選出[27]。

スローカン　　　1942年12月頃　レモンクリーキ、ボブオフ、ベイファーム、
　　　　　　　　スローカンシティーに日本人委員会結成[28]。
タシメ　　　　　1942年12月中旬　タシメ親和会結成[29]。
　また多くの日系人が移動したカズローには、43年5月、移動日本人財産擁護
協会の本部が置かれ、6月以降、日本人財産の強制処分を差し止める裁判の拠
点となっていた[30]。
　〈**アルバータ州**〉アルバータ州では、43年2月、移動者の親和連絡をはかる目
的でレイモンド日本人親和会が結成された[31]。二世組織としてはテーバーにエ
ックス・ビーシークラブ（二世協会）が組織され、1944年11月15日の総会で役
員が改選された。この団体について *The New Canadian* は次のように伝えて
いる。

　　アルバータ人と二世間の理解と親交増進を目的とする二世協会は之で第二
　　年目の仕事を成功裡に完了し第三年目の活動に入ったわけだが、例会は毎
　　週水曜日夜八時から合同教会に於て開くことになってをり新年度には教育
　　と慰安に一段と活動を期してゐる[32]。

　その後アルバータ州では南部アルバータ各地に点在する日系カナダ青年グル
ープの組織化について協議が進み、1945年5月21日、南部アルバータ青年委
員会が作られた。その活動目的は「（一）日系加奈陀の加奈陀化に向っての教育
に積極的方策をとる。（二）市民権の開発と公衆関係の改善。（三）各団体のあ
らゆる活動を統合する」ことの3点であった[33]。またレスブリッジ以北のいわ
ゆる河北地域へ移動した日系青年のあいだでも45年5月13日協議会が開かれ、
レスブリッジ以北青年連盟が組織されていた[34]。
　〈**サスカチュワン州**〉他方、サスカチュワンのレジャイナでは「西洋人と親交
する」ことを目的としたレジャイナ二世クラブが組織されており、44年11月5
日役員の改選があった[35]。
　〈**マニトバ州**〉マニトバ州では、1942年9月6日、州内各地に散在する移動日
本人の代表者会を開き、マニトバ州日本人聯絡協議会を結成した。その目的は
「マニトバ州に於ける各関係当局者と密接なる協議を保ちつゝ移動日本人の生
活安定を計る」ことで、委員長に佐藤信次、幹事にハロルド・広瀬らを選ん
だ[36]。1944年2月7日にはマニトバ二世クラブ（Maniseis）が組織された。これ

はウイニッペグの YMCA に集まった60余名の二世が中心となり、州内の住民との友好を深めることを目的に組織したもので、2月20日第1回総会を催した[37]。会員は80余名に達し、ウイニッペグ以外に在住する16歳以上の二世に対しても勧誘をおこなうとしていた[38]。

〈オンタリオ州〉最後はトロントの一世である。トロントに再移住した一世たちも1944年の半ば頃になると落ち着きを見せはじめ、同年5月28日、東部各地へ移住した日系人を慰問するため来訪してきた清水小三郎牧師を囲み、時事問題座談会を開くにいたった[39]。その後もこうした会合がたびたび催され、ここにトロント一世委員会が作られた。翌年5月、一世委員会は「お互いの親睦を図る」という目的からその名を「トロント交友会」と改め、一家族1ドルの会費を徴収し、恒常的な活動をおこなう団体へと発展した[40]。これが後に D 委員会一世部となり、トロント日系市民協会一世部に至る始まりであった[41]。

このように1942年から45年にかけてカナダの内陸部へと移動を余儀なくされた日系人は、新しい土地での秩序維持とすみやかな定住を目的に各種日系人団体を組織した。しかしこの時点での団体は字義通り結成地周辺の日系人を結びつけるものであり、遠くはなれた地域での活動状況や問題点についてはわずかに *The New Canadian* の記事を通じて知るのが実情であった。いわばタコ壺状態にあったが、そうした状況を打破し、日系人団体の結びつきを図らねばならない事態が迫っていた。それが1944年8月の演説で明らかになったマッケンジー・キング首相による日系人の追放政策であった。

2 追放政策への対処と カナダ各地の市民権擁護運動

キング首相による 追放・再定住政策　　キング首相による追放・再定住政策とは、日系人に忠誠審査を行い、その結果、カナダに対して不忠誠と認められた者は日本へ送り、忠誠と見なされたものであっても BC 州には集住させず、カナダ全土へ拡散させるというもので、45年2月、すべての日系人に対して日本への送還を望むか、カナダに留まるかという二者択一を迫る労働省の通達が

出されるとともに調査が始まった。戦争中でもあり、1万人余りの日系人が日本への送還を望む申請書に署名していた。また協同委員会も当初は、日系人のカナダ全土への拡散政策は日系人に対するカナダ人の偏見を改善させるものとして首相の政策に期待を示した[42]。

　しかし戦争が終結し、日本の敗戦を知った日系人が申請の撤回を求めてもカナダ政府はそれを認めようとせず、あくまでも送還計画の遂行に固執した。しかも1945年12月15日には、日系人を日本へ送還する法的根拠や日本へ送還された日系人に対するカナダ市民資格喪失規定、さらには日系人の忠誠度を調査する委員会の設立規定をもつ閣令（PC7355-7）を制定すると発表した。ここにおいてカナダ政府の不合理性と危険性が一挙にあらわれたのである。そしてカナダ政府が進める日系人追放政策の脅威を認識するにいたった協同委員会は、45年12月27日、ユタカ・シモヤマ（カナダ生れの市民）、ヤエ・ナス（カナダに帰化した市民）の名をもって政府を相手取り、送還問題の合法性を問う訴訟に踏み切ったのである[43]。

　〈マニトバ州〉政府の日系人追放政策にいち早く警戒と対処を討議したのはウイニッペグの日系人であった。彼らは、45年11月24日、帰国申請の取り消しを願い出たにもかかわらず公正な再調査もないまま日本へ送還されようとしている人びとを擁護しようと緊急集会を開き、12月2日にはマニトバ州各地から100名以上の日系人を集めた大会を開いてマニトバ州市民権擁護委員会（The Civil Rights Defense Committee）を組織した。委員にはマニトバ州日本人聯絡協議会の橘理津馬や佐藤信次、マニトバ二世クラブのジョージ・ササキたちが選ばれた[44]。その当初の活動は、BC州各地のキャンプから送られて来た2,010名分の送還申請取消請願書を取りまとめ、カナダ政府に請願書の受理を求めるものであったが、12月15日閣令が明らかになって以降は、協同委員会が進める訴訟を全面的に支援する募金活動に力を注いだ[45]。1946年1月の報告によれば、早くも最初の目標額（1,000ドル）を達成し、トロントの協同委員会に送っていた[46]。

　〈トロント〉一方、トロントでは一世の団体であるトロント交友会が中心となって追放問題に対処した。同会は、45年11月30日、オールネーション教会に催された有志相談会で「（一）コーペラチヴ・コミテーを財的に援助する。（二）

テストケースを起すための資金を一般日本人の寄附により集める」(NC451208)
と決議すると12月18日に追放問題対策集会を開き、協同委員会の裁判を支援
する資金1万ドルの募集に着手した。そしてこの日、活動組織の名を市民権擁
護委員会（Citizenship Defense Committee）と決めた[47]。初期の幹部役員は以下
の人びとであった。

　　委員長　佐々木周一、副委員長　信夫三郎、会計　信岡良太郎、
　　専任幹事　日高邦夫[48]

　こうした追放政策に対処する動きはマニトバ州やトロント以外でも展開され
たので以下、それらを列挙しておく。

〈オンタリオ州〉ハミルトン　46年1月20日　YMCAにおいて一世・二世が
大会を開いて市民権擁護委員会を組織、ハミルトン市内の日本人を戸別訪問し
て募金に着手[49]。

〈BC州〉スローカンヴァレー　46年1月16日　スローカンヴァレー時局対策
中央委員会が組織され、資金募集を始める[50]。

　カムループスでは46年1月17日日本人会大会が開かれ、以下の決議を可決。

　　（一）吾々カムループス在留同胞は現下に於けるが如き在留同胞の権利侵害
　　　　に対し協同一致飽迄抗争せん事を帰す

　　（二）本大会は現下の情勢にかんがみ恩賜済生会の基金、教科書編纂の資金、
　　　　日本人会及各団体に残存せる資金を此の際日系人の権利よう護(ﾏﾏ)の運動
　　　　に対し支出されん事を各責任者に要望す[51]。

　募金活動で予想以上の成績をあげたことから、同時局委員会は、3日後、カ
ムループス日本人委員会へと改組した[52]。

〈アルバータ州〉レスブリッジ　46年1月21日　聯絡委員会、運動資金の募集
に着手[53]。

〈ケベック州〉モントリオールでは、日系カナダ市民常置委員会が主体となり、
日系市民アスレチック・クラブ、二世フェローシップ・グループの後援も受け
て、市民権擁護運動の資金を集めた[54]。

追放政策に対する　　　1946年2月20日、協同委員会の提訴に対してカナダ大
司法の判断　　　　　審院の判決が下った[55]。日本国籍者と帰化人の送還につい
ては政府の政策を支持したが、カナダ生まれの日系人の送還については7人の

判事の間で意見が分かれた。協同委員会は直ちに英国の枢密院に上告したが、46年12月2日の枢密院判決は追放閣令を有効とみなすものであった[56]。追放政策に対して司法判断が下ったことを受けてカナダ各地の日系人は、市民権擁護運動の経験を土台に、自らの権利を擁護すべく統一的な組織作りへ向かうこととなった。

3　州と全国の中央機関作りに向けて

亀岡徳衛の提言　　日系カナダ人追放閣令に関する裁判審理が終わり、近く大審院の判決が下されようとした1946年2月9日、トロントの亀岡徳衛が「カナダ市民大衆の運動として」と題する論説を *The New Canadian* に寄稿した。それは各地で盛り上がりをみせた市民権擁護運動を機に「カナダ市民大衆の運動」へ発展させるべきだと説くもので、そのために求められる課題は次の2つであると指摘した。

　　第一は各州の聯絡団体の組織である。アルバータ、マニトバ両州に於ては既に出来てゐるやうであるが、若も改善の余地があればこれを為し、其他の州に於ても州の中央機関を設け、各州の地方的な問題について対処してゆく様にする。第二はそれら州の中央機関により組織された全加の聯絡会議であり、これで一般的な問題に対処して処理して行くやうにする[57]。

　地方ごとの課題に対処しうる州レベルの中央機関とカナダ全体のそれに応じうる連絡組織を設けよという亀岡の提唱に呼応してカナダ各地ではまず、それぞれの地域における中央機関作りが始まった。

〈BC 州〉BC 州では46年3月10日、全国日系カナダ市民協会への第一段階という位置づけのもと、BC 州日系市民権擁護協会が組織された[58]。これはベイファームに開催された「スローカン地方およびグリーンウッド地方聯絡協議会」において可決されたもので、本部をスローカンに置くとした。同協会に結集する地方組織は以下の通りである。

　　ヴァーノン日本人委員会、グリーンウッド日本人委員会、グランドフォー

クス日本人委員会、ミッドウエー、ローズベリー尚和会、ニューデンバー協和会、タシメ親和会、スローカンシティー、ベイファーム、ボブオフ、レモンクリーキ

〈**アルバータ州**〉アルバータ州では46年4月13日レスブリッジ市内の YMCA に南部アルバータ青年委員会が開催され、全国中央機関設置案を具体化すべく、藤木弘、マリー・オカモト、ミン・タカタの3名を委員に挙げて詳細な研究を始めた[59]。

〈**ケベック州**〉ケベック州でも46年3月下旬、追放阻止運動の資金募集に尽力したモントリオール日系カナダ市民常置委員会が中心となり、活動分野を拡げることを目的にアメリカやカナダ各地に組織された二世団体の規約や情報集めを始めた[60]。

　こうした各地の動きの中でもっとも主導的な役割を果たしたのがマニトバ州とトロントの日系団体であった。まずはマニトバ州である。

〈**マニトバ州**〉マニトバ州では46年3月3日、ウイニッペグ在住日系人が大会を催し、マニトバ州日系市民協会を設立した[61]。ついで同大会は中央機関設置に関する以下の決議を採択し、トロントの団体への要望とした。

中央機関設置に関する決議

カナダに於ける日系人の権利擁護伸張の運動を進めるためには全カナダの日本人が力を合せなければならぬが、今や全国的中央機関設置の必要は一般の輿論となり其機は充分に熟して来たと吾々は見るものである。而して此運動を遂行して行く上にはトロント市を本部とするが最も適当だと思考するが故に、吾等はトロントの団体に対して其具体化を計る事を要望すると共に次の事を希望するものである。

(一) 中央機関は「日系カナダ人の利益を擁護し、カナダ市民としての完全なる権利擁護と義務遂行に務め進んで社会文運の進展に貢献することを目的とすること

(二) 中央機関は吾々日系人の向上運動を支持し援助する他のカナダ人団体とも密接なる関係を持ち協力し得るものたることとなすこと

(三) 中央機関は日系カナダ人の完全なるカナダ市民化への教育運動に力を注ぐこと[62]

　なお、先述したようにマニトバ州には追放阻止運動を目的とした市民権擁護委員会があったが、同委員会の処遇については全国的な中央機関が設置されるまでは存続することとし、新たに設立されたマニトバ州日系市民協会の一部門として活動させることとした。他方、マニトバ聯絡委員会やウイニッペグ日本人会など在来からの団体は、州全体を統括する日系市民協会が組織されたことをうけて、いずれも解散することとなり、その資産の残りを市民権擁護委員会に寄贈してその歴史に幕を下ろした[63]。

　ここにおいてマニトバ州では日系市民協会が州内における日系人の統一団体となり、今後組織されるであろう全国的中央団体に連絡するマニトバ州の代表機関となったのである。

　〈オンタリオ州〉こうしたカナダ各州における統一団体作りと並行しながら、トロントにおいてもオンタリオ州内の日系団体を連絡する体制作りが進んだ。

　1946年3月2日、トロントでは市民権擁護委員会が主体となってオールネーション教会に大会を催し、協同委員会による活動経過ならびに募金活動の成果を報告して今後のあり方を示す以下の決議を採択した。

　　(一)協同委員会の運動及今後の対策方針を承認して全的に之を支援する

　　(二)全国的聯絡統一機関設置に賛成し、準備委員会を設けて其の具体策を計る[64]

　ついで16日には上記準備委員会を開催し、以下の全国機関設置に向けての大綱を可決した。

　　(一)機関の目的はマニトバ州日系市民協会創立総会にて決議され支持して来てある三項を基礎とすること

　　(二)一世とか二世とか区別せず日系人総てを一丸としたものを以て組織すること

　　(三)トロント市内は日系人デモクラシー委員会を統一団体として在住日系人総てが右団体に加入するやうにすること

　　(四)オンタリオ州内や全国的の中央機関設置に関する具体案に就ては小委員会を設けて研究と準備を委託すること[65]

　ここにトロントではD委員会を統一団体の中核とし、そこにすべての団体が結集するという方針が決まった。これを受けて一世の親睦・研究活動団体であ

るトロント交友会は、5月4日の総会で解散を決め、D委員会への加入を可決した。11日には二世軍人奉仕団も近く解散し、D委員会の一部として活動することを決めた。

　一世の団体である交友会がD委員会に加入することになったことを受けて、D委員会は5月18日、新たに一世部を設け、以下の人びとを執行委員とした。

　　（委員長）　佐々木周一、（幹事）亀岡徳衛

　　（委　員）　内田一作、信岡良太郎、田中兼、大井藤吉、大西乙吉、清水小
　　　　　　　　三郎、小沢正作、花月栄吉、鈴木利三、信夫三郎[66]

　こうして新たな所属先を得たD委員会一世部は、その後も定期的に研究会や懇親会を催し、その結びつきを強めていった。

　他方、日系人追放政策に対処し、協同委員会の裁判活動を支援する募金活動に尽力してきたトロントの市民権擁護委員会は、46年12月14日、オールネーション教会に大会を開き、

　　△追放問題も一段落をつけた

　　△協同委員会よりの要請により経済的損失調査はデモクラシー委員会に於
　　　て既に働き出してをり其他の日系人に関する問題も二世を中心としての
　　　デモクラシー委員会の仕事として積極的行動をとる事になってゐるから
　　　夫れを支持するが将来のため最善である

　　△同様の団体が二つもある事は不利である[67]

として解散を決めた。こうしてトロントにおいてはD委員会に他の団体が加入していくかたちで組織の一本化が進んだのである。

　さらにこの間、オンタリオ州では州内各地の日系人団体の連絡をはかる取り組みも進んだ。それが1946年5月25、26日の2日間にわたって開催されたオンタリオ州日系人民主連盟の結成大会である。大会にはトロントのD委員会、二世軍人奉仕団、市民権擁護委員会、日系人クレジット・ユニオン、協同委員会、二世フェローシップ・グループ、ハミルトンのソフィエード・クラブ、共和倶楽部、ビーシー・ガールズクラブ、ケント地方二世フェローシップ・グループ、ロンドンの日系カナダ人グループ、フォートウイリアム、シャブロー、セント・トーマス、グリムスピーその他各地から100名近い代表者が集まった。マニトバ州からは同日系市民協会がオブザーバーとして参加した。大会の目的

は、州規模の連絡組織作りと全国規模の組織作りを進めることの2点である。

　大会では順調にオンタリオ州レベルの組織作りについて討議され、その結果、ハミルトン共和倶楽部を除くすべての団体によってオンタリオ州日系人民主連盟（Ontario federation of Democratic Japanese Canadian Club）の結成が決まった[68]。委員は次の通りである。

　　委員長：田中欽二、副委員長：内田一作、幹事：日高照子、会計：井出仁、ディレクター：日高邦夫、教育部：ジョン・熊谷、監査役：亀岡徳衛、大林安廣、委員：田中尚美、ヘンリー・井出、フレッド・西川、池野国輔、ピーター・山田[69]

ついで全国的連盟組織作りの討議にうつり、以下の決定をみた。

　　オンタリオ州日系人民主連盟が他州の団体へ交渉その他準備工作にあたること

　　本部をトロントに置くこと

　　協同委員会との提携を続けていくこと

　　機関紙については *The New Canadian* の紙面提供を受けて全国連盟および連盟団体の重要報告を発表すること[70]

　このように1946年6月、カナダ各州にそれぞれの地域の日系人団体を統合・連絡する団体が組織され、来るべき全国日系カナダ市民協会を支える土台が整ってきたかに見えた。しかしその後ハミルトン共和倶楽部がオンタリオ州日系人民主連盟の設立会議は無効であると論難してきたこと[71]や財産損害賠償調査活動に忙殺されてしまったこと[72]もあって、全国組織作りに向けての取り組みは遅れに遅れ、名実ともに全国的な連盟が組織されるまでにはさらに1年余りの月日が必要となったのである。

4　全国日系カナダ市民協会（NJCCA）の発足

〈**オンタリオ州**〉その新たな動きは1947年6月14、15日の両日トロントに開催された協議会に始まった。この日ロンドン、セント・トーマス、ハミルトン、

トロント各地から日系団体の代表者が集まり、まずオンタリオ州の連絡をはかる新たな組織としてオンタリオ州日系カナダ人団体委員会 (Council for Ontario Japanese Canadian Organization) が結成された。これが昨年結成されながらなんの成果も残せなかったオンタリオ州日系人民主連盟に代わる新たな連絡委員会となった。同委員会は特に執行委員会を構成せず、政治に関する問題の執行にあたってはD委員会に委任し、各参加団体の役員もこの団体の執行委員を兼任するという方法を取り、トロントに本部を置いた。

　オンタリオ州内を連絡する委員会の結成をうけて、カナダ各州においても日系人団体の組織化が進み、その初の全国会議が、8月31日、トロントで開かれることになった[73]。全国的な連盟作りがようやく動き出したことを見た *The New Canadian* は、「オンタリオ州日系カナダ人団体委員会が組織された事は全国的組織への一段階をなすものとして重要である」と述べ、

　　現下の日系カナダ人にとり、その必要が極めて明白であり且つ要求されていることは、カナダ各地の日系人グループの指導者たちが彼等の努力とタイムと精力能力を、吾々すべてが直面しているところの緊急問題処理のために統合して傾倒できる一つの機関である。全国的聯盟の目的は、そうした仕事をして行くにあるのだが、もしそれが有用なる働きをして行くならば、全加の日系加奈陀人から財政的、道義的支持を受けるであろう[74]。

と論評し、期待を寄せた。オンタリオ州日系カナダ人団体委員会はただちに全国協議会の開催に向けて各州団体に出欠を問い合わせ、それを受けたカナダ各地の動きも活発化した。

　〈マニトバ州〉 マニトバ州日系市民協会では、1947年7月29日、委員会を開き全国的協議会への出席代表者として梅月高市とハロルド・ヒロセを選定した[75]。ついで8月8日には一世部・二世部の合同委員会をもち、全国的団体の形態について討議し、「恒久的な全国団体の組織を支持するも、それはあくまでデモクラチックな基礎のもとに立つべきものであることを強調」すべきであるとした[76]。

　〈ケベック州〉 モントリオールでは8月4日に集会が開催され、新たにモントリオール日本人委員会 (Montreal Committee for Japanese Canadian) が組織された。会の目的は文字通り、モントリオールにある各種日系人グループの活動

を統合し、社会向上のために働くとするもので、同じ目的を有する団体との協力をめざすものであった[77]。

〈**BC州**〉BC州日系市民協会からは3名の代表が派遣されることになった。その一人が *The New Canadian* の梅月高市に語ったところによれば、47年8月現在、BC州在住の日系人は約6,000人で、そのうち1,200人はすでにBC州日系市民協会に入会し、さらに2,000人近くは組織できるだろう、市民協会に連絡する団体は大きなものが15、小さなそれが17、その他に18の小グループがあるとしていた。BC州各地の日系市民協会はバンクーバーの市民自由協会（Civil Liberty Union）とも連携し、BC州に残存していた排日事例である官有林就労問題の解決にあたっていた[78]。

〈**アルバータ州**〉他方アルバータ州ではビクチュアンビート相互援助会、テーバー愛友会、ゴールデン扶助会、レイモンド地方市民協会という既存の団体を母体に南部アルバータ連絡委員会が組織された[79]。

　こうして日系人の少ないサスカチュワン州を除いて、BC州、アルバータ州、マニトバ州、オンタリオ州、ケベック州各地に組織された日系市民協会や連絡委員会から代表者が派遣され、1947年8月30日、初の全国的協議会がトロントに開催されたのである。各地からの代表者は以下の通りであった。

BC州日系市民協会	小野寺英夫、本間清次、アントニ・小林
アルバータ州連絡委員会	田中甲兵衛
アルバータ・ユース・カウンシル	重広京人
マニトバ州日系市民協会	ハロルド・ヒロセ、梅月高市
オンタリオ州日系カナダ人委員会	ジョージ・タナカ、ロジャー・オバタ、エドワード・イデ
モントリオール日系カナダ人委員会	ロージー・オクダ[80]

全国日系カナダ市民協会の結成　4日間の会議を経て1947年9月2日、初の全国組織である全国日系カナダ市民協会（National Japanese Canadian Citizens' Association, NJCCA、以下、全加市協）が結成された[81]。

　全加市協は、各州の日系市民協会をチャプター（州支部）とし、各チャプターから選出された3名ずつの代表委員を以て全国委員会を構成した。そして全

国委員会で決定した事項を実践する機関を執行委員会とした。9月15日に就任
したその初代全国委員と執行委員は以下の通りである。

　　　全国委員
　　　　委員長　　　　ロジャー・オバタ（オンタリオ州）
　　　　第一副委員長　小野寺英夫（BC州）
　　　　第二副委員長　ハロルド・ヒロセ（マニトバ州）
　　　　記録書記　　　重広京人（アルバータ州）
　　　　会　計　　　　ロージー・オクダ（ケベック州）
　　　執行委員会
　　　　（一世）　清水小三郎、佐々木周一、亀岡徳衛、信夫三郎、花月栄吉
　　　　（二世）　キンジー・タナカ（委員長）、辻開教使、ノラ・フジタ、ジャ
　　　　　　　　ック・オキ、ロイ・シノブ、ミュリエル・キタガワ、ジン・イ
　　　　　　　　デ、ケイ・シミズ、ヘンリー・イデ、ルイス・スズキ[82]

　9月17日には会報第1号を発行した[83]。
　　ここに全加市協が発足したことにともない、カナダ各地の日系団体は全加市
協の州支部として再編されることになった。
　〈ケベック州〉モントリオールでは、全加市協の発足に先立つ46年4月、日系
カナダ人福祉連合が作られ、8月には日系人常置委員会と合流していたが、全
加市協が発足したことを機に、常置委員会の解散を決め、9月29日、ケベック
日系市民協会となった[84]。
　〈オンタリオ州〉トロントでは10月28日、D委員会を改組して日系カナダ市
民協会トロント支部（Toronto JCCA Chapter）とした。その結果、D委員会の
一世部も、11月15日、市協トロント支部一世部と改名した[85]。
　〈アルバータ州〉アルバータ州では、12月26日、レスブリッジにおいて南部
アルバータ青年会議、マグラス、ウエリング、レイモンド、スターリング、コー
ルデールの一世代表者による合同協議会が開かれ、日系カナダ市民協会アル
バータ支部が組織された[86]。
　〈サスカチュワン州〉サスカチュワン州では47年10月5日、レジャイナ在住
日系一世が総会を開き、「レヂャイナの一世は全加日系市民協会を支持するも
州支部として全加市協に加入する事はサスカチワン州（ママ）全体の人びとの意向をた

しかめてからにする」と決めた。

　同会合ではまずレジャイナ二世グループの代表アーサー・加藤が全加市協について説明し、レジャイナ二世クラブは去る8月末の全国的協議会にも招待されていたが、代表は送られない事情を説明した返事を発しておいたことを指摘した。サスカチュワンが今直ちに全加市協に参加できなかった主要な理由は、州内の日系人に関しては目下のところレジャイナの一世と二世の団体だけしかなく、他はまだ組織されていない点にあり、来年ウイニッペグで全国大会が開かれる前に、全加市協に加入するか否かについては州内全体の日系人の意向を確かめることとした。この問題については、サスセツーン方面は北川、ムースジョーとスミアトセレント方面は大橋が意見の聴取にあたることとしたが、1948年3月ウイニッペグに開催された第2回大会には代表（トム・タマキ）を派遣している[87]。

5　全加市協の活動

　1947年9月に設立された全加市協は、翌年3月ウイニッペグに第2回大会を開催し、新委員長にトム・ショウヤマを選び[88]、49年11月にはレスブリッジで第3回大会を開き、ハロルド・ヒロセを委員長とした。矢継ぎ早に大会が開催されたのは全加市協として取り組まねばならなった課題が山積していたからである。1950年代から60年代にかけて全加市協が直面していた問題を大別すると以下の5点にまとめることができる。

　　(1) 日系人の行動に多くの制限を課す戦時規制の撤廃問題
　　(2) 日本在住市民のカナダ帰国問題
　　(3) 総移動に伴い損害を蒙った財産の賠償問題
　　(4) 全加市協の活動を支える財政問題
　　(5) 日系人の歴史書編纂

戦時規制撤廃問題　　第1の戦時規制撤廃問題とは、戦争が終結し3年が過ぎても未だに日系人の諸権利を制限する法規が存在してい

たため、それは如何なる理由をつけようとも正当化しえないものであるとして、その撤廃をカナダ政府に求めたもので、規制のなかには戦後3年が過ぎても労働省の許可がなければ依然として太平洋沿岸部への立ち入りと居住が認められないことやBC州沿岸部での漁業ライセンスの取得および漁船の就航禁止などがあった。

こうした不合理な差別を撤廃させるため全加市協は48年3月8日付けで戦時規制の撤廃を求める15頁のブリーフ（要望書）をカナダ政府の首相および閣僚、連邦議会の下院議員、新聞各社へ送り、あわせて翌日には全加市協の書記長キンジー・タナカをオタワに派遣し、ミッチェル労働相と、10日にはイルズレー法相と会見させている[89]。

その後も全加市協は日系人をとりまく差別問題に対して発言を続け、49年3月4日にはBC州首相と閣議に対して戦時規制の撤廃を求める要望書を提出し[90]、7月には *Bulletin on Human Rights* を発行した。50年5月10日には連邦議会上院の人権憲章特別委員会公聴会にタナカ書記長を派遣し、市協が独自に作成した要望書を読み上げるとともにかつて日系人がおかれた立場を説明し、議員の質問に答えていた[91]。

カナダ再入国問題　　第2は、送還政策に応じて日本へ渡ったカナダ市民（二世）のカナダ帰国にともなう法制度上の諸問題を解明し、日本に在住する日系カナダ人の帰国を促すことであった。この問題を明らかにするため全加市協は48年6月29日、タナカ書記長をカナダ政府のキンレーサイド移民次官と会見させ、日本に在住する二世のカナダ帰国条件ならびに再入国資格を明確にした[92]。そのうえで各州の支部を通じて日本に在住する二世を呼び寄せる申請手続きの援助を始めた（NC480811）。1949年2月の報告によればカナダへの帰国申請者は70件であったが、このうち再入国が許可されたものはわずかに7名にすぎなかった（NC490205）。

それは当時のカナダの移民法には日本や中国などアジアの国からの移民を制限する規定（とくに移民法第20条、31条）があったためで、それを撤廃・修正しなければ日本に在留している子女の呼び寄せが困難であったからである。父母の呼び寄せにおいても年齢制限があり（父65歳以上、母60歳以上）、子どもの場合は21歳以下の独身者だけに限られていた。

　こうした問題に対処するため全加市協では、1957年3月と翌年6月の2度にわたり、中国系カナダ人協会とともに呼び寄せ規定の緩和を求める要望書をカナダ政府に提出し（NC570313、580621）、60年7月には単独で移民法改正の必要性を綴った要望書を政府に出した（NC600806）。こうした取り組みの結果、1962年、呼び寄せる父母の年齢制限を取り除くという移民法の改正がなされたが、兄弟姉妹や成人した子どもの呼び寄せについては日本からの呼び寄せであることを理由に認められなかった（NC620124）。またこのときカナダは技術と資産を有した日本人の移住を認めたことから60年代後半になるといわゆる新移住者が増えてきたため、全加市協やトロント市協では新移住者の団体とも連携し移民委員会を拡充することになった（NC670125）。こうした取り組みの結果、67年10月から呼び寄せ範囲を拡大した新しい移民法が施行されることになった（NC670916）。

損害賠償問題　　　第3は総移動にともなう損害賠償条件の拡大に努めることであった。損害賠償問題については1947年12月以降、BC州のヘンリー・バード判事を代表者とする王立委員会（Royal Commission）が損害調査を進めていたが、その損害賠償条件があまりにも狭すぎたため、1948年3月に開催された第2回全加市協大会で損害賠償要求の範囲を拡大する決議を採択した（NC480403）。バード委員会の公聴会が始まると全加市協と各州支部は協同委員と協力して損害賠償の調査を進め、その結果を33頁の英文要望書にまとめあげ、11月12日、バード委員会に提出した[93]。49年5月20日には全加市協のタナカ書記長、ロジャー・オバタ前会長それにトロントの賠償要求特別委員会の新善太郎の3名がバード判事と会見し、賠償率の更なる増加を要請した[94]。この間にも全加市協と各州の支部は協同委員会に結集する弁護士の勧告を受け入れるとともに、被害者個々人が賠償請求書類を作成するうえで必要な援助を続けていった。1950年2月、トロントでは全加市協、協同委員会、トロントの賠償要求者委員会の3者が協力して賠償要求することを表明したが、その後トロントの賠償要求委員会が政治運動によってより高い賠償率を高めるべきだと主張したため、混乱を生じた[95]。この問題については*The New Canadian*の連載記事「賠償要求問題の経過報告(1)〜(4)」を参照されたい[96]。

　1950年6月、バード判事の報告書が連邦議会に提出され、賠償問題が最終盤

に近づくと全加市協は9月22日付けで『総移動から生起した日系カナダ人の経済的損害』と題する要望書をサンローラン首相と閣員に送付し、賠償に向けた首相の誠意ある回答を求めた[97]。その主たる目的は、バード委員会の調査に応じようにも急な移動を強いられたため詳細な財産目録を作ることが出来なかったことや資産を証明しようにも根拠となる記録や証拠を失ったため賠償請求すらできなかった人びとが数多くいたということを政府は正しく認識し、配慮を示すべきであると訴えるもので、あわせて「市協からローヤル・コミッションに提出した提議その他の附録を添え、真のデモクラチックな標準に合致する正義の方法を講じて貰いたい」と要請することにあった[98]。だがこれに対する首相の回答は「政府はあらゆる事態の下に於て日系人とカナダ人一般にとって公平正義であるべきことをたしかめた」とするのみであった。首相の返答を不服に思った全加市協は重ねて抗議の手紙を送っている[99]。

　賠償金額は決して納得のいくものではなかったが、1951年2月からカストディアンによる賠償金の支払手続きが始まった。それをうけてアルバータ州では、3月7日、賠償請求問題に尽力してきたアルバータ連絡委員会は、その役目を終えたとして解散を決め、その残金をアルバータ州市協へ全額寄附した[100]。

　全加市協はその1951年3月の第4回大会において財産損害賠償問題の解決に尽力してくれた協同委員会に感謝の意を表すべく晩餐会を催し、その席上で近藤伝作画伯の絵画を協同委員会に贈呈した[101]。その絵がのちに協同委員会の活動をつづった小冊子 *They made history work* の表紙に使われる油絵「エバクエーション」であった。ここに全加市協は、戦時総移動にはじまる日系カナダ人の経済的精神的苦痛の象徴であった財産賠償問題に一つの区切りをつけたのである。

財政問題　その一方で、第4回大会を節目に全加市協の存続を左右する財政上の危機も明らかになってきた。それが第4の問題、財政問題である。

　全加市協は1951年度と52年度の予算をそれぞれ7,200ドルとしたが、それを支える州支部からの分担金総額は各年度とも4,200ドルに過ぎず、明らかな赤字予算であった。その原因は州市協の分担額を**表8-2**が示すように不均等に割り当てていたことにあった。

　分担額の根拠はかならずしも日系人数による均等負担ではなく、経済状態を

表8-2　全加市協を支える州支部からの分担額

州	分担額（カナダドル）	日系人数
BC州	100ドル	約7,000人
アルバータ州	600ドル	約3,000人
サスカチュワン州	50ドル	約200人
マニトバ州	250ドル	約1,000人
オンタリオ州	2,800ドル	約8,000人
ケベック州	400ドル	約1,000人

〔典拠〕*The New Canadian* 1952年1月12日。

考慮してとのことであったが、1951〜52年度の分担金を完納できたのはわず
かにケベック州とマニトバ州だけで、オンタリオ州は1,736ドル、アルバータ
州では500ドルだけ支払うとしていた。BC州にあっては100ドルの分担金さ
えもが滞納される状態であった[102]。日系人送還問題や財産賠償問題という緊
急・焦眉の課題が収束したこともあって、どの市協も日系人を結集させる力を
失っていたのである。

　そのことは当然、全加市協の活力そのものを沈滞化させることになった。
1953年4月3日バンクーバーに第5回大会が開催されたが、そこでの重要課題
はおのずと全加市協の組織改編問題へと向かった。討議の結果、全加市協の本
部は1953年9月1日以降、各州支部が2年間ずつ持ち回りで担当することとなり、
54〜55年度はケベック州が引き受けることになった。年間予算は1,900ドルに
削減し、専任幹事は置かず、パートタイムで運営するとした[103]。

　この決定により全加市協の体制は、各州市協支部から一名の連絡委員を選び、
全加市協執行委員会として全国委員会を構成することとしたが、会長その他の
執行委員は本部を受け入れた市協から選出することが通例となった。1956〜
57年度の本部はマニトバ州市協のあるウイニッペグに移り[104]、58年度（すなわ
ち57年9月以降）からはトロントに移った。その間55年9月ウイニッペグで開
催される予定だった第6回大会は開かれず、1961年にいたってようやく第6回
大会がトロントで開催された。その後も財政状態は逼迫していたため、1962
年3月全加市協の財政援助を目的とした団体500クラブが発足した[105]。

**日系カナダ人史の
編纂事業**　日系カナダ人史の編纂事業とは、文字通り、半世紀以上
に及ぶ日系カナダ人の歩みを記録として残そうという試
みで、1957年9月、全加市協の本部がトロントへ移ったことを契機にすべての
日系カナダ人が取り組むべき課題として提起されたものである[106]。この日系
人の歴史を編纂しようという提起はまたたくまに反響を呼び、58年4月に全加
市協は懸賞をつけて日系人の経験や物語を綴った文章を広く募るというコンク
ールも実施した[107]。そして1959年4月全加市協はこの日系カナダ人史の編纂
事業を日系人全体のプロジェクトとして位置づけ、9月からは一般からの寄付
を募った[108]。

　この壮大な企画の執筆者に指名されたのが*History of Japanese Canadian in
BC 1877-1958*で高い評価を受けたケン・アダチであった[109]。全加市協の呼
びかけに応じてカナダ各地から編纂資金と資料が届けられ、61年の *The New
Canadian* には日系人史編纂の経過が逐一報じられた[110]。しかしその過程で編
纂委員会（委員長はジョージ・タナカ）ならびに執筆者と日系人史に期待を寄せ
る一世たちとの間に歴史のとらえ方をめぐり議論が起こってきた。編纂委員会
と筆者は「事実を土台にして、それに"ウオーク・オヴ・アート"を加味し、
読みやすいものにすることも心がけている」としたのに対し、一世側は「日系
カナダ人半世紀の生活は苦斗（くとう）の歴史であるから、あくまで事実を事実として徹
底的に記録することに意義がある」と主張したからである[111]。資料を集め史実
に忠実な歴史の編纂を求める一世は、日本語の資料を読めない編纂委員会や執
筆者を援助し相談に応じようと一世相談委員会（後に一世部顧問委員会）を設置
し、自らの理想を実現しようとしたのである。

　だがこうした過剰な期待と圧力がケン・アダチを圧迫したのだろう。
National Japanese Canadian Citizens Association Collectionには、日系人史
の執筆で苦悩したケン・アダチの心情が綴られたジョージ・タナカ宛書簡が収
められている[112]。多くの日系人が期待を寄せた日系カナダ人史の刊行は遅れ
に遅れ、1976年まで待たねばならなかった。その年はおりしも15年ぶりに開
催された全加市協第7回大会の年であり、日系100年祭を企画するとともに全
加市協のあり方を抜本的に見直す年でもあったのである[113]。

●註

1 本章では、主として以下の先行研究を参照している。Ken Adachi, *The Enemy That never Was: A History of the Japanese Canadians*, McClelland and Stewart Limited, Toronto, 1976、新保満『石をもて追わるるごとく』（大陸時報社、1975年、「新版」御茶の水書房、1996年）、新保満『カナダ日本人移民物語』（築地書房、1986年）、ロイ・ミキ、カサンドラ・コバヤシ『正された歴史——日系カナダ人への謝罪と補償』（つむぎ出版、1995年）、飯野正子『日系カナダ人の歴史』（東京大学出版会、1997年）、和泉真澄「日系カナダ人の戦時措置法撤廃運動および緊急事態法案修正運動」（『移民研究年報』第3号）、高村宏子「北米における第2次大戦中の日系人取扱い問題」（『東洋女子短期大学紀要』第22号）

2 飯野前掲書、109-112頁

3 前掲『正された歴史』54-63頁

4 飯野前掲書、117頁

5 戦時下のニューカナディアンが果たした役割については、田村紀雄「The New Canadian エスニック集団の機関紙——1943.4から1945.7」（『人文自然科学論集』第108号）、田村紀雄『エスニック・ジャーナリズム』（柏書房、2003年）参照。なお、本文中に（NC480811）とある場合は、*The New Canadian* の1948年8月11日の記事に拠ることを示している。

6 1948年11月になるとトロントで『大陸時報』が創刊されたが、本章ではそれを参照することができなかった。『大陸時報』については小林多寿子「トロントの日系社会形成と日系新聞——1950年代の「大陸時報」分析」（『浦和論叢』第10号）が詳しい。

7 *The New Canadian* 1943年6月26日。協同委員会の歴史については The Co-operative Committee on Japanese Canadians *They Made Democracy Work*: Story of the Co-operative Committee on Japanese Canadians, 1951 が詳しい。

8 前掲 *They Made Democracy Work*、5頁

9 *The New Canadian* 1943年12月25日

10 *The New Canadian* 1944年1月29日

11 同上

12 前掲『カナダ日本人移民物語』（249頁）には1980年代以降になっても、この「醤油事件」をめぐる不満を述べる一世がいたことが記されている。

13 *The New Canadian* 1944年6月24日

14 *The New Canadian* 1944年7月8日

15 日系カナダ人が国政選挙への参政権を得たのは1948年6月（1949年4月施行）、BC州で投票する権利を得たのは1949年3月であった（前掲『正された歴史』63頁）。

16 *The New Canadian* 1944年7月29日

17 *The New Canadian* 1944年12月9日

18 同上

19 *The New Canadian* 1945年1月27日、*Nisei Affairs* Vol.1-No.1

20 *The New Canadian* 1945年4月21日

21 *Nisei Affairs*は創刊号から第2巻第4号1947年6月号までの所在が確認されている。1945年10月29日の総会によって以下の役員が選出され、アイリーン・ウチダが最初の編集委員となった。キンジー・タナカ（議長）、アイリーン・ウチダ（*Nisei Affairs*編集）、ピーター・ヤマダ、モリー・フジタ、ノーラ・フジタ、メリー・ニシカワラ、マーガレット・ニシカワラ、ロイ・シノブ、フレッド・ササキ、スミ・コヤナギ、クニオ・ヒダカ（*Nisei Affairs* Vol.1-No.4, 1945年10月31日）

22 *The New Canadian*1942年4月10日、前掲『石をもて追わるるごとく』198-200頁

23 *The New Canadian* 1942年6月6日

24 *The New Canadian* 1942年6月20日

25 *The New Canadian* 1942年6月22日

26 *The New Canadian* 1943年3月6日

27 *The New Canadian* 1942年9月9日

28 *The New Canadian* 1942年12月26日

29 *The New Canadian* 1943年1月9日

30 *The New Canadian* 1943年6月5日

31 *The New Canadian* 1943年4月10日

32 *The New Canadian* 1944年12月2日

33 *The New Canadian* 1945年6月30日

34 *The New Canadian*, 1945年5月26日

35 *The New Canadian* 1944年12月2日

36 *The New Canadian* 1942年9月26日

37 *The New Canadian* 1944年2月19日

38 *The New Canadian* 1944年3月11日

39 *The New Canadian* 1944年7月1日

40 *The New Canadian* 1945年5月12日

41 一世部についてはトロント日系市民協会一世部『三十五年史 1946-1981 付カナダ日系人略史』（トロント日系市民協会一世部、1983年）が詳しい。

42 前掲 *They Made Democracy Work* 9頁

43 前掲 *They Made Democracy Work* 19頁

44 *The New Canadian* 1945年12月8日

45 *The New Canadian* 1945年12月15日

46 *The New Canadian* 1946年2月16日

47 *The New Canadian* 1946年1月12日

48 *The New Canadian* 1946年1月26日

49 同上

50 *The New Canadian* 1946年1月12日

51 同上

52 *The New Canadian* 1946年1月26日

53 同上

54 *The New Canadian* 1946年2月2日。またモントリオールにおける日系人組織の動向については飯野前掲書135-140頁を参照

55 *The New Canadian* 1946年2月23日

56 前掲 *They Made Democracy Work* 21-25頁

57 *The New Canadian* 1946年2月9日

58 *The New Canadian* 1946年3月23日、1946年4月27日

59 *The New Canadian* 1946年5月4日

60 *The New Canadian* 1946年3月30日

61 *The New Canadian* 1946年3月9日

62 同上

63 *The New Canadian* 1946年4月27日

64 *The New Canadian* 1946年3月9日

65 *The New Canadian* 1946年3月23日

66 *The New Canadian* 1946年5月25日

67 *The New Canadian* 1946年12月21日

68 *The New Canadian* 1946年6月1日

69 同上、氏名は *The New Canadian* の表記どおり

70 同上

71 ハミルトン共和倶楽部の聯盟結成に対する態度については *The New Canadian* 1946年7月13日、1946年7月26日を参照されたい。

72 1946年11月以降、トロントでは協同委員会が進める「制束除去及び財産損害賠償運動」にD委員会が全面的に協力し、損害調査等に従事していた（*The New Canadian* 1946年11月16日以降の記事を参照）。

73 *The New Canadian* 1947年6月21日

74 *The New Canadian* 1947年6月28日

75 *The New Canadian* 1947年8月2日

76 *The New Canadian* 1947年8月16日

77 *The New Canadian* 1947年8月30日

78 *The New Canadian* 1947年9月6日

79 同上

80 同上

81 同上

82 *The New Canadian* 1947年9月20日

83 同上

84 *The New Canadian* 1947年10月25日

85 *The New Canadian* 1947年11月22日

86 *The New Canadian* 1948年1月10日

87 *The New Canadian* 1947年10月18日、1948年4月3日

88 *The New Canadian* 1948年4月3日

89 *The New Canadian* 1948年3月13日

90 要望書の原題は*In the matter of certain restrictive enactments and regulations affecting Canadian citizens of Japanese ancestry*で、ブリティシュ・コロンビア大学所蔵 Japanese Canadian Research Collection（以下 JCRC）マイクロフィルム Reel No.4 XXIII Chiyoko Miyasaka Collectionに見ることができる。

91 *The New Canadian* 1950年5月10日

92 *The New Canadian* 1948年7月7日

93 その英文ブリーフのタイトルは*Submission to the Royal Commission on Japanese Canadian Property*で、4つのパート、33ページからなる。前掲 Chiyoko Miyasaka Collectionに収録される。

94 *The New Canadian* 1949年5月25日

95 *The New Canadian* 1950年2月11日

96 *The New Canadian* 1950年3月8日〜1950年3月18日

97 英文ブリーフのタイトルは*Submission to the Prime Minister and Member of the Government In the Matter of Japanese Canadian Economic Losses arising from Evacuation*、前掲Chiyoko Miyasaka Collectionに収録されている。

98 *The New Canadian* 1950年10月18日

99 同上

100 *The New Canadian* 1951年3月7日

101 *The New Canadian* 1951年6月6日

102 *The New Canadian* 1953年2月4日

103 *The New Canadian* 1953年4月8日。6年間にわたって全加市協の専任幹事を務めたジョージ・タナカはこの第5回大会を機に辞任を表明し、承認された。全加市協を辞任したジョージ・タナカの談話については「市協と私の歩み(1)〜(3)」（*The New Canadian* 1953年6月10日、13日、17日）を参照

104 *The New Canadian* 1955年7月2日、1955年10月8日

105 クラブの会費は1人5ドル以上で、入会すると会員証が与えられ、次年度には銀のピン、5年連続の会員には金ピンが与えられた。100ドル以上の会費を納めれば終身会員となった。こうした寄附的会費の純益を年一回全加市協に交付し、その財源を援助した（*The New Canadian* 1962年3月24日）。1962年11月14日の選挙で選ばれた500クラブの役員は以下の通り

　　　会長　田中キンジー、幹事　高田豊秋、会計　茅原フレッド、委員　亀岡徳衛、髙橋ジョージ（JCRCマイクロフィルム Reel No.5 XXVI.B.3 National Japanese Canadian Citizens Association Collection、人名表記は原文通り）

106 *The New Canadian* 1957年9月25日

107 *The New Canadian* 1958年4月16日、1958年12月6日

108　*The New Canadian* 1959年4月18日、1959年6月13日

109　*The New Canadian* 1959年1959年6月19日、7月29日

110　*The New Canadian* 1961年11月15日〜1961年11月22日

111　*The New Canadian* 1961年12月20日

112　JCRC Microfilm Reel No.5 XXVI.B.3

113　1967年から77年にかけての日系カナダ人の諸活動については、和泉真澄「移民百年祭以前の日系カナダ人の諸活動（1967〜1977）」『立命館言語文化研究』11巻4号）、77年以降の動向については佐々木敏二「日系移民百年祭とその後の日系人組織再編過程について」（同上）を参照。また和泉真澄『日系カナダ人の移動と運動——知られざる日本人の越境生活史』（小鳥遊書房、2020年）もあわせて参照されたい。

あ と が き

　本書は、前著『日本人アメリカ移民史』（不二出版、2001年）を刊行する際に収録を見合わせたキリスト教・社会福祉・日系二世の活動に関する論考を集めたもので、前著の「あとがき」において「それらについては日本人移民と福祉実践の諸相、日系二世の組織と活動として改めて総括したいと思っている」（331頁）と記していたものである。それから20年余りが過ぎ、ようやくその約束を実現することができた。これほど時間がかかったのは、その間に平和運動に関する研究や人は日本のどこから、何年にどれほどの人数が海外へ移住していったのかという出移民の研究に時間を割くようになったためであるが、その一方で"移民・キリスト教・社会福祉"というテーマでは売れないだろうな、というネガティブな思いがあったことも事実である。

　こうした思いを反転させるきっかけとなったことの一つが「コロナ禍」であった。新型コロナウイルスの感染拡大に伴い、在宅勤務や学習を経験し、当たり前だと思われてきた常識も激変して、新しい生活様式やこれまで気づかなかった価値観に思いを馳せるようになっていった。そして教育や研究の場においても感染症や伝染病が世界的に大流行したとき、人びとはどのように対処したのだろうかとして歴史を振り返ることがしばしばあった。

　序章で述べたように本書第5章に再録した論考は、2021年秋に立命館大学国際言語文化研究所が開催した連続講座「"病"との接触──災禍を記憶する」に登壇するにあたり、それまで長らく放置していた古い論考に新たな史料を加えて書き下ろしたものであった。こうしてカナダの事例についてより深めることができ、サンフランシスコとシアトルの事例と並べることで「日本人移民社会と社会事業」という柱が立ち、論集の中軸が見えるようになってきた。

　その後2022年12月に吉田亮氏よりこれまでの論考をまとめ上げた新著『アメリカ日本人移民キリスト教と人種主義──サンフランシスコ湾岸日本人プロテスタントと多元主義・越境主義、1877〜1950年を中心に』を頂く機会を得た。

早速、読み進めていくと基督教伝道団に関する章では、研究の視点が異なるとしながらも、随所で拙稿「排日問題と太平洋沿岸日本人キリスト教団」で明らかにした事例が引用されていることを知り、30年前に書いた論考ではあるが未だ「賞味期限」は切れていないようだなという思いを強くした。

　それならばこれを機にあちらこちらに書き散らしていた8本の論考を集め直し、定年退職を迎える年を節目としてこれまでの積み残しを整理しておこう——これらが本書を上梓しようと思った経緯である。

　ここに収録した論考のほとんどは、私が同志社大学の大学院に在籍し、同志社大学人文科学研究所第1研究会「キリスト教社会問題研究会」（略称CS）において研究補助者を担当していた1980年代から90年代に発表したものである。その当時は杉井六郎、佐々木敏二両先生の指導のもと、研究所内の書庫に入り浸っては片っ端からその蔵書を手にとり、その匂いを嗅ぎ、その重さと大きさを実感していた毎日であった。そして飯田耕二郎氏にはハワイでの、吉田亮氏にはアメリカとカナダにおける資料調査の門戸を開いてもらった。本書に収めた論考の多くはこの時の調査研究から始まったもので、多くの方々から頂いたご縁には今もなお感謝にたえないものがある。

　1990年頃からは山本岩夫先生が代表をつとめていた立命館大学の日系文化研究会に参加する機会を得て、翁久允関係資料の整理作業に加えてもらった。その時の成果は2つの資料目録（山本岩夫・桧原美恵・佐々木敏二・中郷芙美子・下村雄紀・坂口満宏「資料・翁久允所蔵資料目録」『立命館言語文化研究』5巻5・6合併号、1994年、「資料・翁久允関係書簡補遺」『立命館言語文化研究』7巻1号、1995年）として公刊されているが、私の手元にはその当時、研究会のメンバーで読み込んだ翁久允日記の書き起こし草稿が残されている。その草稿はワープロ時代のもので、A4サイズにして500枚余り、感熱紙に印字しているものもあって劣化が進んでいる。早急に保全しておかねばならない資料の一つである。

　2005年頃からは立命館大学の米山裕氏、河原典史氏を中心とした「国際移動研究会」に加えていただき、多くの研究者と巡り合うことができた。この研究会のおかげで海外興業や海外協会に関する資料収集が進み、その後の出移民研究の土台作りにつながっていった。ありがたい限りである。河原氏には関西を拠点とするマイグレーション研究会に対する支援についても感謝したい。

　日本移民学会にあってはその創設当初から多くの先輩諸氏にご指導いただいたが、とりわけ山口県を中心とした堅実な資料調査と実証研究を進めてこられた木村健二氏には出移民研究の課題と方法を適宜示していただいた。また森本豊富氏には氏の共同研究者として幾度か海外調査に同行する機会を設けてもらったが、タコマのワシントン州立歴史協会（Washington State Historical Society Research Center）が所蔵する100箱以上のタコマ日本語学校関連資料を目の当たりにしたときの衝撃は未だに鮮明である。

　京都女子大学に赴任したのは1997年であったから勤続27年となった。その間に多くの教職員と学生たちに支えてもらった。お礼申し上げる。

　赴任当初担当した日本史の特殊講義でアメリカに渡った日本人移民の歴史を取り上げたことがあった。しかし英文史料を数多く用いたこともあったためか、きわめて不評であった。そのため翌年からは日本の植民地政策や居留地居留民に関するもの、日本における華僑社会の歴史などを取り上げることとし、移民史に関してはノリーン・ジョーンズ（Noreen Jones）さんから頂いた *Number 2 Home: A Story of Japanese Pioneers in Australia*（Fremantle Arts Centre Press, 2002。ノリーン・ジョーンズ著、北條正司訳『第二の故郷——豪州に渡った日本人先駆者たちの物語』創風社出版、2003年の原著）を史学外書講読のテキストとし、わずかにオーストラリアに渡った日本人移民の歴史や「からゆきさん」について触れるくらいであった。

　転機が訪れたのはコロナ禍の2020年で、日本史入門演習をオンライン方式で行うことになり、その時思い切って使用する教材をスタンフォード大学の「邦字新聞デジタル・コレクション」としたことであった。実際に演習を始めていくと受講生からは100年前の海外で発行されていた日本語新聞を手軽に入手できる利便性を歓迎した半面、その膨大な情報の中から何を選び取ればいいのかという根本問題に直面し、邦字新聞という樹海の中に投げ込まれ、いきなり迷子になって途方に暮れたという感想が聞こえてきた。それでも少しずつ調べ方のコツを示していくと、次から次と関連する記事が見つかってきたといって楽しさを覚えたようである。そうした演習もかれこれ4年目に入った。「ハワイにおける島対抗日本人野球」に焦点を当てた学生は一つのチームの活躍を徹底的に追い求め、24枚に及ぶレポートにまとめていた。またある学生はユ

夕州における「廿世紀苺」の品種改良とその販路を追跡する中で、カリフォルニアで営業していた種苗業者が店を閉じるという広告に出会い、それが日系人の強制収容によるものであることを知るにいたったと述べていた。小さな記事であってもそれが世界史上の出来事とつながっていることに気づいた瞬間であった。

　あらかじめ出口の分かっている迷路を進むときには不安はないものである。しかしそれがどこまで続く道であるのか誰もわからないし教えてくれないとなれば、そのテーマを追い続けていいのだろうかと思い悩むものである。そのため演習の節目節目で、ここで一度立ち止まってみよう、そして出口が見えない、際限がないと嘆く前に、これまで集めた史料をしっかり読み直してみようではないか。出口につながるヒントがあったにも関わらず、意外と読み飛ばしているものだ、振り返りが必要だ——と呼びかけていたように思う。こうした粘り強い取り組みこそが歴史研究の基礎であり、こうした作業こそが過去という目に見えないものを再構成するための主体的な取り組みなのだということを実感してもらいたいと考えていたからであった。

　史料の力を借りて歴史を再構成するために必要なこととは何なのか——これからも考えていきたい課題である。

＊　　　＊　　　＊

　最後に一つの記録として前著『日本人アメリカ移民史』（2001年）以降に公刊した著作と論考を掲げておくことにする。何かしらの参考になれば幸いである。

近代日本における平和運動の研究
- 『近代日本「平和運動」資料集成』全5巻・付録の編集と「解題」（不二出版、2005年）
- 「雑誌『平和』をめぐる人々——「日本平和会」の新史料とともに」（『京都女子大学大学院文学研究科 研究紀要 史学編』5号、2006年）
- 「『懸賞問題答案平和雑誌』の原著 *Prize Peace Tracts for Young People*」（『京都女子大学大学院文学研究科 研究紀要 史学編』6号、2007年）
- 「雑誌『平和』の印刷人・久野宗熙のこと」（『北村透谷研究』18号、2007年）
- 「史料紹介・ジョージ・ブレスウェイト書簡に見る日本平和会」（『京都女子大学大学院文学研究科 研究紀要 史学編』8号、2009年）

300

- The Japan Peace Society and the British and American Quakers Who Supported It, *Friendly Connection: Philadelphia and Japan since the Late Nineteenth Century*, edited by Linda H. Chance, Paul B. Reagan, and Tetsuko Toda, Lexington Books, 2023

日本人移民史研究

- 「ネットワークでつながる日本人移民社会」（ハルミ・ベフ編『日系アメリカ人の歩みと現在』所収、人文書院、2002年）
- 『日本移民協会報告』全2巻の編集と「解説」（不二出版、2006年）
- 「日本の海外移民・略史」（『人権と部落問題』755号、2007年）
- 「新しい移民研究にむけて」（米山裕／河原典史編『日系人の経験と国際移動——在外日本人・移民の近現代史』所収、人文書院、2007年）
- 「誰が移民を送り出したのか——環太平洋における日本人の国際移動・概観」（『立命館言語文化研究』21巻4号、2010年。後に米山裕・河原典史編著『日本人の国際移動と太平洋世界——日系移民の近現代史』文理閣、2015年に再録される）
- 「戦後日本の移民問題」（『人権と部落問題』811号、2011年）
- 「統計資料・1930年代の広島県に在留した日系二世」（『史窓』68号、2011年）
- 「出移民の記憶」（日本移民学会編『移民研究と多文化共生』所収、御茶の水書房、2011年）
- 「出移民研究の課題と方法——1930年代の福島県を中心に」（『京都女子大学大学院文学研究科 研究紀要 史学編』11号、2012年）
- 「ハワイとアメリカ本土西北部の日本語学校と『日本語讀本』」（復刻監修：Edward Mack『米國加州教育局検定 日本語讀本 別冊解題』所収、文生書院、2014年）
- 「日本におけるブラジル国策移民事業の特質——熊本県と北海道を事例に」（『史林』97巻1号、2014年）
- 「一九三〇年代の福島県に在留した日系二世」（根川幸男／井上章一編『越境と連動の日系移民教育史——複数文化体験の視座』所収、ミネルヴァ書房、2016年）
- 「アメリカ合衆国への移民」（日本移民学会編『日本人と海外移住 移民の歴史・現状・展望』所収、明石書店、2018年）
- 「京都女子高等専門学校で学んだハワイの日系人」（『立命館言語文化研究』31巻1号、2019年）
- 「福島県における市町村別ブラジル移民の輩出地とその変遷——1930年代の国策移民と1950年代の戦後移住」（『史窓』78号、2021年）
- 「日本人移民の「ユートピア」——アメリカ救世軍日本人部の社会事業館」（『立命館

言語文化研究』33巻3号、2022年)
- 「バンクーバーの日本人健康相談所——その結核予防への取り組み（1932〜1942)」
（『立命館言語文化研究』34巻1号、2022年)

京都関係
- 「近代における豊臣秀吉の顕彰地」(仁木宏・山田邦和編著『歴史家が案内する京都』所収、文理閣、2016年)
- 「伝えたい記憶・写真に見る京都馬町空襲被害地図」(京都女子大学平成29年度「学まち推進型連携活動補助事業」、2018年)
- 「学生たちと作り上げた『伝えたい記憶　写真に見る京都・馬町空襲被害地図』」(『ひろば』194号、2018年)
- 復刻版京都高等女学校『校友会報』全11冊の編集、『「校友会報」別冊総目次・解説』(京都女子大学宗教・文化研究所、2023年)

＊　　　＊　　　＊

　本書の出版に際しては、「ビジュアルとしても読みやすいものにしたい」として受け入れてくれた六花出版の山本有紀乃社長、また編集と校正においては黒板博子さんのお世話になりました。お礼申し上げます。そして前著に引き続き怠慢な私の背中を押し続けてくれた大野康彦さんに感謝申し上げます。ありがとうございました。

　2023年10月　　27年間過ごしたJ校舎の研究室にて

坂口満宏

索　引

主要事項索引

人名索引

著者紹介───坂口満宏（さかぐち・みつひろ）

1958年　北海道に生まれる

1981年　同志社大学文学部文化学科卒業

1990年　同志社大学大学院文学研究科博士後期課程　単位取得満期退学

1997年　京都女子大学文学部に助教授として着任、2003年に教授となり現在に至る

2003年　同志社大学より博士（文化史学）を取得

2004年　ペンシルバニア大学にて1年間の在外研究

主な著書（共著）

『日本人アメリカ移民史』（不二出版、2001年）

ハルミ・ベフ編『日系アメリカ人の歩みと現在』（人文書院、2002年）

日本移民学会編『移民研究と多文化共生』（御茶の水書房、2011年）

根川幸男・井上章一編『越境と連動の日系移民教育史──複数文化体験の視座』（ミネルヴァ書房、2016年）

日本移民学会編『日本人と海外移住──移民の歴史・現状・展望』（明石書店、2018年）

北米日系移民の社会史──キリスト教・社会福祉・二世の活動

著者────坂口満宏

発行日───2023年11月30日　初版第一刷

発行者───山本有紀乃

発行所───六花出版

〒101-0051　東京都千代田区神田神保町1-28　電話03-3293-8787　振替00120-9-322526

出版プロデュース─大野康彦

校閲────黒板博子

組版────公和図書デザイン室

装丁────臼井弘志

印刷────モリモト印刷

製本────青木製本

ISBN978-4-86617-226-2　ⒸSakaguchi Mitsuhiro 2023